智能传播变革丛书

重塑融合

陆小华　著

天津大学出版社

智能传播变革丛书　ZHINENG CHUANBO BIANGE CONGSHU
重塑融合　ZHONGSU RONGHE

图书在版编目（CIP）数据

重塑融合 / 陆小华著. -- 天津 : 天津大学出版社,
2024. 8. -- (智能传播变革). -- ISBN 978-7-5618
-7789-0

Ⅰ. G219.2

中国国家版本馆CIP数据核字第2024X6R922号

出版发行　天津大学出版社
地　　址　天津市卫津路92号天津大学内（邮编：300072）
电　　话　发行部：022-27403647
网　　址　www.tjupress.com.cn
印　　刷　北京华联印刷有限公司
经　　销　全国各地新华书店
开　　本　710mm×1010mm　1/16
印　　张　17.75
字　　数　262千
版　　次　2024年8月第1版
印　　次　2024年8月第1次
定　　价　76.00元

“智能传播变革丛书”导读

随着生成式人工智能的突破和迅速迭代，新闻传播不仅进入数据驱动、算法分发的智能传播时代，而且进入人类生产内容与人工智能生成内容共同影响人的智能传播新阶段。在智能传播时代，匹配移动需求成为基本规则，实时匹配个性需求改变了传播逻辑，智能传播强烈放大了影响力生成中分发所占的权重。生成式人工智能在文字、图像、视频、音频生成方面不断推进，可用性不断增强，特别是其“生成即传播”的特性，深刻影响着人们的信息获取、知识萃取、观点表达、意识形成。不仅媒体等专业组织的工作范式发生重大转换，形成人与人工智能协同生产内容的新工作模式，而且，多模态大模型等生成式人工智能工具可能成为超级传播主体，并可能与推荐算法、社交机器人、人形机器人协同运行[①]，从而对传播格局产生颠覆性影响，也可能进一步改变影响力生成逻辑。因而，如何应对智能传播变革，如何有效落实“探索将人工智能运用在新闻采集、生产、分发、接收、反馈中”[②]的要求，特别是切实落实“用

---

① 2024年3月1日和5日，在北京、天津两个机关的内部讲座中，我都曾预测，大模型可能与人形机器人协同运行，当时选择分别由国外和国内制作的两款人形机器人 Figure 01、Walker S 作为案例。这个设想的实现快得出乎预料。2024年3月14日，美国机器人创业公司 Figure AI 正式发布了 OpenAI 大模型加持的 Figure 01。2024年4月初，优必选公司宣布与百度合作，尝试将大模型接入 Walker S 中。

② 习近平：《加快推动媒体融合发展 构建全媒体传播格局》，《求是》2019年第6期。

主流价值导向驾驭‘算法’，全面提高舆论引导能力”[1]的要求，就成为党政机关、企事业单位、新闻媒体等负责任的传播主体必须深入思考、努力践行的重大课题。因此，我把近年来对“智能传播变革”所做的系统研究的部分成果纳入本套丛书，交付出版。

本套丛书包括《智能认知》《数字变革》《内容竞争》《驱动传播》《重塑融合》，这五本书既分别论述五方面的趋势把握、战略设计、对策选择、案例解剖，又构成一个整体，体现以推动多方面变革来适应智能传播变革。本套丛书的内在逻辑和阅读顺序为《智能认知》《数字变革》《内容竞争》《驱动传播》《重塑融合》，即在智能变革中从优化认知开始，谋划适应数字变革的战略和策略，以有效手段赢得多媒体、多模态条件下的内容竞争，学会并善于驱动传播以改变原有传播模式、增强传播力，并要在智能传播新阶段重塑融合，改变原有融合认知与模式，走向智能融合。

本套丛书体现了智能传播变革中应有的认知框架、战略谋划和对策设计。其中，《智能认知》阐述了应对“与人工智能共生”新阶段的重要战略；《数字变革》提炼了适应新闻传播领域数字化变革中思维方式、运作方式变革的生存规则；《内容竞争》解析了增强内容竞争力、传播力、说服力的底层逻辑和创新方法；《驱动传播》在解析四种重要传播模式的基础上阐述了驱动传播的理念、策略与方法；《重塑融合》阐述了中华民族集体智慧中对“势”的感知、把握、运用、塑造，探究了如何顺应智能科技发展并积极有效得当运用，从深度融合走向智能融合，从融媒体向智媒体加速演变，从而重塑媒体融合。

《智能认知》一书共有“把握趋势”“刷新认知”“塑造能力”“优化战略”四章。本书系统探讨如何把握智能内容生成等新趋势、新变局，把握“与人工智能共生”的智能变革新阶段的演变特点与规律，把握生成式人工智能实质、生成逻辑与运行范式，把握智能传播

① 习近平：《加快推动媒体融合发展 构建全媒体传播格局》，《求是》2019年第6期。

演进规律与底层逻辑，以提升认知水平、把握智能变革先机，以催生创新溢价与创造协同价值获得变革成效，以塑造智能竞争力、提升数据话语权赢得舆论博弈。本书还探讨了如何通过优化内容战略、协同战略、拓展战略、规则战略来进一步提升传播力、引导力、影响力、公信力。

《数字变革》一书共有“生存规则”“变革逻辑”“运行范式”“融合体系”四章。本书系统阐述“坚持移动优先战略”“强化媒体深度融合”“成为新型主流媒体”“谋求体系枢纽地位”四个方面的政策要求和生存规则；深入解析数字化变革周期的演化趋势，阐述新型主流媒体应是智媒体的底层逻辑，阐述为什么必须把体系协同作为适应社会生产体系需求的战略选择。本书还系统论述了数字变革中运行范式变化的关键所在，即再组织化、再专业化、再服务化、再社会化、再体系化；并系统解析融合运作体系的构建，提炼智媒体平台设计基点、智媒体平台构建的核心目标，分析融合运作体系构建之关键所在。

《内容竞争》一书共有“竞争核心”“创新依据”“竞争策略”“创意案例”四章。本书系统阐述什么内容才值得生产与传播、为何竞争焦点在于赢得第一解释权、网络内容建设原则与突破点、如何通过价值发现实现基于新历史方位解析中国。本书系统解析如何把握智能传播变革中的创新规律，即数字内容应蕴含传播策略的表达逻辑、支撑短视频传播力竞争力的底层逻辑、新媒体内容与服务产品设计原则所体现的匹配逻辑和凭审时度势善于利用赢得内容竞争的传播之道。本书还系统探讨了作为新传播格局中竞争方法关键之一的需求匹配，新媒体产品供给形态演化所体现的领先制胜和适应新的内容生产分发方式的布局思维。本书以重大庆典多现场、多媒体直播报道为案例，系统解析如何基于塑造引导力构建现场演播室，如何基于体现思想力进行框架建构与报道实现，如何依托洞察力进行画卷构思与创意实现，如何通过效果想象与创意实现追求表达力，如何通过内容挖掘与创意提炼激活发现力，如何通过能力养成与创意验证锻造实现力。

《驱动传播》一书共有“模式认知”“战略选择”“对策实

施”“案例解析”四章。本书重新定义并系统解析关系链传播、驱动再传播、多模态传播、对抗性传播四种传播模式的核心秘诀及其在智能传播变革中的创新表现，深入解析对抗性传播在国际传播、舆论博弈中的应用规律。本书系统探讨了中国共产党的新媒体战略，探讨了最有助于实现战略传播效益的谋势战略和适应新媒体传播的驱动传播战略。本书基于中国实践探讨了如何进行策略谋划，如何让解释和观点在合适的节点体现，探讨了危机报道中的战略权衡与思路拓展、灾难报道中的能力展现与必要约束。本书还系统解析了三组案例，阐述政治传播境界在于既有温度又有深度，事件传播的关键在于多媒体协同传播策略设计与实现，频道运作的关键在于成为基于影响力的引导性媒体。

《重塑融合》一书共有“顺势得生”“重塑则成”“见识制胜”“智媒塑融”四章。本书系统探讨如何识势、蓄势、应势、取势，以顺应数字变革取向与智媒体转型要求；深入解析如何有效利用新媒体产品影响机制、驱动力量；系统阐述在重塑融合进程中如何推进观念重置、模式重构、资源重组、策略重设，如何推进构建适应新媒体竞争的运作模式，如何以颠覆式变革思维谋划融合变革，如何以整合需求、主动干预激发内在活力，如何从把握需求结构入手优化竞争策略。本书重点论述如何通过体现见识、增进共识、明晰标识、传递卓识来实现见识制胜，彰显解释力、凝聚力、说服力。本书系统地阐述了如何推进智媒塑融，以自趋深融来体现新竞争逻辑与融合运作，以协同共融在竞争格局中占领制高点，以变革促融适应新传播格局、赢得融媒体竞争，以智能交融实现深刻变革、适应智能变革。在系统探讨如何把握多约束条件、适应多维度竞争，通过智能化融合有效运用智能科技强大赋能作用的基础上，本书特别提出，适应智能变革，重塑融合是必然选择。本书探讨如何通过目标重置，以智能融合构建智媒体；如何通过内核重塑，构建人工智能驱动的数字媒体；如何通过体系重构，塑造适应人工智能的运作体系。

本套丛书的写作愿景，是希望帮助读者朋友提升“把握人工智能等新科技革命浪潮”[①]的能力，有效运用包括人工智能等在内的数字科技新技术赋能。在我看来，能力学习比知识学习更重要。能力学习的重心，就是思维方式和方法论。因而，基于既长期从事新媒体研究，又长期从事新闻传播实践，既管理过新闻传播业务，又负责过音视频技术系统规划、建设和运维[②]，我努力以多重视角、文工交叉思维解析智能传播变革规律与应对方法，既系统阐述智能传播变革趋势、战略、方法、路径、对策，又在方法论层面做了多方面探索、总结、提炼，紧扣中国实践，直面发展趋势和现实问题并提出解决办法。

“智能传播变革”这套丛书最初谋划于 2023 年 1 月初我写完关于 ChatGPT[③] 在催生什么智能传播新变局的几篇论文和研究报告之后的寒冬；交付此套丛书全部稿件则已是 2023 年 9 月秋暑正炽时。2024 年初夏，又加入了 2024 年 3 月关于 Sora[④] 的研究成果，探究生成式人工智能从 ChatGPT 到 Sora 的发展特点与其间的联系。至于 100 多万字清样的多轮校订，大部分是在出差途中的飞机、高铁上和秋色、冬雪、春风、夏雨错落变换、交相映衬的各种客舍中进行的，也曾有把已看过的部分清样遗落在飞机上而再重新细读的经历。其间，虽曾错过“秋林苍野立，幽谷淡云横。叶落千枝挺，寒起万草丰”[⑤]的璀璨秋色，却也可以在细读清样后掩卷揉眼、倚窗眺望，感受“风急马鬃乱，山远古树铿。地阔天更静，星明月正升”[⑥]。本套丛书虽是学术著作，但也希望读者

① 《习近平主持召开二十届中央财经委员会第一次会议强调 加快建设以实体经济为支撑的现代化产业体系 以人口高质量发展支撑中国式现代化》，《人民日报》2023 年 5 月 6 日，第 1 版。

② 本丛书作者主持建设的“新华社全球视频智媒体平台”项目获 2019 年“王选新闻科学技术奖”一等奖。“王选新闻科学技术奖”是科技部国家科学技术奖励工作办公室批准的传媒科技奖励项目。本丛书作者对通信技术的最早接触是从少年时阅读《无线电》杂志、尝试做矿石收音机和寻找 2AP9 二极管等开始的。

③ ChatGPT，Chat Generative Pre-trained Transformer，生成式预训练聊天模型。

④ 由美国的人工智能研究机构 OpenAI 开发的由文本生成视频的模型。据称，Sora 这一名称源于日文，天空之意。

⑤ 陆小华：《秋林》，写于 2015 年 9 月 27 日。

⑥ 同⑤。

在阅读中能有类似的感受和体悟。

人类文明史就是直面挑战、以变革求发展的历史。今天的中国，“正在谋划和实施一系列全面深化改革重大举措”①，“进一步全面深化改革、推进中国式现代化”②。我们面对智能传播变革，必然需要直面挑战、以变革求发展。应当如此、必将如是。

以此导读，亦为自序。

2024 年 5 月 25 日，于客舍中

---

① 《习近平会见美国工商界和战略学术界代表》，《人民日报》2024 年 3 月 28 日，第 1 版。

② 《中共中央政治局召开会议 决定召开二十届三中全会》，《人民日报》2024 年 5 月 1 日，第 1 版。

目 录

第一章　顺势得生

势虽无形，却产生实在影响，左右演化方向。

对“势”的感知、把握、运用、塑造，是中华民族集体智慧中特别重要的部分。体现中华民族先哲善于从全局与总体认识、把握与运用“大势”的智慧，很多蕴藏在成语中。大势所趋而势如破竹，势不可当而势在必行，体现了对“大势”的感知与把握；顺应大势并应势而动，乘势而上更顺势而为，既体现了对“势”的运用，又体现了如何有所作为、塑造态势；审时度势以蓄势待发，揆理度势更借势而为，则体现了在相对困难的条件下如何坚持、如何选择的智慧。取势体现了识势、借势的能力。审时度势而为，就可能得偿所愿；顺势而上甚至可以事半功倍；而如果审时度势之功有所欠缺，逆势而动，不仅可能事倍功半，而且可能让努力付之东流。因而，司马迁才会强调得势益彰、失势则无。而情势发生变化，包括人工智能技术获得重大进展在内的外部条件发生变化，就需要顺势而为、重塑融合。

客观上，能否识势、取势，在很大程度上决定了包括媒体深度融合在内的数字变革、智能变革的成败。

顺势得宜，皆有法式，其中自有对规律和底层逻辑的把握、运用。

第一节　识势：数字变革取向与智媒体转型要求

从世界范围看，新闻传播数字变革将如何发展？所呈现的诸多现象、特征中蕴含什么样的趋势？如何认知、解析其背后的底层逻辑？如何顺势而为？

2001 年，我在《中国传媒发展十大趋势》中对传媒变革趋势做过分析和预测。基于对新闻媒体发展战略与应对策略的关注，对新闻业外部环境与酝酿中的政策规则变化的分析，对以网络为代表的媒体基本技术的革命性进展对媒体形态所产生影响的预测，我强烈地感觉到，能否从战略高度把握其变化趋势，充分利用这样的变化带来的机遇，减弱或控制对新闻媒体的冲击，对新闻媒体的下一步发展非常重要。对特定新闻媒体而言，在变革时期与激烈竞争中，最重要的是选择发展方向与发展战略。做出选择的重要依据是影响未来发展的基本因素与变量。对新闻媒体而言，要以战略思维对可能影响新闻媒体发展的诸多趋势性变化做前瞻性判断，即使这样的判断不够精确，也可启迪人们进一步思考；即使有所偏差，人们在证实、证伪中，也可获得更有价值的发现。

这些分析和预测主要体现在以下十个方面：政策规则创新加速传媒结构调整；媒介形态趋向融合与互相进入；传媒集团特别是多媒体新闻集团将成为市场格局主导者；经济科技娱乐类新闻信息产品将成为竞争焦点；新闻媒体管理模式由资产管理向资本管理转变；新闻媒体的运作基础由信息管理向知识管理转变；出售服务与经营媒体成为新的赢利模式；网络媒体、传统媒体、内容供应商与宽带网将以新方式融合；人才激励、控制模式将加快变化；发展战略研究成为核心竞争力的关键因素[①]。

这十个方面及其包含的多方面分析与预测，在 2001 年之后的传媒

① 陆小华：《中国传媒发展十大趋势》，《新闻记者》2001 年第 11 期、第 12 期。

发展与融合变革中得到了验证。当年初见端倪的媒体融合，已经成为媒体的共同选择，传媒定义、传媒形态、传媒业态发生了更深刻的变化。

2001 年至今的这些年，人类社会的信息传播工具、传播渠道与传播方式，发生了剧烈变化。一系列二十多年前只能视为梦想的传播现象，迭次出现；一系列二十多年前未曾出现的传播、沟通、互动工具，在几个月甚至一年间就成为人们生活的一部分；即时共享成为人类的重要沟通方式与信息传播方式，人际交往与信息传播流向因社交网络与社交媒体的爆发性增长而被重新定义，传媒行业与互联网业以多种新方式融合，增强国际传播力正成为共同选择。一系列可能更深刻影响传媒格局、传媒演变路径、传媒竞争焦点的趋势性变化，日渐明显。媒体观的新旧，并不单纯在于其形态是纸质媒体、电子媒体还是网络媒体。媒体不仅可以划分新与旧，还可以重新确定竞争参与者。

特别是最近十多年，包括推荐算法在内的数字科技[①]全面应用于内容采集、加工、传输、分发各环节以及人类物质、精神和社会生活领域，深刻改变了有组织、专业化、大规模采集、加工、发布新闻信息活动的表现形态、运作方式和底层逻辑，深刻改变了新闻工作者的工作方式和专业认知，深刻改变了公众的新闻信息获取途径、方式与偏好，深刻改变了公众参加新闻传播活动的意愿、能力与方式，深刻改变了新闻工作者与采访对象、传播对象间的关系，深刻改变了新闻传播格局。

从总体看，新闻传播数字变革正呈现四大趋向，从而使智能传播时代的融合转型呈现一系列新特征。

---

① 数字技术（Digital Technology）是借助一定设备将图、文、声、像等信息以计算机能识别的二进制数字“0”和“1”进行编码后记录、存储、加工、传送、传播、获取、还原的技术。由于在处理流程中要对信息进行编码、压缩、解码，因此也称之为计算机数字技术或数码技术。其后的一系列科学成果与发明都使用了计算机数字技术，所产生的数字通信、网络科学、云计算、大数据、人工智能以及计算机科学本身，形成了具有更大内涵和外延的数字科技（Digital Science and Technology）概念。

一、运行逻辑：从分类满足转为以匹配个性需求为核心

数字科技的发展与其在社会各方面的应用程度加深，使新闻活动运行逻辑从传统新闻活动以信息获取、加工、传输、发布效率为核心，转向数字新闻活动以匹配人的个性需求为核心，并正在走向智能传播、体验传播、交互传播活动等以实时匹配人的个性信息需求与个性体验要求为核心。

（一）演变主线之一：从分类满足走向实时匹配个性需求与体验要求

纵览工业革命之后现代新闻活动所伴随的传播形态，会发现其演变主线是，从分类满足群体需求走向实时匹配人的个性信息需求与个性体验要求。数字新闻活动已经经历从基于模拟技术转向采用数字技术，已经经历网络传播、社交传播、移动传播等重要阶段，智能传播已经能够实现实时匹配人的个性需求，而正在孕育发展的体验传播、交互传播等传播形态，将可能实现实时匹配人的个性信息需求与个性体验要求。

数字科技发展与运用所催生的最重要变化，是从以信息获取、加工、传输、发布效率为核心的传统新闻活动，走向以匹配人的个性需求为核心的数字新闻活动；是从借助印刷、广播、电视等技术和专业组织运作把事实、观点等信息高效率发布、发送出去，走向借助数字科技更精准分发甚至个性化推送，更注重人们的体验和参与。

（二）演变主线之二：从以发布效率为核心走向以需求匹配效率为核心

现代新闻活动从开始就不断提升组织化运作、专业化分工、大规模生产、大批量发布水平，深刻体现对信息获取、加工、传输、发布效率的追求。以信息发布效率为核心的传统新闻活动成为新闻学研究对象，这必然深刻影响与之相关的观念形成与知识体系构建。传统新闻学是基于工业革命后出现的有组织、专业化、大规模、以信息发布效率为核心

的新闻活动而产生、发展的。

现代媒体基于一定时空条件下的科技发展与社会需要而出现。现代报纸作为一种专业采集、加工、传播新闻信息的媒体形态和相应组织形态，它的出现既基于现代印刷技术，也基于组织化运作、专业化分工、大规模生产等与工业革命相伴生的生产方式。工业革命不仅催生了报纸、杂志等媒体形态，也催生了至今仍起基础作用的工业化信息传播方式——定时、定向、定量传播经过选择、分类的新闻和商业信息；不仅形成了不断扩张的专业新闻队伍，以及专业获取、加工、传输、发布各种形态的新闻信息和其他内容的媒体组织，还积累了以新闻活动为核心研究对象的经验知识和理性认知，进而出现新闻学知识体系。工业革命之后的生产方式与之前的相比具有更高的效率。对效率的追求深刻影响了经济、社会运行与人的观念。

数字科技全面、系统、深层次的应用，深刻地改变了内容形态、媒体形态、传播形态，催生了以匹配人的个性需求为核心，而不是仅以信息获取、加工、传输、发布效率为核心的数字新闻活动。数字新闻活动注重匹配人的个性需求，体现在多个方面，包括提供人人可参与的技术条件与平台，匹配甚至实时匹配人的个性需求与体验要求、新闻活动参与者和公众具体可感知的其他服务。甚至有一部分数字新闻活动是公众无感接受、甚为沉浸的，这依然是其匹配人的个性需求与体验要求的真实体现。

数字新闻活动注重借助数字科技不断提升信息获取、加工、传输、发布效率，而且在数字科技赋能下，获取、加工、传输、发布新闻、观点、知识、娱乐等信息效率更高，与人的个性需求的匹配度也更高，同时还建立、强化了与人的联系。

二、运行范式：从人生产内容走向人与人工智能协同大规模生产内容

以大数据、人工智能（Artificial Intelligence，AI）等为新标志的数字

科技一步步地应用于新闻采集、生产、分发、接收、反馈各环节，内容生产运行范式发生重要变化。

（一）演变主线：从人工生产到人与AI协同生产，再到AI生成内容

在新闻传播业形成之前，是人工生产内容。新闻传播业形成的前四百年，尽管人们可以借助机器进行内容采集、传输、加工、传播，但依然主要是人工生产内容，最多借助机器辅助生产内容。随着人工智能的发展，逐渐出现多种人工智能辅助内容生产工具和技术，写稿机器人等人工智能工具生产的内容数量大幅度增长、可利用度大幅度提升。新闻活动已经从借助机器、主要由人进行内容生产的传统模式，走向人与人工智能共同进行大规模内容生产的数字化模式。

随着生成式人工智能的重大进展，基于大模型或多模态大模型的智能内容生成应用可根据人类的提示和要求，直接生成内容，进入人工智能应用直接生成内容并进入传播的阶段。这个阶段的重要变化在于，不仅人类生产的内容在影响人，而且人工智能直接生成的内容也在影响人。这给人类提出了一系列严肃的课题，需要尽快回答如何构建人与人工智能共同进行大规模内容生产的理论框架、伦理规则、政策法规、监管方式。

（二）数字内容生产的运行特征和规律

数字科技时代仍是“内容为王”。虽然数字科技赋能使人人可发声传播，内容推荐算法等深度运用于内容分发而走向智能化精准传播，但内容仍然是媒体的立身之本，仍然是价值观、传播意图的基本承载体。“内容为王”是主流媒体的基本生存准则。数字科技进入内容生产领域，深刻改变了内容的生产流程和方式，使其表现出一系列新的重要特征。

其一，数字内容生产是柔性化生产活动。传统新闻业内容生产方式的重要特征是，新闻采集环节以外的内容生产活动总体上需要在媒体特

定场所、借助一定组织和设备进行。与之相区别，数字内容生产是柔性生产活动，不仅可以面对报纸、广播、电视、互联网、移动终端的不同需求，在同一生产流程提供多种个性化、定制化内容产品，体现强有力的弹性和灵活性；还可以基于数字内容生产平台实现线上、线下共同生产内容，实时获知、调度分布于全球的采访、制作、传播力量。

其二，数字内容生产是协同性生产活动。传统新闻活动是媒体这种新闻专业组织所进行的组织化运作的内容生产活动。而数字内容生产不仅是媒体组织化运作的内容生产活动，而且是由媒体、多种内容生产主体、互联网平台、专业内容生产者等数字内容制作生态体系的参与者，以多种形式参与，依照一定规则、利益机制协同运行的内容生产活动。不仅媒体在生产、分发数字内容，党政机构、企事业单位、社会团体、各类学校等多种社会主体都开设了新媒体账号，努力以专业标准为自己的网站、新媒体终端和主流媒体、开设在商业互联网平台或社交平台上的官方账号制作数字内容。媒体、多种社会主体以组织化运作、专业化分工方式进行的内容生产活动，以及公众中一些专业内容生产者的内容生产活动，既丰富了内容的多样性，也在客观上呈现出一定的协同性。对数字内容生产活动协同机制、协同规则的深刻认识、理性总结，既有利于数字内容生产的发展，也是实施有效监管的基础。

其三，数字内容生产是多能性生产活动。传统新闻活动的技能要求、产品效能等相对类型化。而数字内容生产的技能要求更为多样化，需要生产者运用多种传统和数字技术手段，借助多个领域的知识、技能，与多个特定功能岗位协同合作，才能实现数字内容生产。即使个人利用单机进行数字内容生产，也需要传播环节多个岗位协同配合才能完成全流程。这与数字科技使数字内容生产流程呈现更强的柔性、包容性密切相关，也形成数字内容生产新生态。

其四，数字内容生产是复合性生产活动。传统媒体分别生产不同类内容，如报纸生产流程服务于报纸出版，电视生产流程服务于电视播出。而数字内容生产在一个生产组织、一个流程中可获得多种数字内容成果。基于数字科技，不同形态的内容都成为数字素材和数字内容，具有更强的共享性、互通性。素材既可用于生产内容成品，又可直接用于传播，还可通过复用、添加、简化、叠加、组合等多种手段生产新内容。数字内容生产的复合性使其素材利用效率远远高于传统内容生产，使生产效率、内容产出量、参与者工作效能等提升多个量级，从而实现更高的数字内容生产效能。

其五，数字内容生产是多元性内容生产活动。所谓多元性，是可以也必须运用数字科技在数字内容中融入更多元素与传播目的。内容生产本来就是多元的，既考虑所要传递的实质信息，又考虑表达形式、情感融入、个性体现等，还要体现传播渠道规则要求。但数字内容生产的多元性更为强烈，必须给所生产数字内容融入远远比传统内容更多的信息元素、表现形态与传播手法，使其成为数字内容不可或缺的部分，甚至是最体现数字内容特色的部分，如果没有这些特色，人们可能会认为其缺少“网感”，不像数字内容。

其六，数字内容生产是即传性内容生产活动。与传统内容生产活动相比，即传性是数字内容生产活动最容易让人感受到的、最外在的特征。即拍即传、即制即传、即写即传，都依赖数字科技赋能才能实现。这首先是信息存储与表达的数字化，其次借助了基于数字科技的制作手段、通信和网络传播，再者借助了数字媒体平台和数字媒体应用，最后是基于智能手机等数字科技的接收工具。

其七，数字内容生产是平台性内容生产活动。与传统内容生产活动相比，数字内容生产往往以数字技术平台为核心工具，以互联网平台为基本依托。虽然，数字内容制作可借助电脑、软件等工具由个人或少数人完成，但实质上公众生产的数字内容不论是文字、短视频还是直播，最终都需要通过某个互联网平台、社交平台等才能实现传播，才能触及受众。数字科技在新闻传播中的运用逐渐由工具层面进入平台层面，基于数字科技的编辑制作平台，不管是文字图片编辑系统还是用于影像制作的非线性编辑制作系统，都成为媒体生产平台的主体，它们一步步与采集、传输、播出等环节连接，成为支撑数字内容生产传播全流程的技术平台。数字内容生产的平台性，决定了内容生产技术平台的基础性地位和互联网平台在数字内容生产与传播中的关键地位。人们已把互联网平台、社交平台视为平台媒体。在监管中，则把具有舆论属性与社会动员能力的互联网信息服务单独区分，加强监管[①]。数字内容生产的平台性，也决定了数字内容生产体系和生态的形成。

其八，数字内容生产是公众性内容生产活动。公众性是指数字内容生产往往由许多新闻媒体以外的人以个人或团队参与的方式进行。传统内容生产虽存在个人性内容生产（如文章写作、照片拍摄），但更多呈现为在专职从事内容采集、制作、传播的媒体组织内进行。今天有许多社会主体从事专业数字内容制作、新媒体传播和新媒体终端运营，它们的内容生产活动既呈现出公众性，又呈现出专业性，数字新闻学研究应当关注这一现象。数字内容生产众多参与者的专业水平提升、协同水平提升，深刻改变了受众偏好和习惯，深刻改变了传播格局，同时给专业内容生产组织（如媒体、出版机构等）更大竞争压力，迫使专业内容生产组织的理念、生产方式、生产流程相应变化。

其九，数字内容生产是交互性内容生产活动。与传统新闻活动相比，数字科技赋能使数字内容生产与传播呈现鲜明并不断增强的交互性。交互性是指绝大部分的数字内容生产是在内容生产者与用户的互动中进行的，甚至可以不断进行。如一个帖子的跟帖可以连续数日、数月进行，甚至会出现公众年复一年在某些帖子下跟帖，跟帖的内容可能与原帖无关，但跟帖可不断进行。交互性又指互动感、交流感，这种感觉被深深嵌入数字内容生产者理念和潜意识中，使数字内容在多一个层面表达出与用户的交流、互动，从而深刻体现数字内容的交互传播特性。这与传统内容生产专注于从某个主体向众多被传播者“传播”的思维框架有重要不同。交互性对数字内容生产和媒体深度融合转型非常重要。

---

① 如国家互联网信息办公室和公安部 2018 年 11 月 15 日发布《具有舆论属性或社会动员能力的互联网信息服务安全评估规定》。

如果停留于“传播”思维，不能领悟“交互传播”，就会停留在传统内容生产，很难实现媒体深度融合和数字内容生产。

其十，数字内容生产是人与人工智能协同进行的内容生产活动。这是数字内容生产已呈现的与传统内容生产区别最大的特征。不仅是借助机器生产，人与人工智能共同生产，而且是人工智能直接进行内容生产和传播，这给数字新闻学提出了一系列重要命题。数字内容生产的特殊性不仅在于运用多种技术手段、多种表达手段，更在于越来越呈现为借助数字科技特别是人工智能技术而连续生产、自动生成。

就内容质量把控而言，人们会担忧几种谬误衍生。一是为适应移动媒体特性和人们的需求变化，人们习惯运用多种表达手段制作数字内容，但使用了多种表达手段与表达形态却未必增进了表达效果，有时反而减损了表达效果。但数字内容生产者未必知道这种减损是如何发生的，应该如何抑制。毕竟，数字内容往往是文字、音频、视频、数据等多种表达形态的集合。单独评判每一种表达手段可能是适宜的，但应用到一个数字内容产品中却可能出现合成谬误。所谓合成谬误指分别看是使用得当的手段，合成到一起使用所产生的效果却可能不得当；局部而言合理、有效率的选择，加起来却是一个谬误[①]。二是数字内容生产连续进行、自动生成、不断累积的特性，可能导致所生成内容中的微小误差不断累积而构成大错，这种现象称为累积谬误。三是数字内容生产连续进行时极个别的异常点可能导致生成结果存在隐含偏差。四是不断深度学习的算法所运作的结果可能偏离预设或出现设计者难以解释的某种结果。

这就需要数字新闻学与其他学科深刻认识、系统研究、发现规律，从而指导在实践中如何有效控制人工智能参与的数字内容生产，指导基

① 诺贝尔经济学奖获得者保罗·萨缪尔森以合成谬误概念阐述公共改进理论。露天剧场里人们争相站起来看演出，对每个人来说都有好处的举动，最后使所有人都受损，即为合成谬误。而剧场内部按阶梯形设计，就是一种公共改进，既是设施设计也是制度设计，目的是抑制争相站起来的合成谬误产生。

于可解释、可追溯原则在数字内容生产与传播中更可控地运用人工智能，指导人与人工智能协同进行大规模内容生产。

三、影响力生成逻辑：分发环节在影响力生成中占更大权重

数字科技应用于新闻活动全领域、全流程、各方面，使新闻活动的影响力生成逻辑发生重要变化。

（一）演变主线：三个重要变化

1. 演变主线之一：从内容产生影响到分发在影响力生成中占比更大

数字科技的运用，在内容分发领域催生的变化之一是，内容与分发在影响力生成中所占权重发生微妙而极为重大的变化。传统新闻活动中，是内容产生影响，内容生产环节在影响力生成中占主要权重。随着数字科技的运用，特别是基于数据分析的个性化推荐服务技术应用于信息分发、内容与需求匹配，分发环节在数字新闻活动的影响力生成中逐渐占有越来越大的比重，并出现虽不生产内容却因运用算法推荐信息[①]而在 8 年间集聚 6 亿以上日活用户、具有巨大影响力和社会动员能力的分发平台。

2. 演变主线之二：从直接发布到智能分发、匹配需求

数字科技的运用，在内容分发领域催生的变化之二是，内容分发环节运行范式发生重大变化。在传统新闻活动中，媒体生产内容后借助纸介质、电子媒介或网络媒介发布、发行、广播，总体上是直接发布、面向群体发布，其内在逻辑是发布范围越广，可能覆盖的读者、听众、观众越多，传播效率越高，可能产生的影响越大。数字新闻活动中，是媒

① 在不同行政规章和规范性文件中，关于推荐算法的名称有所不同。2021 年 12 月 31 日，中华人民共和国国家互联网信息办公室等四部委发布《互联网信息服务算法推荐管理规定》，其中第二条第二款为："前款所称应用算法推荐技术，是指利用生成合成类、个性化推送类、排序精选类、检索过滤类、调度决策类等算法技术向用户提供信息。"

体、各种机构、公众等内容生产者制作内容后借助基于数据分析的个性化信息推送服务技术进行智能分发、个性推送、精准匹配[①]。媒体追求的不再是一般意义上的群体传播效率高，而是与个体信息需求和体验要求的匹配效率高，从而吸引更多受众，并产生深刻的影响。

3. 演变主线之三：信息过剩导致传播者地位变化

传统新闻活动中，媒体等专业组织是信息、观点等内容的生产者和拥有者，对受众而言，信息、内容相对是稀缺物。因此，媒体等内容生产者、传播者的影响力地位大部分源于信息不对称。数字新闻活动中，内容生产者的影响力地位发生变化，是因为媒体之外有无数机构、个人加入信息收集、生产、传播中来，从而使受众群体和个体处在信息相对过剩的状态。受众个体更需要的是选择结果，是与个性需求更匹配的内容，是与个性体验要求更匹配从而更愿意接受的信息服务、内容服务、体验服务。基于数据分析的个性化推荐服务技术，在某种意义上是通过推荐不断地发现需求从而实现匹配的，匹配的过程也是多种方式的试错过程。只不过试错的效率高，从而实现匹配度快速提升，速度和效率高到受众群体或个体可能浑然不觉而已。

（二）演变解析：不同传播形态的不同影响力生成逻辑

从传统新闻活动的发布演变成数字新闻活动的智能分发，不同传播形态所体现出的影响力生成底层逻辑有重要区别。

---

① 商务部、科技部 2020 年 8 月发布的《中国禁止出口限制出口技术目录》限制出口部分的信息处理技术（编号：056101X）项下，还增加如下控制要点，其中大部分也已经应用于新闻传播领域："17. 语音合成技术（包括语料库设计、录制和标注技术，语音信号特征分析和提取技术，文本特征分析和预测技术，语音特征概率统计模型构建技术等）18. 人工智能交互界面技术（包括语音识别技术、麦克风阵列技术、语音唤醒技术、交互理解技术等）19. 语音评测技术（包括朗读自动评分技术、口语表达自动评分技术、发音检错技术等）20. 智能阅卷技术（包括印刷体扫描识别技术、手写体扫描识别技术、印刷体拍照识别技术、手写体拍照识别技术、中英文作文批改技术等）21. 基于数据分析的个性化信息推送服务技术。"其中，第 21 项"基于数据分析的个性化信息推送服务技术"，即本书中的信息算法。

传播形态是有组织、专业化、大规模的新闻活动在内容分发环节的存在样貌与在一定条件下的具体化表现形态，是在特定自然、社会、技术条件下的基本内容分发模式，是对特定传播模式核心特征的简洁概括。新传播形态并不仅仅是被动产生、运行的，而是会促使科技发展和运用方式演变，促使内容采集、加工、传播工具不断更新，促使有组织、专业化、大规模新闻活动深刻变革。历史地看，传播形态演进呈现出“向下兼容”“双向互励”两个鲜明特征。“向下兼容”即印刷传播时代的工业化传播模式在智能传播时代依然发挥基础性作用。“双向互励”即每一种新传播形态、传播模式都在依托、借鉴原有传播形态、传播模式，又为更新的传播形态的产生奠定基础；而每一种原有传播形态、传播模式都会从新产生的传播形态、传播模式中获取营养并受到刺激而产生变化。

工业革命催生了现代意义的报纸，相对于口头传播、人际传播，相对于书籍，报纸就是当时的新媒体。其组织化运行、内容生产与分发相对分离的专业化分工、大规模生产实现了更高效的内容分发，奠定了分类满足群体需求的基本理念和框架，并形成大流程、专业化内容生产模式，形成以定时、定量、定向、分类、选择为关键词的工业化传播模式，形成以专业分工与一系列规则约束为基础的媒体组织形态。这既成为新闻学的研究重点，也规范了之后的专业新闻活动。之后出现的媒体形态、内容生产方式、传播形态等，总体上是在上述基础上发展而来的。即便是移动传播，呈现的也是在工业化传播方式不同关键词上有更新开拓，或有更高效率。基于算法推荐的智能传播，能够实时匹配人的个性信息需求与个性体验要求，同样是借助智能科技进一步放大工业化传播方式五要素的效能。

数字科技发展并更深层地应用于新闻领域，使内容发布、传播环节的效率提升速度远远高于内容生产环节。数字科技最早在广播电视领域开始应用，一步步取代了之前使用的模拟技术。广播电视等电子传播形态的出现，有三个重要意义：一是为人类社会提供了信息发布、传播效率更高的媒体形态；二是使人类信息传播的主要媒介由岩壁、竹简、纸等可见物，转变为电波、电子等不可见物；三是为数字科技运用提供了最有利于增强信心的初始舞台。1973 年，数字技术开始应用于电视广播，试验证明数字电视可用于卫星通信。1979 年，第一个“图文电视”系统在伦敦开通。1989 年，将模拟电视信号传输转换成数字信号传输实现了，采用 MPEG[①] 压缩编码可在有线电视系统一个带宽 6 兆的模拟频道中传输 10 个频道节目。20 世纪 90 年代，多个国家开始测试数字高清晰度电视。从依托模拟技术转向依托数字技术，广播电视发生了巨大变化，一系列新电视报道形态（如跨洲直播）、运作形态（如与其他报道手段结合乃至融合）成为可能，电视理论与实务因而迅速发展[②]。

从网络传播到智能传播，内容发布、传播环节的效率大幅度提升，同时匹配人的个性需求成为现实并成为内容分发与传播环节的基本模式，深刻改变了影响力生成逻辑。互联网一步步成为人类信息传播的技术基础，承载、催生了多种形态的网站、社交网络、移动社交平台，并演变、衍生出博客、播客、社会性网络服务（Social Networking Services，SNS）、维基（Wiki）等新传播工具。移动传播形态起始于短信成为新媒体工具，之后的移动传播形态是手机电视[③]。短信的新媒体化，提醒人们去发现手机的新功能，以不竭的想象力开发手机这种与人们联系最紧密、黏着度最高的信息终端。由此，互联网走向移动化。移动传播形态的历史地位在于，匹配移动需求成为基本规则，从随时随地随需分发内容维度定义了之后的传播形态演变路径。移动优先不仅是传播策略，更是无可回避的战略抉择。互联网发展指向之一是社交性增强，具有社交功能的互联网应用促使社交传播形态成为主流，点赞、转发、评论等形成的再传播、多次传播在信息传播中所占份额越来越大。

① 动态图像专家组制定的运动图像压缩算法的国际标准。

② 中国新闻业于 20 世纪六七十年代引入数字技术，1992 年试播图文电视。这个阶段，数字技术一词仅见于《广播与电视技术》《电视工程》《现代电视技术》等传媒科技类期刊。

③ 谁发明了手机电视，就不同技术而言，答案有所不同。

社交传播形态的历史地位在于，使建立、增强公众个体与群体之间的联系成为有效精准传播的前提和结果，也使基于社交关系的分享和各种再传播成为信息传播的主要形式和力量，甚至形成“移动获知、主屏观看、社交认同、共情驱动”的传播模式。

能够实现算法分发、个性推送、精准匹配的智能传播形态出现，使实时匹配人的个性需求成为现实，也进一步提升了影响力生成中分发环节所占权重，从而更深刻地改变了内容传播和影响力生成的底层逻辑。智能传播形态的出现以算法介入移动平台信息分发为主要标志。算法是基于数据用系统方法描述、解决问题的策略机制。基于数据分析的个性化信息推送服务技术深度应用于信息分发领域，实现了实时匹配人的个性需求，并正体现更有能力实时匹配人的个性体验要求。

实时匹配不是一般意义上的满足，也不是延迟滞后满足，要做到这点就需要基于数据分析的个性化信息推送服务技术等人工智能科技成为重要参与者，甚至赋予推荐算法更大的内容分发决定权。这更增加了人们对算法不可解释性的忧虑。国家正推动研究可信人工智能，通过研发、监管等手段增强算法的透明度、公平性、包容性、可控性、可问责性，通过法规和规范性文件建立系统性算法监管规则，以更好实现“用主流价值导向驾驭算法”。智能传播与实时匹配人的个性需求和体验要求对数字新闻活动、新闻舆论格局、影响力生成逻辑产生深刻影响。

前瞻地看，在算法分发、个性推送、精准匹配能效不断提升的同时，智能媒体科技发展呈现新路径，传感科技将大规模进入传播科技领域，传感、传播科技融合演进的新传播科技出现，基于传感科技的感知传播能力会进一步发展并有效发挥。这必将进一步提升分发环节在影响力生成中所占权重，进一步改变内容形态和内容分发方式，不仅使交互传播成为更重要的传播手段和基本传播形态，也会使体验传播形态展现更强的魅力。随着传感科技更多地运用于媒体科技，传播形态正在从以往主要通过眼睛、耳朵两种器官，以观、听为主的二维传播，向多维交互传播发展，向更能实时匹配人的个性信息需求与个性体验要求方向发展。元宇宙构想就是沿改善视觉感知路径展开想象与研究，呈现为孕育中的多维体验传播形态，是传播形态现有发展逻辑的延伸。

四、发展范式：从深融走向智融、从融媒体走向智媒体

包括大数据、云计算、5G 通信、人工智能等在内的数字科技应用于新闻传播领域，使新闻业发展与媒体形态演变的底层逻辑发生了变化，于是出现了网络媒体、平台媒体和面向多种媒体、新媒体终端的融合媒体，媒体由单体存在、各自运行走向深度融合发展，媒体融合成为世界媒体行业发展演变的基本图景。

在中国，媒体融合发展是全面深化改革战略部署的组成部分，中央两次通过相关的指导意见，将加快推进媒体深度融合发展，打造一批具有强大影响力、竞争力的新型主流媒体，加快县级融媒体中心建设等上升为国策。加快推进媒体融合发展，是以党中央的权威和集中统一领导推动、以国家力量支持与保障、回应时代挑战、具有历史意义的战略行动[①]。

随着人工智能在新闻传播领域的运用更深更广，特别是生成式人工智能的发展，新闻传播领域包括媒体在内诸多主体的演变主线正在发生重要变化，即在不断推进媒体融合发展、深度融合的基础上，进一步走向智能融合；媒体的转型目标、发展范式相应发生重大变化，即从融媒体走向智媒体。

① 2014 年 8 月 18 日，中央全面深化改革领导小组第四次会议审议通过《关于推动传统媒体和新兴媒体融合发展的指导意见》。2020 年 6 月 30 日，中央全面深化改革委员会第十四次会议审议通过《关于加快推进媒体深度融合发展的指导意见》。《中共中央关于制定国民经济和社会发展第十四个五年规划和二〇三五年远景目标的建议》对媒体深度融合、全媒体传播、县级融媒体中心建设做出重要部署。

（一）演变主线：从深度融合走向智能融合

媒体融合是一个历史过程。报纸、广播、电视渠道互用、产品借用、传播方式借鉴等现象与案例，可视为媒体融合的早期探索。互联网的诞生与发展改变了传播格局，促使一些媒体探索融合新闻与融合媒体，媒体融合的概念和实践出现。学术界在21世纪初把融合新闻与融合媒体视为前沿课题。在个体层面，融合新闻表现为具有多种媒体技能的“超级记者”；在运作层面，融合新闻理念的引入改变了生产流程、岗位设置与管理方式；在组织层面，则表现为所有权融合、策略性融合、结构性融合等形态[①]；在产品层面，“融合报道”不仅仅是媒体与技术的融合，还是报道方式与叙事风格的融合[②]。2007年前后，智能手机逐渐普及和移动社交平台的迅速发展使新闻传播由媒体进行的专业活动，变成多社会主体参与、“人人生产信息、传播无处不在”的群体传播活动[③]。移动传播发展，凸显了传统媒体与新兴媒体在传播效率、运作效率、反应效率等方面的效率差；移动传播所擅长的互动传播、便利传播、多次传播的扩散效应，凸显了传统媒体直接传播、线性传播、一次传播的传播力相对较弱。“信息无处不在、无所不及、无人不用，导致舆论生态、媒体格局、传播方式发生深刻变化，新闻舆论工作面临新的挑战。”[④]这使传统媒体如何通过媒体融合保持传播力、增强竞争力，成为世界传媒行业关注和探索的课题，也形成了国际学术界在数字新闻学领域的共同论域。

主流媒体适应数字科技的融合发展进程，探索构建新型主流媒体之

---

① 蔡雯：《从“超级记者”到“超级团队”——西方媒体“融合新闻”的实践和理论》，《中国记者》2007年第1期。

② 雷跃捷、何晓菡、古丽尼歌尔·伊力哈木：《“融合报道”的概念、内涵、特征及发展趋势——基于中国新闻奖与普利策新闻奖“融合报道”作品的比较分析》，《新闻战线》2019年第7期上。

③ 隋岩：《群体传播时代：信息生产方式的变革与影响》，《中国社会科学》2018年第11期。

④ 习近平：《加快推动媒体融合发展 构建全媒体传播格局》，《求是》2019年第6期。

路，为从深度融合走向智能融合，从融媒体转变成智媒体提供了历史资源和现实基础。互联网在中国被广泛使用，始于 1994 年 4 月 20 日中国通过一条 64 K 卫星专线全功能接入国际互联网。随着另一条 64 K 卫星专线和一条地面专线开通，1997 年中国电信开始面向公众提供互联网服务。之后，中央媒体相继建立官方网站，标志着中国主流媒体开始拥抱互联网。我国第一批重点新闻网站的出现时间早于阿里巴巴等互联网公司的出现时间[①]。基于网络技术的各种网站特别是新闻网站，其传播方式、组织形态、运作形态都不同于传统媒体。从主流媒体建立自己的网站开始，新闻生产数字化进程越来越快，越来越深入影响到新闻采集、传输、生产、传播、反馈全流程。一些新理念和概念也随主流媒体的探索而出现。

2001 年，我担任总编辑的《中国记者》杂志开设“数字记者”专栏，率先推动理论研究和实践探索。2003 年，《中国妇女报》尝试利用短信发送新闻，因新闻短信、手机报大量出现，短信被称为“第五媒体”。之后，基于互联网特别是移动互联网的新媒体形态不断出现，“对等互联”等术语开始出现在新闻管理的相关文件和讲话中。2006 年，“媒体融合”“数字化转型”成为我国主流新闻媒体向数字媒体发展的实践策略。继而博客、播客、微博、微信、微视频和专事信息分发的网站等的出现进一步改变了传播格局，促使主流媒体全面改变内容生产和传播优先顺序，把移动端作为第一传播选择。2014 年，推进媒体融合发展、打造新型主流媒体上升为国家意志，在政策的强力推动下，中国的媒体融合呈现强势推进格局。“数字转型”“互联网 +”“融媒体”“全媒体”“中央厨房”等相继出现，形成了特色鲜明的发展路径。

从媒体融合发展走向深度融合的进程，不仅体现为从最初在一个大空间中整合多部门力量形成编辑平台的“空间整合”，走向以构建体系

① 1995 年，《中国贸易报》成为中国第一家“上网”的报纸。1997 年 1 月 1 日，人民网的前身《人民日报》（网络版）创办。1997 年 11 月 7 日，新华社与中国电信合作建立了新华社网站；2000 年 3 月，改名为新华网；同年 7 月，全面改版并启用新域名。

竞争力为目标的“体系聚合”，走向媒体运作理念、运行机制、内容生产体系、内容产品体系等更体现互联网思维、更适应互联网传播规律、更适应新媒体竞争的新格局；还体现为县级融媒体中心建设在国家力量推动下快速展开，媒体融合的实践从中央到省市再到县区全面推进，向“形成资源集约、结构合理、差异发展、协同高效的全媒体传播体系”[①]不断推进，并由此形成了中国媒体融合战略的特定目标群与丰富内涵。就媒体个体或媒体集团而言，“支撑体系竞争力的是两大基础：一个是建设基于 IT 网络、大数据处理与分析、视频处理与传输、云计算等技术的媒体融合平台，另一个是构建能够有效发挥这个平台功能与扩展性的，以制度安排、养成培训、系统管理为实现手段的运作体系”[②]。而向全媒体传播体系目标不断推进，使主流媒体在事实上构成了全国范围内的全媒体传播体系，进一步增强了主流价值观的传播力、影响力。“媒体融合”已经成为我国政治议程与学术话语的叠加概念[③]。这为基于中国实践，体现中国特色、中国风格、中国气派的数字新闻学研究提供了丰富案例和雄厚基础。

① 习近平：《加快推动媒体融合发展 构建全媒体传播格局》，《求是》2019年第6期。

② 新华社全球视频智媒体平台，构建了从用户需求获知到采集、内容生产、用户服务的全流程平台，打通了与音视频生产相关的所有系统的底层，通过建立音视频生产体系管理平台，与采、编、发、供各环节的所有系统在底层连通，共享数据、分发信号、传送产品、回馈状态，从而构建了一个音视频内容生产服务技术、业务体系。新华社全球视频智媒体平台于2019年获得了媒体技术领域唯一国家级奖项中国新闻科技“王选奖”一等奖。陆小华：《增强体系竞争力：媒体融合平台构建的核心目标——新华社全球视频智媒体平台的探索与思考》，《新闻记者》2019年第3期。

③ 2020年8月23日，中央纪委国家监委网站公布十九届中央第五轮巡视对35个中央和国家机关单位党组织的巡视反馈情况，11个与宣传工作（新闻出版）有关的中央和国家机关单位党组织巡视发现的问题中，媒体融合情况被多次提及，如“组织协调指导媒体深度融合发展还需加大力度”，“统筹推进网络综合治理体系建设有不足”，“推动媒体融合发展持续发力还不够”，“推进刊网深度融合不够”，“推进媒体融合发展不够有力”，“建设新媒体平台的工作力度有待提高”，“对数字化转型统筹谋划不到位”等。

世界已经进入人与人工智能共生的时代，包括人工智能在内的新技术、新应用正加速出现，展现出前所未有的推动力量。借助生成式人工智能应用，会有更多重要主体加速参与传播竞争。如果说自媒体的产生对传统媒体而言是一种去中心化，那么更值得注意的是，在人工智能赋能下，人人参与传播不仅会使其中一部分主体走向专业化，而且会使更多传播主体的传播活动呈现不同水平的智能化。数字科技赋能将呈现新着力点。这是在加速智能融合进程中，必须紧密关注、积极探索、充满想象力地利用的。

有一点是确定的。智能融合将给那些在新闻采集、传输、加工、传播、反馈诸环节加速探索运用人工智能的媒体、传播主体的发展以更强大的推动力量，将以可能超越想象的赋能，回报那些专业而创造性运用生成式人工智能的媒体和传播主体。

（二）发展范式：从融媒体走向智媒体

在从深度融合走向智能融合的进程中，媒体的转型目标、发展范式相应发生重大变化，即从融媒体走向智媒体。

数字技术进入新闻领域，在广播电视领域逐步取代模拟技术，使广播电视内容产品的技术质量提升多个等级，广播电视内容产品因使用数字技术存储而具备在不同媒体间分享和通过互联网分发的条件。报纸领域的数字化改造体现在，传统铅字排版生产方式转换为激光照排等数字化生产方式，印制成报纸前所有内容已成为存储在编辑系统、光盘、硬盘里的数字信息，因而具备与广播、电视共享和通过互联网分发的条件。数字科技催生了媒体组织变革，一个传媒组织尽管仍被称为报社，但其内容产品已通过互联网、广播电台、电视台和多种新媒体应用分发，已能够生产文字、照片、音频、视频等多种可读、可听、可视、可互动、可感受、可分享的新媒体产品；使报社、广播电台、电视台在媒体深度融合中一步步演变为数字媒体；使具有舆论属性和社会动员能力的网站、移动应用、传播平台成为人们日常应用甚至深度依赖的共生物，并被纳入监管。

媒体融合不断深化，要求新闻学研究不能再以传统媒体观认识媒体，而必须以数字媒体观来认识媒体，通过构建新理论体系和研究范式来研究数字新闻、数字媒体及其相关活动。所谓数字媒体观，就是把一切基于电子技术的传媒形态都视为具有共同技术内核、运作规则、分享基础的统一体；不同形态的传媒，如广播、电视、互联网、短信、数据库，都是基于数字技术内核及其运作规则、分享基础的不同传播方式、不同传播平台。数字技术为不同传媒提供了资源整合的平台和基础，也就为不同传媒形态或业态的聚集，如广播、电视、互联网、短信、数据库、报纸、刊物等，提供了新的基础，提供了分享资源和影响力空间的内在机制与条件。依据数字媒体观，就可以打通不适应数字媒体发展要求的媒体间的边界，实现新的水平上的资源整合、资源共享、跨平台利用，提高资源利用效率。基于数字媒体观，所追求的人性化运作模式就会出现，从而最终改变受众与传媒间的关系，改变信息消费方式。基于数字媒体的运作方式，就可以期望媒体成为受众的“信息顾问”，提供所谓“一对一”的贴身服务①。

人工智能运用于新闻采集、传输、加工、传播、反馈诸环节，使生成式人工智能及其生成内容进入传播领域直接影响人，跨越一系列重要环节，使媒体融合所面临的外在技术条件、传播条件、认知条件和内在基础都发生了重要变化，因而，不仅应当推动融合发展、深度融合，还应当更加自觉地、创造性地运用包括生成式人工智能在内的人工智能技术和应用。在政策鼓励和竞争推动下，人工智能等数字科技被更广泛地应用于媒体领域，在媒体融合向智能融合演变的基础上，媒体的发展范式从成为融媒体转变为走向智媒体。

① 陆小华：《数字媒体观与传媒运行模式变革》，《新闻记者》2004年第1期。

第二节　蓄势：微传播时代的挑战与机遇[①]

一、公众生活形态变化和微传播时代

我们所处的时代发生了什么样的重要变化？至少可以给出两个答案，即公众生活走向移动化，微传播成为传播的主要特征。在公众生活移动化时代，在微传播时代，可以说，公众信息需求和信息消费行为都发生了重大变化，内容生产与媒体融合指向同样发生了重要变化，传播规律、引导方法、传媒竞争逻辑都随之发生深刻改变。也正因如此，传统传播理论失去了大部分解释力，学者的研究视角、操作者的实践取向也都要做相应调整。

客观地看，新闻传播机构的运作方式已经发生巨大变化，关注重点、问题重要顺序、报道方式与以往有很大不同，对受众需求的观察方式、处理尺度完全不同。比如，我们讨论媒体技术建设时，不是泛泛讨论如何进行基础建设，而是以想象力来引导如何以数字技术满足报道业务需求，从而实现技术支撑和引领。一些技术服务商、技术人员的思维已经落后于数字变革和业界需求。如果泛泛地讲，这些技术服务商会告诉媒体、新闻传播机构和主管部门，它们有什么设备可以实现什么功能。但在匹配现在和未来需求层面，在构建大系统使业务体系、业务流程发生根本性变革层面，它们难以实现。因此，现在是我们来提需求、引导方案设计和深化设计。重要的问题是，为什么它们不能提出匹配现在和未来需求的方案，不能构建大系统使业务体系、业务流程发生根本性变革呢？因为有些技术服务团队思考问题的框架、观察问题的角度还停留在工业化传播时代，还停留在一台或一些具体设备可以实现什么功能、带来什么效益的状态。这是不够的。

① 本节根据我在清华大学新闻与传播学院的讲座录音整理部分内容改写。讲座由史安斌教授主持。讲座录音由李嘉珊、苏益、郭婉容整理，盛阳校对。

（一）公众生活移动化

什么叫公众生活移动化？从 2016 年上半年开始，中国移动的流量收入超过语音和短信收入，成为主要收入来源，这从某种角度标注了公众生活移动化的重要节点。虽然中国移动 2016 年上半年净利润 606 亿元是中国联通和中国电信两家企业净利润的 4.6 倍，但中国联通、中国电信非语音、短信收入的增长幅度更大。2016 年，中国移动流量收入为 1 950 亿元，占总收入的 43.3%，同比增长 29.7%；中国电信流量收入同比增长 42%，中国联通流量收入同比增长 73.1%。手机本是用来打电话的，却变成了主要消耗流量的智能终端。这些数据反映出移动互联网对公众生活的渗透深度，从年轻人、大中城市、社会主流人群，渗透到社会各个阶层、各个方面。也正因如此，通信运营商的收入结构才会发生这样重大的变化。这种变化，不仅是我们观察公众生活形态变化的重要视角，而且意味着全面变化已经开始。移动互联网渗透到中国经济、社会的各个方面，催生的变化是全面的、系统性的，它使公共治理方式相应地发生变化，使企业运作方式相应做出深刻调整。如何适应这样全面、系统性的变化？报业经营的大幅滑坡，只是传统新闻业未完全适应的表现。但如何适应变化、转型发展，传媒学界和业界还没有找到真正管用的“药方”。观察、思考问题的框架、视角都还需要调整。

（二）微传播时代的特征

从传播角度，可以把当下这个时代称为微传播时代，借此可以更好地把握其变化和特征。

1. 内容载体和传播平台

在微传播时代，载体和平台的位置、关系发生变化。之前，人们习惯讲“两微一端”。2016 年，微视频出现爆发性增长。我们不能简单地将原因归结为人们喜欢看视频，或者在移动互联网技术条件下下载、观看视频更容易，那些只是外在驱动条件。更重要的是，微视频爆发性增长，意味着整个传播格局在发生变化，意味着从抽象传播走向具象传播，意味着从原来的简单传播走向更多地运用视频内容形态的富媒体传播（因为视频可以传达丰富的信息），意味着传播还原到人们最愿意、最容易接受的直接传播、面对面传播（这样的人际传播方式又是借助包括移动互联网技术在内的技术手段实现的）。

为什么今天人们突然变得愿意看微视频呢？在来清华大学做讲座的前一天晚上，我看了一个视频，惊心动魄。视频中，雪天的公路上几十辆车接连相撞，一个人用手机边拍现场边感叹，那些感叹就好像现场评论："又来一个，又撞上去了。"看着一辆辆汽车撞上去，看着后面来的大车把前面的小车挤得面目全非，我不禁感慨，这样的现场场景、丰富细节，只有视频才能传递出来。视频的冲击力、爆发力，既有的影像传播理论还难以完全解释。因此，今天我们应该关注、运用"三微一端"。

几年前我就讲过，客户端对传统媒体有更强的替代性。客户端可以装载的内容几乎可以说是无限的，因此客户端可以是一个新入口、新平台。但是，在 2016 年末，我又提出一个问题，客户端之后，下一个新媒体产品形态是什么样的？我们还会提的问题是如果门户网站已经成了传统媒体，那么客户端这样的传播形式在哪一天会成为传统媒体？微信公众号和客户端这样的内容结构方式，今后三年会怎样演变？在信息过剩的冲击下，公众偏好的、愿意付费的、认为最有价值的内容产品是什么？是报纸电子版文章还是算法主导推送的内容？由此又可以引出一系列问题。没有人会认为"三微一端"就是微传播时代内容载体的终极形态，而内容载体的终极形态是什么，需要业界探索、发现，但是依然需要研究者、实践者来回答这样的问题。

2. 时效观与观察方式

100 多年前，《纽约时报》报道"泰坦尼克号"失事，8 小时已经被认为非常之快[1]。现在是秒级竞争。网络直播的实现，使直播从一种工业化、高技术、高投入的报道形式，变成今天人人都可以进行的活动。我最关心的是两端。一端是它对受众需求偏好会有什么样的影响。如果任何人都可以随时现场直播，受众的信息需求与信息提供方式偏好会发生什么样的变化？另一端是它对内容生产的组织方式、价值判断方式会产生什么样的影响。这种影响一定是非常深远的。40 多年前，新华社穆青同志可以派一个记者到河南的一个县去蹲点一年，这一年这个记者可以不用写几篇稿子，只做深入调查研究。而今天，记者已难以甚至不能够以这样的慢速度静下心在一个地方调研，去全面了解、体验、分析一个地方的情况。

当受众和媒体人都习惯直播之后，是否会缺少对这个社会正在面临变革的小尺度、深刻、具体入微的把握和分析，是否会缺少对大尺度、重大、趋势性、历史性变化的把握和揭示？1977 年恢复高考后上大学的学生和写作爱好者流行读的一本书是《光荣与梦想》，这本书记录了 1932 年到 1972 年的美国历史，作者是威廉·曼彻斯特。与之前的许多书籍相比，这本书既有大尺度的叙述，又有具体细微的描述，那种对一个时期大跨度变化的把握，那种写作技法，成为很多人模仿的对象。实际上，有很多记者出身的人写了影响世界的著作。威廉·夏伊勒在写《第三帝国的兴亡》之前，是哥伦比亚广播公司（Columbia Broadcasting System，CBS）驻柏林的记者。写出《大国的兴衰》的保罗·肯尼迪，曾经也是记者。但是，今天的记者和受众时效观的变化，对记者的思维

① 1912 年 4 月 15 日凌晨 1 点 20 分，《纽约时报》编辑部主任卡尔·范安达收到美国联合通讯社（简称“美联社”）关于“泰坦尼克”号触冰山的简讯，即电话询问航运公司和《纽约时报》驻港口的记者，了解到自收到邮轮第一个求救信号，半小时内再也没有音讯。他判断船已沉没。到凌晨 3 点半，编辑部已组织好报道材料。16 日上午，《纽约时报》在头版以大字标题报道邮轮沉没的消息。17 日，范安达在码头附近租了一间房，架设了 4 条直通报社的电话线。18 日晚，营救“泰坦尼克”号幸存者的一艘船到达。3 小时之后，《纽约时报》以 15 版的篇幅对此事进行了详尽的报道。

和工作方式会产生什么样的影响呢？

3. 媒体消费时间

曾有很长一段时间，媒体人认为某一种媒体的消费时间增加，意味着这种媒体的影响力、重要性、地位提升。过去，受众看电视的时间越来越长，读报纸的时间越来越短。现在，人们在微信上花费的时间最多，每天使用微信至少 2 个小时。那么，公众使用媒体的时间一定是不断增加的吗？何况还有泛媒体化现象的存在。在我看来，只要有心，一切都是媒介。人们会把更多的时间花在各种可以传递信息、满足需求的媒介上。那么，花在传统媒体和新媒体上的时间一定会增加吗？如果不是，应当采取什么样的应对策略呢？

4. 行为习惯与数据幻象

如今讲大数据成了时尚，但极少有人会讲数据幻象、数据欺骗。正是因为数据幻象、数据欺骗的存在，才使支持希拉里的美国人对特朗普当选美国总统这么惊讶。数据幻象的出现，可能是因为数据获取方式存在缺陷，也可能是因为使用了不当数据分析理论、范式和方法。1936 年，美国著名杂志《文学摘要》为预测总统候选人罗斯福与兰登谁能当选，而向电话拥有者和各俱乐部成员发出 1 000 万封调查信，回收 200 万封。在当时，这是少有的发送和回收量。《文学摘要》公布了据此获得的调查结果，即预测兰登将以 57% 对 43% 的比例获胜，但选举结果是罗斯福以 62% 对 38% 的巨大优势获胜。《文学摘要》的调查信没有覆盖的人群——那些没有安装家庭电话、没有加入俱乐部的人——是“沉默的大多数”，他们通过投票表达了自己的选择。《文学摘要》不久后停刊。而类似盖洛普调查的民意调查方法，虽然只有很小的样本，但其采用相对更科学的抽样调查方式，因此得出的结论更接近投票结果。这引发了人们对调查方法的反思。今天讨论的是，究竟应该如何分析数据、做出判断。在微传播时代，如果数据分析思维、分析方法不得当，就可能产生数据幻象、数据欺骗，分析结果和现实之间就可能有明显差异或巨大差异。值得一问的是，那些数据挖掘、数据分析得出的结论，会不会误导人们的认知和思维？

5. 阐释能力与媒体依赖

今天人们最需要媒体提供什么？媒体依赖构成中的最核心因素是什么？是信息，还是新闻？在我看来，已不仅仅是新闻或者信息，而是对问题的回答，是对内容的选择结果，是媒体提供的分析和判断，是观点。决定媒体竞争力的最核心因素，已不再是简单地看谁是最先报道者，而是看其提供的分析、判断、选择、预见，观点性内容、高价值内容决定了媒体的真实影响力。所以，今天公众对媒体依赖性的核心是，谁是问题的回答者、解释者，谁是更能得到事实和发展趋势印证的判断者、预见者。

二、微传播时代值得思考的问题

（一）正发生的变革意味着什么

1. 从观念变革到模式变革

互联网所带来的冲击原来只体现在观念层面，今天已经体现在整个社会系统的运行层面。可以来看两个例子。

其一是垂直细分。垂直细分是之前就存在的一种观念，不是互联网时代才出现的。以杂志为例，杂志在总量、品种不断增加的同时伴随着不断的细分。冷静分析一下就会发现，过去 30 年报纸变革在某种意义上伴随着编辑手法杂志化，即版面分配逻辑呈现不断垂直细分的过程，出现了越来越多的专业性版面。但是，今天垂直细分已经从需求发现走向需求创造，即利用垂直细分创造需求；已经从一种产品理念延伸到社区重构。过去人们讲垂直细分，是用这种理念做产品；今天会发现这种产品导致社会结构、社会群体发生了变化。例如，某偶像团体的粉丝群组织严密、分工明确，构成了一个社群。有相同爱好、使用相同产品的人聚集在一起，就构成了一个个社群。各种垂直细分的互联网应用，催生了多种新社群，而且同一社群也在不断地发生新的重构。

其二是云服务。云计算经历了从设想、概念、技术、产品、服务到运作模式的过程。谷歌公司前首席执行官埃里克·施密特 2006 年 8 月 9 日在搜索引擎大会（SES San Jose 2006）上提出了“云计算”（Cloud Computing）的概念。也有人认为 2016 年 3 月亚马逊公司推出弹性的计算云服务，为云计算的开创者。再往前梳理，1955 年，美国麻省理工学院的约翰·麦卡锡教授提出分时技术能满足多人同时使用一台计算机的需求。1959 年 6 月，英国科学家克里斯托弗·斯特雷奇在国际信息处理大会上发表论文《大型高速计算机中的时间共享》，提出今天云计算架构的基石——“虚拟化”概念。1961 年，约翰·麦卡锡在麻省理工学院 100 周年纪念庆典上首次提出“公共计算服务”（Utility Computing）概念。之后，麻省理工学院和美国国防高级研究计划局[1]下属的信息处理技术办公室（IPTO）共同启动了多址计算（Multiple Access Computing，MAC）项目。MAC 项目的目标是开发“多人可同时使用的电脑系统”，其被认为是“云”和“虚拟化”技术的雏形。1964 年，麦卡锡在《大西洋月刊》发表《明日计算机》（*The Computers of Tomorrow*），提出计算想要成为像电网那样的公共服务，需要关注三个问题：接口——用户如何和资源进行对接？服务设备——用户通过什么设备将资源转换成服务？产品同质性——计算是一种复杂的服务，存在多样性，存在不同的编程语言和硬件，如何兼容和交互？1969 年，在 IPTO 负责人约瑟夫·利克莱德的推动下，美国国防高级研究计划局研究的计算机网络阿帕网（ARPANET）诞生。到此，云计算三大底层技术都出现了：用于管理物理计算资源的操作系统、用于把资源分给多人同时使用的虚拟化技术、用于远程接入的互联网。1984 年，太阳微系统公司（SUN 公司）联合创始人约翰·盖奇提出“网络就是计算机”的重要猜

① 美国国防高级研究计划局（Defense Advanced Research Projects Agency，DARPA）成立于 1958 年，成立之初的名称是高等研究计划局（Advanced Research Projects Agency，ARPA），1972 年 3 月改名为 DARPA，1993 年 2 月又改回原名 ARPA，1996 年 3 月再次改名为 DARPA。

想，这一猜想用于描述分布式计算技术带来的新世界。20 世纪 90 年代，云计算换了一个更简单的名字——网格计算（Grid Computing），即把大量机器整合成一个虚拟的超级机器，供分布在世界各地的人们使用，也就是公共计算服务。1996 年，康柏（Compaq）公司在讨论商业计算发展时，首次使用“Cloud Computing”的概念。1997 年，美国教授拉姆纳特·切拉帕把“Cloud Computing”定义为“计算边界由经济而并非完全由技术决定的计算模式”。之后，经过 20 年的发展，2006 年，谷歌公司 27 岁的高级工程师克里斯托夫·比希利亚第一次向施密特提出“云端计算”的想法。后来谷歌公司推出了“谷歌 101 计划”（Google 101），并正式提出“云”的概念①。再经过 10 年的发展，云服务可能成为经济社会运行模式的重要支撑。2016 年 10 月 9 日，在中共中央政治局就实施网络强国战略进行第三十六次集体学习时，习近平总书记强调：“我们要深刻认识互联网在国家管理和社会治理中的作用，以推行电子政务、建设新型智慧城市等为抓手，以数据集中和共享为途径，建设全国一体化的国家大数据中心，推进技术融合、业务融合、数据融合，实现跨层级、跨地域、跨系统、跨部门、跨业务的协同管理和服务。”② 以此为抓手，将深刻影响经济社会的运行模式。

2. 从信息思维到数据思维

在微传播时代，对于传播力、影响力是如何生成的，人们的认知已经发生变化，从单纯的信息思维发展到数据思维。实际上人们的信息思维本身也在变化，这几十年就经历了从信息资料、信息资源到信息资产的认识过程。今天，人们从对信息资源的关注延伸到对数据资源的追逐。数据，作为社会运行的基础要素，实际上是一种推动力量，或许也可以被称为“数据能源”。

---

① 南京大院儿：《云计算到底是谁发明的？》，https://baijiahao.baidu.com/s?id=1675419661686469675&wfr=spider&for=pc，访问日期：2023 年 9 月 10 日。

② 《习近平在中共中央政治局第三十六次集体学习时强调 加快推进网络信息技术自主创新 朝着建设网络强国目标不懈努力》，《人民日报》2016 年 10 月 10 日，第 1 版。

数据利用度的提升，使社会增强了对数据相关权利的关注。移动互联网应用往往要求用户提供相关信息，要求用户允许收集相关数据，这意味着对个人隐私权的部分让渡。使用智能手机，实际上难以拒绝其记录使用者的位置信息，因为移动通信是“蜂窝通信”，智能手机要不断地与一个个移动通信基站交换信息，就不可避免地记录了使用者所处的大概位置。也正因如此，数字被遗忘权引起多个学科的关注和研究。

应具有的数据思维不仅包括关注数据安全，还包括关注、防范数据污染。关乎人类生存方式的各种重要数据，如果被污染了，怎么应对？曾有学生的高考志愿被他人擅自修改，对他个人而言、对政府而言，不就等于这个数据被污染了吗？而这种信息、数据污染，对他的生活产生了极大的困扰。这是下一步面临的重要的数据安全问题之一。

3. 内容概念的三方面拓展

媒体人最信奉内容为王。问题是，什么是内容？如果此刻不详细地讨论“内容”这个概念，那就再问一个问题，在微传播时代，什么样的内容是传媒最该投入力量去做的？在微传播时代，应当高度注意内容概念的拓展。在我看来，三方面的内容是最需要投入资源去获取、去制作、去提供的。

其一，高需求内容。什么内容是人们有高需求度、不可或缺的，具有高需求刚性呢？比如，谁更需要纸质载体的内容？假使这个纸质载体是书籍，谁会更愿意读或者更不愿意读纸质书呢？更进一步地问，在图书领域，哪一种产品的需求刚性更大、市场更难以萎缩？排在第一位的，应当是教材。排在第二位的是什么呢？一定不是小说，也绝对不是诗歌，换个思维方式想想，应该是婴幼儿、儿童和少年读物。研究发现，虽然中国家长知道小孩用平板电脑很习惯、很熟练，但是依然有众多家长在给孩子买纸质书上不惜金钱。受东方文化的影响，他们觉得要教育好孩子就一定要他们读书。在很多家庭，父母亲可以没有几本书，却要求他们的孩子读书，他们的孩子可能拥有很多书。这就是高需求的内容产品。如果我做出版社的社长，我就会投入资源去做类似高需求的产品。

面对今天的公众我们要思考：媒体所要传播的内容，哪些对公众来说是具有高需求性的？对这个问题，目前既缺少定量研究，又缺少新角度的分析。很多传统媒体在这个问题上是依据经验，而且是依据传统经验在做判断。我真希望有硕士、博士研究生能以此为选题去做研究，就回答一个问题，一个细分人群，哪怕就是学生这个人群，对其来说什么内容是高需求的，它的排序情况如何，从而真正理解他们对传媒的依赖性。这个研究的结果足以指导传媒如何运作。可惜我们还没有看到这样的论文。

其二，高价值内容。什么内容是高价值的？前面已经有所讨论，是分析、判断、选择的结果，是见识、观点和预测，这样的内容是高价值内容。人们今天为什么还要读报？读报真的只是为了看新闻吗？据我观察，今天人们还愿意读报，很大程度上，看的是对新闻的选择结果，看的是新闻组合，从如何编选、排版中看媒体的观点，看这个媒体的分析、判断、深度解析和对一些重要政策的解读。今天，所有媒体都在讲定位。在我看来，最合理的定位一定是内容结构与需求结构的吻合。今天，对于散碎的信息，人们是从互联网、从手机上获得的，如果他们需要媒体这样的专业机构的专业服务，他们最强烈的需求是什么？对今天的受众，最有价值的内容是什么？显然，当今媒体提供的内容结构与受众的需求结构是有差异的，是不能完全吻合的。实际上，有的传统媒体处在一个迷茫的状态，不知道公众心中什么样的内容更有价值。

其三，高传播内容。我们会发现，在新媒体传播中，有些内容用传统新闻价值标准来看没有什么太大的价值，但是其具有高传播性。比如，游泳运动员傅园慧的表情包，它传达什么内容了吗？有人说没有实质内容，但它具有高传播性，那个视频半天之内被点击了成千上万次[①]。它没有实质内容吗？在我看来，当然不是，它向世界展示了中国

① 2016 年里约奥运会上，中国游泳运动员傅园慧接受采访的视频在海内外社交媒体上走红。之后，傅园慧接受采访时的表情被网友做成表情包。

运动员的另外一面，对于塑造中国国家形象，有非常正向的作用。

今天，对于制作视频的人来说，特别需要研究什么是高传播内容。我们越来越发现高价值的内容以新的方式传播，会获得很好的效果。新华社音视频部有一个短视频在海外社交媒体上的点击量已经超过了2 000万次，内容是中国消防所用的科技手段。那些以媒体眼光看起来很重大的、很奇特的突发事件，在海外社交媒体上的点击量都远比它少得多。这更引发出微传播时代对受众需求特性的思考，什么内容可能具有高传播性，什么内容真正具备高价值，这都需要重新认识、研究。当然有一点可以看得很清楚，知识性和方法性内容的视频化传播有很好的效果。一些媒体人出来创业，就选择了这个领域。

4. 新媒体内容与直播式生产

什么是内容？传统报道结束之处，新媒体报道却刚刚开始。有些事件，传统报道方式难有用武之地，新媒体报道方式却可以大显神威。2016年国庆节，央视用无人机拍摄、直播了珠峰海拔5 000多米处的冰川。一般观众只看到过冰川底部、侧面，没看到过冰川顶部。从传统新闻的角度说，它是新闻吗？至少不完全是。但是这次冰川直播是一次非常好的新媒体传播。此外，天宫二号两位航天员受聘为新华社特约记者。从新媒体传播的角度来说，当然可以说它有足够的新闻性，因为航天员在天宫二号上的一举一动都是公众很关心的，他们在天宫的所有举动都具有足够的传播性、关注度。因此，在新媒体时代，不应该局限于一般性地讨论如何适应新媒体，更应该讨论的是内容领域的新媒体式拓展，内容理念、报道理念要大大拓展。

今天内容生产的理念和方式正在发生剧烈的变化，移动传播正在改变内容生产和受众关系。大家会注意到，外交部的新闻发布会，过去是记者听完回去写稿，现在是记者在现场就开始报道，在发布会结束或者没结束时就开始移动直播。移动直播手段和报道形式使今天的新闻生产走向直播式生产。以杭州二十国集团领导人峰会报道为例，我们以直播为核心组织这次报道，组织整个内容生产。过去，视频报道往往是碎片式采访、拼接式生产，一条条剪，一条条做；这次，把主要新闻场景、主要新闻事件全程直播，记者可以做更多深度采访，做更多直播镜头以外的采访；后端就可以有更充分的信息资源去重新剪辑、制作，新闻生产流程发生重大变化。

5. 数字科技与传播逻辑

今天，谁是传播者，范围已经大大扩展了。传播行为、形态、底层逻辑也有剧烈变化。

可视化传播在诸多高校成为专业课程和专门研究领域，数据挖掘已经从一个小众领域变成人人都在谈论、很多人可以参与的领域。机器人写稿应用越来越多，媒体已经大量应用无人机制作新闻。未来，无人机定点拍摄与巡航视频将会大行其道，虽然巡航视频现在还很少有人去尝试。新技术介入在改变内容领域、改变传播逻辑。我曾经花很多的时间讨论以新的理念构建技术平台（新华社全球视频智媒体平台重构生产流程），推动内容生产方式变革，以适应传播逻辑的变化。

在公众生活移动化时代，在微传播时代，如何运作媒体？要把互联网和移动互联网作为谋求新竞争优势的战略方向，而不是简单地作为适应对象。在微传播时代，有了微博、微信、客户端和微视频就一定有传播力吗？不是，传播力并不是使用了互联网工具就能够自然获得的。引导力、传播力必须基于新的理念和规律来重新构建。传统报道方式、渠道、传播理念所构建的影响力在微传播时代必然受到深刻影响。

（二）原有传播模型解释力是否在消解

许多新闻传播学专业的学生能背出几十句传播学名言，熟悉几十种传播理论和模型。但在微传播时代，这种基于传统传播现象概括、总结的传播模型，其解释力是否已经部分消解？如果已经消解，那么体现微传播时代传播特色、传播规律的传播模型应该是什么？能概括出什么样的传播理论？能提炼出什么样的新传播规律？

从政治传播的角度看，人们已经在概括、总结。以美国选举为例，奥巴马善于利用互联网和社交媒体，特朗普 2016 年选举取得惊人逆转，更是因为其善于利用社交平台。但仅仅总结到这里显然是不够的。更应该总结、研究的是，为什么在这个时代，特朗普那种看起来令美国主流社会精英阶层、主流媒体难以容忍的表达、表述方式，能够影响这么多人？能够撬动如此多的群体？在微传播时代，社交媒体对社会的影响深度、广度显然胜于传统媒体，但对不同阶层人们的影响有明显不同，那么其规律是什么？

（三）如何认识内容为王与平台依赖的关系

媒体人信奉内容为王。但观察微传播时代的诸多现象可以发现，媒体人开始有越来越强的平台依赖。媒体和其他传播主体做的供微博、微信、微视频用的内容，绝大多数要借助第三方网络平台传播。从来没有像今天这样，传媒对其他传播平台有如此深的依赖。过去，办一张报纸就拥有一个平台，公众会给报纸投稿，希望通过报纸进行传播。在微传播时代，从媒体的生存伦理、生存逻辑或者竞争逻辑角度，对内容为王和平台依赖的关系，应当如何认识、把握？

（四）内容供给与需求究竟如何匹配

《中国青年报》从 2017 年 1 月 1 日开始不再出周末版了。那么问一个问题，周末版依靠邮局发行，周末时间理论上办公室没人了，但学生们还在学校，不希望以周末版覆盖学生群体吗？这个变化暴露出《中国青年报》的主要读者是坐班人员，他们周末不在办公室，所以可能出了周末版当日也很少有读者。这仅仅是一个例子。我国每年都有频道、频率关掉。传媒行业有没有供给侧改革的问题？如果有，内容供给和需求之间究竟如何匹配呢？仅仅是减少数量就匹配了吗？

（五）受众需求与消费场景演变趋向何方

一般而言，今天受众主要靠手机来获取内容。在微传播时代，受众需求在今后一年、两年、三年会如何演变？再之后会如何演变？传媒的管理者会关心，因为这决定了其资源向什么方向投放。报纸从对开的大开本改成四开或近似四开的小开本是为了适应阅读场景的变化。2004 年英国的《卫报》开始小型化，两种版本同时销售。2003 年底，《泰晤士报》开始同时销售大开本和小开本。到 2006 年 1 月 1 日，《泰晤士报》彻底放弃了传统的四开大报版本。小型化是报纸适应移动化的结果，因为人们的消费场景是移动化阅读。

今后三到五年，受众的消费场景又会发生什么样的变化？媒体在努力运用数字技术支撑传媒业的发展，一个技术建设项目从立项到全部完成至少需要两年，有无尽的程序要走。问题是一个技术建设项目真正开始之后，不太可能第二年就去改进它。因此，对主持技术系统建设的人而言，对需求的构想，对未来使用场景的分析，对实现什么功能、如何实现等都应当超前考虑三到五年，甚至超前考虑更多年。但是没有研究成果告诉你，未来三年，受众需求和消费场景会发生什么样的变化。

（六）传播学研究方法会如何拓展

这首先是一个内部性问题。什么是微传播时代的特殊传播现象、规律、模型和理论？今天，传播已经成为习惯，已经和几乎一切行为有意无意地融合在一起。这是一个现实。人们已经发现“不传播则非世界”，今天不研究传播，恐怕无法真正认识和解释当今世界。尤其在国际政治中，了解传播有助于看得更清楚；在经济领域和社会领域，也可以看得更清楚。问一个问题，淘宝是媒体吗？为什么是？为什么不是？这里介绍几个数字，2010 年，淘宝的总收入是 50 亿元人民币。但在这 50 亿元的收入中，广告收入占 40 亿元。我们都知道一个规律，研究一个媒体的收入结构，才能搞清楚它的赢利模式；研究一个媒体的支出结构，才能搞清楚它的发展战略。一个平台的广告收入占总收入的 80%，则该平台是否近似媒体或具有媒体属性？ 2011 年，淘宝的广告收入迅速增长到 70 亿元，淘宝迅速成为最有影响力的电商平台、影响主体。

淘宝的广告形式已经多达 200 多种。

今后，当传播深入如此多的领域之后，传播学必然会像经济学一样深入多个领域。人们会用传播学的理念、方法去研究传播学以外的问题。这就需要传播学学者和学生以新的思维方式研究传播现象、传播规律。

（七）如何把握知情权与公共安全的关系

人们越来越发现危机处理与危机传播紧密相关，或者说，危机传播行为本身就是危机处置的一部分。认识不到这一点，就可能产生舆情事件，造成巨大的社会影响，甚至可能带来巨大的社会危害。从政治传播角度看，每一次突发公共事件、安全生产事故、自然灾害等，对社会而言都是传播事件，都可能是出现分歧的起点，会引发公众心理的巨大震荡，甚至引发社会认同危机。但危机事件更有可能使不同群体在这个起点上寻求新的认同，是社会进步的催化剂。关键在于如何把握。

在危机事件处置中，如何处理知情权与公共安全之间的关系？如何把握相关原则？人们通常认为知情权是最高等级的权利。危机事件发生，不能不让媒体报道，因为人民群众有知情权。天津港瑞海公司危险化学品仓库爆炸的第三天，有企业来报通过瑞海公司出口 700 吨氰化钠，不知道是否已经运出去，不知道现场有没有剩余氰化钠。按照知情权原则得立刻报道，但是报道之后一定会引起无数人惊慌甚至大逃离。当晚，有媒体把这个消息曝光出来，真的是引起了很多人恐慌。第二天，天津市有关部门迅速召开发布会，在发布会上，除了公布了这个事实外，也公布了相关部门已经采取了应急措施[①]。从危机传播的角度说，应该是事实与措施同步，事实与态度同步。

在现实生活中，有很多这样的知情权和公共安全之间的冲突，已有的传播学理论很少关注这个问题，这实际上是传播学的外部性问题。我

① 界面新闻：《天津副市长在第七次新闻发布会上回应：现场确有 700 吨氰化钠》，https://www.jiemian.com/article/354968.html，访问日期：2023 年 9 月 15 日。

的观点是，当知情权与公共安全利益出现巨大冲突的时候，知情权要让位于公共安全，要让位于生命安全。这和传统的新闻理念有所不同。如果我们只是狭隘地在传播学内研究知情权问题，就会觉得知情权是优先的；但从公共安全角度来看，知情权在这个时候要让位于公共安全。

如果回到学术问题，知情权与公共安全之间是什么关系？如何把握相关原则？假设有一大批学生的信用数据被污染了，这个问题该报道吗？报道了以后他们会恐慌吗？同样的道理，当个人数据被大面积泄露的时候，它所导致的可能就是一个极受关注的社会事件。

（八）如何把握传播性与权威性的关系

高传播性是否一定等于高影响力？高影响力是否一定等于高权威性？有些东西在互联网上传播非常之广，人人都知道，这就是高传播性，那它就等于高影响力吗？在微传播时代，人们会将点击量、转发数作为衡量影响力的依据。在某种意义上，点击量、转发数确是衡量影响力的依据。但依然要问一个问题，高传播性、高点击量、高转发率、高评论数是否就一定等于高影响力？权威媒体还要思考一个问题，这种高影响力是否一定等于高权威性，或者更直白地问，高传播性与高权威性之间的关系是什么？

不可否认，现实中有逆传播、众传播、拒传播、漠传播等多种传播现象，有多种传播模式。在传播过程中，有很多解构、反讽、混杂的现象存在。那么，在今天这个时代，传播权威是否会被消解？这是必然趋势，还是暂时性现象？在微传播时代，传播权威应当如何建立？一个国家、一个媒体的传播权威应当如何建立？看过一些讨论国家形象建构的文章，依然没有完全回答我心中的问题：传播意义上的权威，究竟如何界定？应当如何建构？

实际上，每一次相遇都是生命的支出。希望生命支出更有价值，就需要研究真问题，拿出真答案。

第三节　应势：把握传播格局变化、掌握解释权塑造权

一、影响传播格局的十个重要因素[①]

（一）载体变革

最重要的变革因素、影响因素是载体变革。所谓载体变革，是指信息传播载体的重大变化，也可称之为介质变革。用简单的语言概括，传媒发展史首先就是载体变革的历史，而载体变革必然影响传播格局与原有传播形态、传播方式。载体变了，受众的信息搜寻方式和信息利用方式都会发生剧烈的变化。

下面从五个方面简单讨论载体变革。

1. 传播方式的核心区别是载体区别

人类发展史上，传播方式的变化经历了多个阶段。第一个阶段是口头传播，使用的介质是语言。第二个阶段是文字传播，主要介质是文字，传播方式主要是手写文字，文字书写在甲骨、竹简、碑石等物质载体上。第三个阶段是印刷传播，古代印刷术发明，从雕版印刷到活字印刷，传播范围更加广泛。之后，工业革命的产物——现代印刷术诞生了，印刷传播不仅催生了现代报业，而且催生了以定时、定向、定量、分类、选择为关键词的工业化传播方式，并对之后的新闻传播起基础作用。第四个阶段是电子传播，广播、电视虽以借助电波传递信息为表现方式，但其实质是以电子为介质，而且之后出现的传播形态都是以电子为介质。第五个阶段是网络传播，以网络为载体，传播方式、传播规律发生重大改变。第六个阶段是移动传播，以手机等移动终端为载体，以各种移动应用为依托，深刻地改变了传播模式。

这六个阶段可以串起新闻传播发展史。在移动传播阶段，不仅移动

① 本部分根据我在清华大学新闻与传播学院的讲座录音整理部分内容改写。讲座由陈昌凤主持，讲座录音由李伯亮、陈弘毅、蔡琴北整理，李宏刚校对。

需求成为第一需求，而且公众的移动表达也成为需要被满足的重要需求。移动传播阶段出现一系列新现象、新应用。

2. 载体对传播方式、传播效果具有决定性影响

载体对传播方式、传播规律、传播内容的影响是显而易见的。选择什么样的传播介质、渠道、方式，在很大程度上决定了传播效果。传统运作模式下，报纸是 24 小时出一次报。但在“7・23”动车相撞事故[①]中，《温州都市报》不断在其官方微博上做报道，事实上相当于 24 小时都在出报。如果固守原有的传播介质，收集好信息等着第二天出报，则报道价值、传播效果显然会不同。

使用不同载体会对内容产品制作提出不同要求。即使在同一生产平台上制作面向不同终端的产品，也必须经过针对性加工、再加工。传统媒体与新媒体对内容产品和服务方式有不同要求，有其不同的内在逻辑。比如，手机电视和传统电视所需要的视频内容显然绝不仅是长与短的区别。虽然两分钟左右的视频在移动终端和面向投资者开设的金融信息服务系统中是下载量最大的视频内容，但是这并不能证明移动电视、手机电视与传统电视中所使用的视频内容的区别仅仅是长与短。事实上，移动终端所使用的视频内容，其叙述节奏、叙述逻辑已经发生很大变化。通俗地讲，什么样的要素放在视频前面更能够吸引人，在手机电视和传统电视所使用的视频内容中，是完全不同的。因此，长视频剪成短视频不是简单地剪短而已，事实上是重新选择和编辑、建立新的叙述逻辑的结果。因而，简单地把适合传统电视的视频内容剪短后放到移动终端上，未必能达到预期的传播效果。

---

① 2011 年 7 月 23 日 20 时 30 分 05 秒，甬温线浙江省温州市境内，由北京南站开往福州站的 D301 次列车与杭州站开往福州南站的 D3115 次列车发生动车组列车追尾事故。此次事故共有六节车厢脱轨，即 D301 次列车第 1 至 4 位，D3115 次列车第 15、16 位。事故造成 40 人死亡、172 人受伤，中断行车 32 小时 35 分，直接经济损失 19 371.65 万元。“7・23”甬温线特别重大铁路交通事故是一起因列控中心设备存在严重设计缺陷、上道使用审查把关不严、雷击导致设备故障后应急处置不力等因素造成的责任事故。

3. 接收便利化是载体变革的持续动力

纵览人类新闻传播史，不断提升接收便利度是一个基本线索和基本约束条件，也是载体变革的持续动力所在。接收便利度既是对传播理念、传播方式的要求，也是对传播渠道、接收终端提出的要求，必然推动它们都发生深刻变化。在我看来，便利性决定传播的有效性，这是传播的基本规律。在新媒体时代，尤其如此。人们为什么都随身带着手机，首先就是便利性在起核心作用，通信应具有便利性，获取信息和服务应具有便利性；同样，无论是对传播者还是移动终端，随身带手机也构成便利性。30 年来报纸的变革，人们容易看到的是减少了竖排、增加了图片，大家可能不太注意的是行距加宽、字号变大，其实都在有效地提升阅读的便利性。

4. 载体变革过程就是内容生产流程重组的过程

载体变革必然要有相适应的内容生产流程，不可能以传统内容生产流程简单对应新载体、新传播方式。因而，载体变革必然伴随着内容生产流程的重组。这种重组在传统印刷术、现代印刷技术出现之后都曾出现过。现代报业出现后，专业化分工、大规模生产、组织化运作出现并不断发展、完善，这就是内容生产流程重组、重构、重塑的体现。网络传播的出现与发展，进一步推动内容生产流程的发展、演化，内容生产流程呈现新的深刻重组过程，媒体融合进程随之展开。移动传播出现后，人工智能技术更多地应用于新闻传播领域，同样出现了内容生产流程重组过程。

5. 载体变革推动传播理念变革

2024 年将迎来中国全功能接入国际互联网 30 周年。1994 年 4 月 20 日，在国务院明确支持下，连接数百台主机的中关村地区教育与科研示范网络工程，成功实现了与国际互联网的全功能连接。过去的 30 年，既是载体变革最为剧烈的阶段，也是传播理念、传播方式变革最为迅猛的阶段。

载体变革和载体运用方式的不断演变，都在促使传播理念、传播方式相应变革。它包括新载体，也包括原有载体、原有传播方式。在这样一轮轮的冲击下，传统媒体运作方式不断发生变化。

（二）传播提速

传播提速实质上是今天新闻传播的基本特征之一。新闻不再是昨天发生的或几小时之前发生的，而是刚刚发生的或正在发生的。一系列事件都证明了这一点。即时、实时是新媒体时代新闻的基本特征。人们看的电视新闻节目，如果没有及时报道正关注的事件，受众就会感到失望。即使受众知道再过十分钟另外一个节目会报道这个新闻，但还是会感到失望。在直播时代，受众的这个心理特性越来越强烈。

新媒体、微传播，首先是快速效应发挥了优势，其比任何传统媒体都更快一些。如果说接收便利化是新闻传播的基本规律之一，那么，第二个规律就是时效同步化。时效同步化同样是新媒体时代受众对传播提出的基本标准，是竞争中对传媒提出的必然要求。

时效同步化甚至实时化，促使报道理念与报道形态发生变化。新闻报道正在演变为行进式报道，即不是在新闻事件结束后才报道，而是通过采集、核查、确认后在事件演进过程中就进行报道。面向全球播出的 24 小时新闻频道都以大时段直播作为基本模块，一段直播和另一段直播衔接，一般由一个主持人主持 3 小时直播，中间切换几分钟天气预报，然后另一个主持人上来主持下一轮直播。电视节目制作机构越来越多地采用开放式演播室，编辑部分围绕开放式演播室布局安排来支撑大时段直播运作模式。从世界范围看，变革趋向之一是把新闻加速。中国许多媒体的变革也顺应了这个趋势，甚至对领导人活动的报道也采用这种行进式报道模式。

每个媒体都有自己的网络平台、新媒体账号，是把它们当作成果展示平台，还是互动平台，或是把它们作为提升时效的手段和工具，其中体现着不同运作理念，对记者的要求自然也不同。微博、微信、微视频能产生这样大的影响，就是因为它们能满足人们对时效性、虽处不同时空仍如在同一时空的交流体验和多信息源反应的要求。正是因为传播提速，微博传播呈现出“黄金一小时”的规律。在舟曲泥石流报道中，微博传播独占了前6小时，但其影响小，因为那时候使用微博的人还不够多。凌晨两点多第一条关于舟曲泥石流的微博发出，早上八点传统媒体才开始报道。而在“7·23”动车相撞事故报道中，如果梳理每一个重要节点的信息传播就会发现，新媒体传播只占有最初一小时的优势，然后，其他媒体的报道已经跟上来了。在日本地震引发核灾难的报道中也可以看到传播提速。事实上，在突发事件应对、舆论危机事件应对以及在获取先声夺人影响过程中，微博传播的“黄金一小时”规律都彰显了其重要性。

（三）众声喧哗

所谓众声喧哗，即今天任何人都可以在任何时间、任何地点对任何事发布信息与发表评论。但这和人们经常提到的“公民记者”“人人都是记者”有明显不同，今天人们不仅提供信息、生产内容，还发表评论，而且公众的评论、观点、声音对舆论产生越来越大的影响。因此，所谓移动传播、微传播、新媒体传播，不仅包括移动接收、移动传播，还包括移动表达。移动表达和移动接收、移动传播相加，才是今天的新媒体传播、微传播、社交传播。

众声喧哗，形成了新的内容生产模式。虽然新模式被研究者称为社会化内容生产，但实际上并不是简单的媒体专业化内容生产与公众社会化内容生产的两极对比，二者在实际生活中呈现更为复杂的交织状况。人们已经发现，专业媒体、组织、机构越来越多地使用微博等新媒体手段向社会提供专业生产的内容，并不是传统意义上的“人人都是记者”或者社会化内容生产。

重要的是，人们利用新媒体平台发声形成了影响社会的新方式、影响意愿的新模式与新的行为引导方式，这是值得关注的。对媒体人来说，在“众声喧哗”时代，需要重新学会“竞争性发声”。

什么是“竞争性发声”？下课时间教室里人人都在说话，你要想让别人听到你说的话就要提高声音，或者说一句会引起大家注意的话。当所有声音都在发出时，传统媒体要想强化权威性影响，就要学会“竞争性发声”。传统媒体的运作方式是我采集、我选择、我提供、我传播、你接受，传统运作方式从整体上失去优势，不完全是内容生产流程的问题，关键是如何在众声喧哗的条件下“竞争性发声”。新媒体平台上很多人在讲这件事情，传统媒体要发声的时候怎么讲？北京“7·21”大雨，这个事件大家都有共同经历，而主流媒体是否有不同于其他传播者的视角、分析、见识和表达方式？《人民日报》评论部曾经有一组关注社会心态的评论在微博上被广泛关注。在众声喧哗的时代什么样的声音能够让社会多个群体感兴趣？有人愿意把它转发，一定是因为它把准了社会心理脉搏，很有技巧地去探讨，与受众产生共鸣，从而引发更多探讨。

因此，今天对传统媒体、传统互联网站和新媒体传播主体提出的问题是：如何在“众声喧哗”中更有效地发挥作用？

（四）流向多重

在数字变革中，传播不再只是传统的单向传播或双向互动，而是发生了更多重要变化。传播流向变化可以概括为四点。

1. 多向传播与多点互动

比较有代表性的形态是论坛、社区、社交网站，特别是微博。它们改变了受众的传播期待。相比于单向传播，这种多向传播有新的魅力。你甚至不知道你传播的内容会在什么点、以何种方式被放大，会产生什么影响。

2. 移动获得与移动表达

短信时代就实现了移动获得，即用手机短信的简短内容传播新闻。从受众角度看，大屏幕、户外屏幕也是移动获得，受众可以在走动中、乘车中观看。但移动表达是社交平台给人提供的新功能，是新传播方式给人带来的新便利。因此，移动表达是微博、微信、微视频等发展最大的动力。在任何时间、任何地点可以向任何人传递任何信息，是新媒体手段更快出现和发展的重要原因。

3. 即时传播、即时分享

这里的“即时”更接近“实时”，但更重要的是“分享”，是人们在看到的第一瞬间就可以分享。分享天然具有更强说服力、感染力。因为分享带有熟人推荐特征，它会降低人们的警惕感、过滤感，降低人们的心理阈值，使人们更容易相信。诸多网民的随机参与，即时传播、即时分享，使传播流向更复杂。在这样的格局中，传统媒体必须费更大力气不断确认自己的主流地位。在即时传播、即时分享中确立自己的主流地位，这对任何传统传播者都是挑战。

更重要的是，这种即时传播、即时分享，会对社会管理、危机处置、组织传播带来深刻影响。分享会推动情绪感染，会使事件影响发酵，会迅速突破人们的心理防线，甚至改变人们的行为方式。人们在接受分享时很少会质疑，很少会再确认，而是接受影响。移动社交兴起后，发生过多起资深媒体人在微博上转发信息，事后发现信息是假的，再在微博上向公众道歉的事件。值得问的问题不是他们如何向公众道歉，而是这些资深媒体人经过长期的职业训练，为什么会转发那样的假信息；看起来绝对新奇、绝对引人注目的事件，是否需要再问一下为什么，是否需要再核实。在传统内容生产流程中，这样的再核实的流程是存在的。为什么资深媒体人也会有这种失误，同样是因为分享来的内容使情绪受到了感染。因而，社交媒体、新媒体具有特殊的社会动员能力。值得警惕的是，真相在这种即时分享中可能变得不那么重要。

更值得注意的是，这种即时分享正以超出人们想象的方式重塑传播方式与社会结构。传统社会，分享是在熟人间进行的。口头文学的存在基础是与相对陌生的人分享。而新媒体时代，即时分享的典型方式是与在现实社会中没有交集的人分享信息和观点，在分享中重新确立社会联系，这对社会结构、运行方式和信息传播的影响是非常深刻的，会深刻影响今后相当长一段时间内社会的运行、管理方式。

4. 多重传播、多点放大

获得首发效应是媒体体现竞争力、增强影响力的重要手段。当年海湾战争打响这条新闻，新华社比其他世界性通讯社早发了 9 秒钟，这是报道能力的体现。因为在世界性通讯社竞争中，竞争单位就是秒。在融媒体时代，早发几分钟都是值得竞争的。但是，从受众角度观察，随着新媒体多重传播、多点放大的发展，区域性报纸在报业竞争中所努力实现的“首发效应”，在小区域市场效果比较明显，在广区域市场已经开始弱化，二次传播成为传媒拓展影响力的重要途径。读者、传播者、研究者都可以运用自己的阅读经验来验证——有多少新闻，你能记住谁是第一个发表的？在信息过剩时代，对首发者的关注记忆相对被稀释，使首发效应的影响力降低。很多人借助社交平台上的分享而获知某个事件的发生。在多重传播、多点放大不断发展的趋势下，传媒的反应水平和议题设置能力决定了传媒的影响力，同时，对于包括媒体在内的各类机构传播者，如何提高转发率、转载率和引用率，使其内容产品在多次传播中不断拓展内容影响、品牌影响，就变得更为重要。

（五）关系转化

所谓关系转化，是指人和传媒的关系已经转化，人与传播的关系已经转化，人与信息的关系已经转化。

1. 从接受传播到参与传播

这是新媒体带来的最大变化。公众不再只是被传播、被影响的接受者，而是以各种方式参与到传播中来。数字科技给个人赋能的最重要体现就是公众个体能够有条件、有能力、便利地参与传播，一旦被某种因素促动，就会有兴趣、有动力参与传播；一旦在传播中获得特殊体验或网络平台的某种激励等正反馈，就会被传播效应所激励而更积极、主动地参与到传播中来。所谓公众参与内容生产就能够形成并不断扩展，进而几乎人人都在社交平台上传内容。

2. 从人找信息到信息找人

Web 3.0 时代就是信息积聚的时代，信息过于富集、来源过于多而使供求关系发生变化。多来源，决定了传统媒体简单化的自身定位和受众定位更加难以实现，效用也降低。信息过于富集，使需求指向发生重要变化，需要传媒帮助选择，提供专业选择的结果。如果媒体人、研究者和其他传播者把自己还原成普通人就会发现，可以接触、获得的信息太多，太需要有人来帮忙选择，提供选择结果。因而，在整个传播格局中，选择者、索引者、解读者的地位上升，甚至超过了采集者和一般加工者。

传统媒体因为拥有长期的选择经验很容易成为选择者。主流媒体的最大优势是专业化。对于报纸、广播、电视机构来说，做好采集者是非常必要的，但还不是决胜的全部。新闻事件如此众多，新闻事件发生的时候并不能确定自己的记者在现场，但是自己的受众肯定在现场，受众可以用手机拍照片、分享内容。在如此多信息来源面前，一般采集者的地位在下降，选择者的地位在上升。

在互联网兴起的过程中，索引者的地位上升速度很快。索引者，比如搜索引擎，只不过是互联网的一个入口或者说一个重要入口，为什么能获得如此高的估值？核心因素之一就在于它好像给每条信息都加了一个或若干个标签，然后按照自己的算法把它们排出了优先顺序。搜索引擎实质上是在给信息做索引、做标签。人们可能不太关注图书馆那些做目录、索引的人，但是没有他们，图书馆几亿册书如何查询、如何使用呢？

解读者的地位越来越重要，这是主流媒体的优势所在。信息越丰富，现象越复杂，不确定性越强，越需要解读。电视屏幕上有越来越多的专家作为解读者出现，出镜时间甚至超过一般播音员、主持人。从世界范围看，报纸上的专栏作家非常有影响力。诺贝尔经济学奖获得者在报纸上开专栏，在舆论场很有影响。如何用一句话来概括互联网时代的报纸？在免费新闻、免费信息的时代，人们为什么还要花钱购买报纸，原因之一就是报纸提供的是选择结果，是对诸多素材、信息、事件等进行选择、加工的结果。因此，今天的报纸仅仅提供新闻与信息是远远不够的，而是要提供选择结果，提供观点、思想。今天的媒体，包括传统媒体及电视在内，应当是选择结果的载体、观点的载体、思想的载体，而绝不仅仅是信息的载体。相应的变化也反映在广告领域。如果研究一下戛纳广告节的获奖作品，我们就可以发现广告诉求方式也在发生变化，树立理念、观念的广告越来越多，对品牌内涵的阐释代替了对产品的介绍和情绪感染。

选择者、索引者和解读者的地位上升，甚至超过采集者和一般加工者的现象，反映在媒体竞争中，就是充当选择者、索引者和解读者的传媒，竞争地位会上升，这也是作为选择者、解读者的传媒可以获取更多关注和更受欢迎的原因所在。

3. 从看电视到听电视

从“看电视”到“听电视”，是说人们利用媒体工具的方式在发生重要改变，人与媒体的关系正在重构，利用方式和接受心理也在发生变化。人们不再老老实实地坐着看电视，而只是把电视作为信息来源、确认渠道之一。这样的心理变化会驱动不同媒体重新寻找自己的位置。对许多受众而言，以前电视新闻节目不过是一个信息顾问，大家边做琐事边听电视，而不一定看电视。这与手机从通信工具变为智能终端、变为人们几乎离不开的“外部器官”的过程，大体是同步的。在这个过程中，总体上伴随性媒体的地位得到巩固，因为其能够在人们做其他事情时提供信息与娱乐，这也是广播从弱势媒体变强的原因。

4. 从群体传播到圈子传播

受众群体的形成，往往是因为一个共同取向。比如大家都读某张报，这种阅读偏好使他们成为一个群体。传统媒体的读者是“阅读汇聚”，媒体能识别的是社会学意义上的群体，媒体大概知道他们是什么类型、文化水平有多高，但他们具体是谁，还要重新寻找。在新媒体时代，信息、娱乐服务更细分，人们在接受的同时可以分享，更容易形成群体特征和对群体特征的认同。人们会在某个或某些群体中主动认同、表达需求，寻求对长期或即时需求的满足。因而，论坛、社区中的互相关注，各种群组、聊天群、微信群，就聚集着各种有形无形的圈子。圈子传播成为社交传播时代的主要传播特征之一。如何利用圈子传播效应，对于传播者和研究者来说，当然也成为重要课题。

5. 从定时阅读到随机阅读

传统读者的阅读时间是可知的或是可预期的，如晨纸阅读时间可以是早晨或上午，晚报阅读时间是下午或晚饭后，报纸的出版时间满足了这个偏好。新媒体时代，受众观看、收听的时间往往是随机的，能够满足随机阅读偏好的传播方式就有了特殊魅力。因此，对于今天的传媒，不管是传统媒体还是新媒体，如何使读者在随机阅读中选择自己的渠道、平台，如何在读者心中形成满足识别、约会意识，就成为重要课题。

什么是满足识别？即什么渠道、什么服务方式、什么产品可以满足受众的信息需求、娱乐需求、知识需求、服务需求。让受众知道我们能够提供什么内容产品和服务，这个内容产品和服务可以给受众带来什么满足，这就是“满足识别”。让受众知道可以怎么获得这些内容产品和服务，通过什么渠道，有什么便利方式获得，这就是在促使受众形成“约会意识”。

20 世纪 90 年代报纸广泛地进入零售市场时，有人说是报摊决定了报纸选择什么内容，因为报摊把报纸头条展示出来，以头条、深度报道等作为招徕购买者的抓手。客观上，报纸的头版头条、深度报道决定了报纸的销量和影响力，因而，市场反馈对报纸如何选择、安排内容会有一定影响。但随着新媒体时代的到来，这种效应在降低。

以报刊购买行为为例，在报刊零售发行还比较兴盛的时代，如果套用行为金融学的分析方式，北京读者的购买行为特征是“两个字、五秒钟”，即把报摊上所有报刊的报名都概括为两个字，走到报摊前吐出两个字“北晚”或者“北青”等，然后扔下五毛钱或者一块钱转身就走。

这是典型北京读者在街头购买报纸的习惯。决定他购买当天报纸的主要因素，并不完全是当天报道的内容，而更多是一段时间以来阅读的感受。北京读者购买杂志的习惯特征是什么呢？要用30秒钟。以女性读者为例，她会用目光“梭巡”一遍，一般问一句“哪份杂志有活动”。杂志有没有赠品是影响这位读者是否购买这种杂志的因素之一，但一般她还会选择她经常读的杂志。这说明，导致她决定购买何种杂志的，并不主要是当期杂志的某项内容，而是一段时间以来她阅读这种杂志所形成的满足感，这种满足感决定了她的阅读欲望和购买行动。

在报纸零售比较旺盛的时代，我家方圆一公里范围内有九家报刊亭或报摊，晚上散步时，我会随机挑两家去问一下报纸的销售情况。比如，问问摊主每天会批发多少份《北京晚报》。一位摊主说每天批发来27份，大约在晚上七点半销完。为什么是不多不少的27份？因为他通过一段时间的观察，知道会有多少读者到这儿买《北京晚报》。当天的报纸晚上市半小时，销售时间就会延长一个小时。批发数量多了就会过剩或拉长销售时间，这说明读者的零售购买也有规律，即使是零售终端的购买者，也有相对固定的行为逻辑、购买时间、购买对象。满足这类读者的行为逻辑、行为方式，就可以形成约会意识。

因此，如何形成满足识别，如何形成这样的约会意识，不管是对新媒体时代的报纸、广播、电视，还是对各种新媒体产品，都是非常重要的。所谓媒体运营或新媒体运营，核心课题之一是促使人们在某个时间，通过你的渠道、平台或你提供的产品获取内容或服务。当年的手机报，后来微信公众号上的诸多内容产品，都会选择特定时间发送，就是为了凸显时间特征，促使形成约会意识。

媒体融合进程中，强化自己的特色，让读者形成强烈的满足识别，让受众形成约会意识，是维持、提升竞争力的关键，或者说，如何努力地使特定受众群或粉丝群形成并不断强化约会意识，是在新媒体时代需要不断探索的课题。

（六）需求变动

可以用两句话来概括需求变动。第一句话：相对于静态需求，移动需求正成长为第一需求。第二句话：相对于家庭需求和社会需求，个人需求正成长为第一需求。这就是从需求角度看人和传媒关系、人和传播者关系所发生的巨大变化。

什么是静态需求？阅读对开大报的需求就是一种静态需求，因为大开本报纸不适合在移动空间阅读，总体上需要读者坐下来阅读或站在阅报栏前阅读。那个时代，静态需求是第一需求，现在，移动需求正在成长为第一需求。人们很多天不接触桌上的报纸，也不妨碍对重大事件的把握。另外，相对于家庭需求、社会需求，个人需求正在成长为第一需求。移动需求、个人需求成为决定新媒体传播的重要因素。

总体上看，移动需求是影响传媒格局的决定性力量之一。随时随地、方便高效地获取信息，是传媒移动化最主要的推动力量，户外电视、移动电视、各种新媒体产品的发展基础就在这里。技术进步、理念变化、运作方式变化，不过是从不同方面提供条件，从而促使传媒以集成、整合、移动的逻辑发展。2007 年我曾预测："超越想象的变化基于移动互联。"之后我们看到，整个世界诸多产业正在向着顺应移动互联大潮的方向发展，今天仍然向更有效顺应移动互联方向发展。乔布斯回归苹果公司后所做的主要事情之一，就是围绕满足移动需求创新设计、生产系列产品，并通过构建生态、创新满足方式而不断创造新需求，不断增强竞争能力。

（七）全域作用

所谓全域作用，简单地说，是指新媒体传播的信息在多个空间、多个渠道发挥作用、产生多层影响。

经济全球化的前提、过程、结果其实都是信息在全球流动。400 多年前海上贸易催生了荷兰、西班牙这样的海洋强国，后来英国取而代之，但没有人认为那时就出现了全球化，因为那时信息还不能在全球顺畅流动。在没有电报的时代，信息流通手段之一是靠鸽子传送，海船靠岸之前先把脚环上带有行情信息的鸽子放出去，这样就可以把行情信息先送上岸，先获得行情信息的人就可以赚钱。最早的通讯社所使用的通信工具就是鸽子。今天，现代科技催生了多种信息传输手段，因此，我们不仅要关注互联网使信息在全球更便利地流动，还要关注信息如何在全球全域发挥作用。这有点像讨论中国天气就会涉及大气环流、洋流、蝴蝶效应一样。正因为如此，很难说谁还是纯粹的地方媒体，也不存在纯粹的地方新闻事件。一些个人事件、地方事件都可能演变成重大舆情，在全国甚至全球产生影响。因此，今天的媒体面对的传播环境可以说是内外因素复杂互动、国内国际新闻交织在一起。今天我们要增强的新媒体素养，就包括要意识到信息是在多个空间、多个渠道流动，在全球全域发挥作用的。

（八）受众碎化

所谓受众碎化，一是指受众类别进一步细分；二是指在多种因素影响下，受众时间碎片化；三是指受众需求甚至从个性化走向个体化，个体需求在数据驱动、算法推送形成的高匹配度激励下进一步增强。这给习惯覆盖式传播、群体传播的媒体带来新的难题。

（九）形态交融

所谓形态交融，是指传统媒体与新媒体互相融入，使不同类型传媒的外在形态趋向共通和交融，从而进入融媒体竞争时代。过去，电视和电视竞争，电视和报纸竞争，后来演变为融媒体竞争，竞争逻辑、竞争方式、着眼点、落脚点都有很大不同。越来越多的媒体正在趋向于新媒体化或者网络化，媒体融合就是所有媒体的新媒体化过程。

（十）协同运作

在全媒体时代，一个传媒要想有竞争力，就必须统筹考虑如何运用多媒体手段、多媒体产品形态、多媒体传播理念，以实现更好的传播效果；必须更重视与其他不同形态媒体的协同运作。所谓协同运作，可以概括为以下三方面。

1. 多媒体采访

根据 2023 年 8 月 30 日查阅的百度百科资料，新华社在全国除台湾省以外的各省区市均设有分社，在台湾省派有驻点记者，在一些重点大中城市设有支社或记者站，在中国人民解放军、中国人民武装警察部队设有分支机构，在境外有 180 多个分支机构。其中 100 个可以稳定提供视频新闻素材。能否有效运用视频新闻采访能力，不仅在于每一个点上有多少名视频记者，还在于其是否善于使用多媒体和网络。海地地震时，当我们有一个随中国国际救援队乘专机到海地当地采访的名额时，我们派摄像记者，而不是派出镜记者。因为我们把摄像记者作为采访记者培养、使用，他必须会采访、能单兵作战。20 分钟之后我们申请到了第二个名额，传统的电视新闻采集模式是由一个摄像、一个出镜记者构成采访组，但我们把第二个名额还是用于摄像记者。因为两个摄像记者就是两个采访组。那么谁在现场出镜呢？新华社从四面八方赶到海地的文字记者、摄影记者都可以作为出镜记者配合工作。出镜，无非是把采集到、看到的新闻通过话筒、镜头传递出来，这和文字记者后来要写的文字稿件没有区别。事实上，这两位摄像记者在海地不仅做电视报道，还作为文字记者写文字稿件，再由新华社负责文字稿件的部门编发，这就是多媒体采访。在新华社，在突发事件现场担任过出镜记者的，包括带队指挥舟曲泥石流报道的现场总指挥。

2. 共平台生产

共平台生产，就是把传统电视、新媒体所需要的视频内容在一个内容生产平台上生产出来，在一个内容生产体系中制作出来。以数字媒体观来看待内容生产和传播渠道、接收终端，报纸、广播、电视、互联网等不同形态媒体、不同分发渠道不过是数字媒体的不同分发终端。数字媒体的内容生产平台可以同时为不同形态媒体、不同分发渠道提供内容产品。感谢王选先生的革命性发明，计算机汉字激光照排和编辑系统使得中国媒体早已可以用计算机处理汉字。以报纸为例，报纸印刷前，所有信息全被变成数字信息，把它取出来直接发布或再加工后通过新媒体终端分发、传播，没有技术障碍。

3. 多终端分发

多终端分发，即把所制作的内容产品通过自己所拥有的媒体、终端和其他平台上自己的账号分发。媒体越来越重视借助技术建设成果实现一键分发，在多个平台、终端、账号上同步分发，以获得更高时效。而媒体融合理念的体现，还应是多终端分发时的协同传播，是在多终端分发时与其他传播手段、传播主体的协同，是与之前、之后的传播策划、传播行动的协同。这是更为重要的协同运作。

二、掌握解释权与形象塑造权

2009 年，有两个引人注目的事件。之所以说引人注目，是因为其影响远远超出了推动者的预想。

事件之一，是一则广告。2009 年最引人注目的广告之一，可能要数一个诠释什么是全球合作中的“中国制造”的形象广告了。“中国产品、世界合作”的核心诉求，形象而洒脱地体现在几个描述中：晨光中跑步者的跑鞋，是融入美国科技的“中国制造”；主妇家中的冰箱是具有鲜明欧洲风格的“中国制造”；模特正展示的服饰，是法国设计师设计的“中国制造”；在蓝天白云间穿梭的大型客机，更是全球合作下的“中国制造”。这则时长 30 秒的广告，画面文字和旁白都是英文，播放平台选择的是美国有线电视新闻网（Cable News Network，CNN）等国际著名媒体，这清晰地“说明”这则广告的诉求对象是英语世界的观众；这则广告没有明显强调商标与品牌，明确地区别于一般商品和品牌广告；更少见的是，这则由四个全国性商会历时一年半制作、投放的广告并没有强调有代表性的中国符号或元素，只是在最后画面正中出现

“MADE WITH CHINA”后，有一个“中国制造”印章旁缀其间，为整个广告做了个中国式的结尾。为此，人们把这则广告称为“国家公关”。

这则广告要做的不过是重新向世界解释，所谓“中国制造”（MADE IN CHINA）实际上是“同中国一起制造”（MADE WITH CHINA）。请这个世界接受“MADE WITH CHINA”，才是这则广告的主旨所在。在这则广告中，每次出现“MADE IN CHINA”，都会出现一句以“WITH”开头的话，强调其中所包含的世界各国“制造”的部分。运动鞋是“中国制造”（MADE IN CHINA），但是“使用美国运动科技”（WITH AMERICAN SPORTS TECHNOLOGY）；MP3 播放器是“中国制造”，但“带有来自硅谷的软件”（WITH SOFTWARE FROM SILICON VALLEY）。这则广告要让观众记住的，只不过是一个简单的事实：中国和你们一起制造。这正是全球化时代的事实，但却常常为西方媒体和公众有意无意地忽视。

有意思的是，制作这则广告的初衷是向全世界说明中国。广告一经发布，却在国内引起传媒高度关注、网上网下公众热议。其过程无异于一次如何塑造形象、应对挑战的普及教育。

事件之二，是一个被世界各大媒体广泛报道的会议。2009 年 10 月 9 日，世界媒体峰会在人民大会堂拉开帷幕。时任国家主席胡锦涛在开幕式上致辞，强调“对各类媒体来说，树立和秉持高度的社会责任感比以往任何时候都更为重要”。这次会议，由新华社、新闻集团、美联社、路透社、俄塔社、共同社、英国广播公司、时代华纳集团和谷歌公司 9 家媒体机构共同发起，来自世界各地 170 多家媒体机构的负责人出席会议。这次会议更引人注目的是一连串难以实现的事实：第一次有如此众多世界著名媒体的负责人齐聚一堂，探讨当今世界与传媒业面临的挑战；第一次有一位国家元首向世界各大传媒机构的负责人直接发表讲话。有些数字的实现，是令人难以置信的。这次会议结束不久后在谷歌搜索引擎（Google）上搜索“世界媒体峰会”，发现有 2 100 多万个相关结果，搜索结果远远多于早于世界媒体峰会一个月结束的二十国集团财长会议。因为一个事件，中国集中出现于世界各个媒体的版面、屏幕、网页上。

为什么会有如此众多的报道？默多克来华参加这次会议时说，要想使报纸好卖，那就在头版上刊登关于中国的报道。中国因素、中国故事、中国选择、中国机会、中国趋向等，都是世界媒体常常讨论的话题；“中国威胁论”与“中国崩溃论”可能同时出现在一张报纸的版面上。中国到底怎么样？应当由谁来说明、分析、解释中国正发生、正面临的一切？

在全球化的今天，中国面临的最重要的挑战之一，是要掌握解释权与形象塑造权，是中国必须有足够的传播力、解释力、说服力，是中国必须自我定义，而不是任由外部传媒或“意见领袖”告诉公众什么是中国、中国正在怎么样、中国还要怎么样。竞争并拥有定义自己所思、所为、所愿的能力，竞争并拥有定义自己内外形象的能力，是中国可持续发展的必备条件。

一个国家的发展更需要有利的外部环境。以往，主要使用国家外交等手段谋求改善，但在今天，在信息全球化的时代，传统手段、传统思维已不足以应付。应对这样的挑战，特别需要新思维，特别需要运用信息的力量。在应对全球新挑战的今天，施放信息的首要任务是明确传播信息的目的。这是因为在信息时代，认识信息就发现了力量；占有信息就拥有了权力；整合信息就增强了能力；传播信息就施展了力量；形成信息流就形成了更强的支配力。在信息时代，所谓强者，在于善于运用信息驱动力。因而，施放信息就成为一种新博弈手段；施放水平就成为一种新衡量标准；施放方法就成为一种新竞争能力。

施放信息并不一定是通过广告这样的直接手段，事件传播也可以产生难以估量的影响。一个事件的相关信息经全球传播后，可能干预相关国家的政策。因而，事件传播常常成为更有效的手段，只是要明确传播的目的，并且需要具有足够的能力自己传播出去，或借用别人的力量传播出去。

可以再举一些饶有深意的例子来看如何施放信息。2004年是中法文化年，法国在北京办了两场展览、一场表演。在中国国家博物馆开展的“法国时尚100年”大型设计展，是中法文化年开幕系列活动中最重要的展览之一。穿过1900年由赫克托·吉玛德设计的巴黎地铁入口，就进入由法国百年设计精华构筑的展厅。从自行车、汽车、飞机、火箭等交通工具，到家具、器皿、电器等工业产品；从香水、箱包、钟表、玩具等日常用品，到享誉世界的法国时装及视觉艺术，220件展品集中体现了法国文化的特质，浓缩了百年法国设计历史的精华。从展览的规模看，该展览是当时外国来华艺术展览中最大的一场，展厅面积达3 500平方米，比此前在中国国家博物馆举办的埃及文明展和罗马艺术展等大型艺术展的规模都大。法国总统希拉克为展览写道：“‘法国时尚100年’为‘美’与‘实用’两者之间的丰富对话注入了新的内容。我希望这个展览能够在中国公众心里引起特别的共鸣，他们将通过法国的工业发明创造了解法国如何在日常生活中成功地开天辟地。”

同年，在中国美术馆展出的是由中华人民共和国文化部和法兰西共和国文化通讯部主办的中法文化年重点项目“法国印象派绘画珍品展”。该展览共展出印象派作品51件，作品大部分来自巴黎奥赛博物馆，包括法国印象派主要画家的作品。

一场表演是原定于2004年10月1日飞过天安门广场的“法兰西巡逻兵”特技飞行表演。这个表演事先通过一个公司售票，但那几天天气不好，飞行表演被不断推迟。10月11日早晨，“法兰西巡逻兵”特技飞行表演队飞越北京司马台长城，这是西欧国家空军特技飞行表演队首次访华。

提到法国，一般人马上联想到的关键词是香水、艺术、时尚。而这次以时尚的名义来到中国的“法国时尚100年”大型设计展，强调的却是科技实力。这两场展览、一场表演所传递的信息的三个指向非常清晰，与一般公众心目中的法国迥然有别，即法国不仅仅是浪漫的，也是具有科技、工业实力的，更是具有很强军事实力和艺术实力的。而中法文化年在巴黎的活动，令传媒津津乐道的是舞狮子和秧歌队表演，传递的虽然是典型的中国元素，但与正在崛起的中国有一定距离。

在全球化时代，正因为信息全球流动，信息的力量更显强大，我们更需要用世界听得懂的语言、看得懂的形式，讲我们要讲的东西，增进共识。从诸多案例与研究可以看出，真正对人们的心理、思想和行为产生深刻影响的并不仅仅是事实，而往往是对事实的解释；并不仅仅是事件本身，而是关于事件的某种描述和分析。也许可以说，人类社会的发展过程就证明对历史的记录和转述，本来就是一种对历史的解释。人们只能通过努力不断地逼近历史的真相，但很难说就获得了历史真相。从传播规律说，事件传播实际上传播的是对事件的描述和解释。就产生影响而言，解释往往比事实本身更直接、更深刻、更有力、更难以改变。

因而，在应对新挑战中，中国更需要把形象塑造权和解释权掌握在自己手里。

第四节　取势：善用新媒体产品影响机制、驱动力量

今天，数字变革已经进入新阶段，已经从媒体融合走向更多利用人工智能的阶段，即正在从融媒体走向智媒体。推进媒体深度融合的关键一环是重构采编发网络、再造采编发流程，要从空间整合走向体系聚合。用互联网思维改造传统媒体，先要用互联网思维分析内容需求、用户心理和竞争逻辑。在智媒体竞争中，谋求竞争新优势的突破口体现在不仅要看产品创新，更要有能力创新；不仅要基于优势持续创新，更要有弥补短板的赶超创新；不仅要有局部创新，更要有系统创新。

这就要求我们不仅要善于观势、顺势，还要借势、取势。

一、短视频走红的底层逻辑

今天来看，短视频可能是引发突发事件的导火索，会引发一连串反应，因为短视频不仅是重要风口，而且已经成为内容竞争最为激烈的领域。

2018 年 5 月 8 日凌晨，北京字节跳动科技有限公司创始人兼首席执行官张一鸣在朋友圈晒出 TikTok 登顶苹果商店 2018 年第一季度下载量排行榜。为此，马化腾与张一鸣在互联网上有了一段隔空对话，有一点火药味[①]。这件事我不评论，我想讨论的是，如果说 2016 年是短视频元年，那么 2017 年底到 2018 年短视频已经成为互联网平台竞争的焦点。这个竞争焦点已经使不同平台创始人在互联网上直接言语相对。这件事本身足以引起主流媒体、新闻传播同行的注意。如果说资本对于竞争风口格外敏感，那么这可能就是一个表现。

如何观察新一轮技术革命对媒体、对传播、对人的影响？实际上，导致人们日常生活发生诸多变化、促使人们对移动互联网依赖越来越深的重要因素之一，就是 2013 年 12 月工信部颁发了 4G 牌照。人们使用 4G 通信四年半的时间产生了什么样的变化呢？中国的移动支付是美国的 50 倍，中国的外卖成交量是美国的 10 倍。中国的移动支付已经发展到如此程度，以致 2018 年 7 月中旬的一个周末央行公开喊话，禁止任何机构拒收现金。诸多看似不起眼的事件，实际上就是我们正在经历的互联网技术革命和社会革命。

（一）使用者还是表达者：用户定位与使用心理

如果要研究用户心理和竞争逻辑，就需要研究内容使用者。分析结论也许不重要，提供的信息也许不一定重要，重要的是所提出的问题、对问题的讨论和展开方式，能够引起思考。

① 《张一鸣重回马化腾朋友圈》，https://new.qq.com/rain/a/20230408A06QD200，访问日期：2023 年 4 月 8 日。

先讨论一个简单问题，即内容消费者和使用者如何定位？如何多元定位？他们是消费者吗？他们仅仅是受众吗？答案肯定是不，因为他们还是上传者。那么他们仅仅是上传者吗？并不是，他们是特殊的观看者。如果深入研究就会发现，在移动平台上，上传者对内容的消费欲望、消费频率、转发可能性是最高的。那么，他们仅仅是内容使用者吗？不。对他们来说更重要的是表达，是表达带来的体验和感受。

（二）抖音走红的关键因素：表达空间与工具便利

冷静解剖，抖音平台为什么能够这样迅速地走红？无非有两个因素。

第一，抖音给那些过去长期被互联网忽视的人群一个表达自己、表现自我的平台和空间。

第二，平台如何实现基数如此大的网民的表达愿望呢？一个非常简单的道理，平台提供了工具便利。抖音最早只是一个制作工具，就像很多人使用过的美图秀秀一样。

这两点恰恰是主流媒体的移动平台最缺失的地方。主流媒体的移动平台给了被互联网忽视的人群表达的便利条件吗？给了基层百姓表现自己的空间吗？《非诚勿扰》为什么能够成功？为什么该节目能够在传统相亲节目竞争中走红？以传统电视综艺节目研究思维，可以从多种角度分析，比如节目样态、主持人、节目创意、制作质量、收视率每周第一就奖励 100 万元的激励机制，等等。但是如果换一种思维冷静研究，我认为《非诚勿扰》能够成功的核心因素只有一个，就是给普通人表现自我的机会，其他的都是手段。《非诚勿扰》主持人孟非在《朗读者》节目中接受采访时说，这么多年登上这个平台的有几千人，有更多的普通人、底层人群因为收看这档节目而释放了自我。过去能登上电视屏幕的都是有一定身份的人，而今天普通人也可以登上电视屏幕。其实，很多选秀节目都是因为给了普通人表达自我的便利条件而成功，从而有了收视率表现，有了足够的群众基础。而提供了工具便利，就使得普通公众更愿意接触提供工具便利的平台，接受便利工具服务。一般研究者可能很少注意到抖音在专门研究、不断研究如何让工具更便利。传统媒体的思维方式是让受众获取信息，是用自己精心制作的内容影响大众，而很少想到以工具便利去获取更大影响力、更大收益。

我认为，抖音走红的关键因素就是这两点，而这恰恰是传统媒体、主流媒体的弱项。抖音几年间就获取几亿使用人群，其原因不单单是商业推广所能概括的。同类短视频平台有很多，为什么抖音能够火起来？提供工具便利是重要因素之一。

（三）知乎立身三大要素：专业化、设问机制、邀答机制

知乎的运作方式有这样三个特点。

一是内容的专业化。知乎提供的知识，比一般互联网内容相对更专业，知识性更强，更有针对性。

二是设问机制。知乎上很多问题看起来是由平台提出来的，之后会有很多人蜂拥作答。对一个问题，可能有几万人甚至几十万人作答。这种平台提问题的设问机制，对于媒体来说就是在呼唤内容。“5·12”汶川地震发生时，CNN 关于汶川地震的直播很简单，就两三句话。第一句话是，北京西南方向发生地震，北京有震感。第二句话是，美国地质勘探局说地震 8.3 级。第三句话是，如果你有关于这次地震的音频、视频，请发到一个邮箱。这就是在呼唤内容。

三是邀答机制。知乎邀答机制指的是，知乎平台或用户提出一个问题，并邀请某个或某些用户作答。因为会有人不断地提出更具专业性的问题、提供各种角度的专业性意见，最后就形成了对特定用户有价值的内容，有些内容几乎达到了专家级水平。

针对这三个特点，有些媒体已经做到了专业化，但是，呼唤内容、邀答机制这类内容生产机制是传统媒体所没有或者比较薄弱的。如果更深层次地讨论以互联网改造传统媒体，我们就会发现这些新互联网平台赖以成功的最核心因素，恰恰是传统媒体、主流媒体需要研究并在某种

层面上需要借鉴的。

便利，是移动互联网时代最核心的关键要素。如果研究互联网创业，就会发现其最核心的秘诀就是五个字：便利性替代。人们出行时打车的习惯原来就有，以互联网思维构建一个平台对接供需双方，使打车更为便利，等于把现实生活中已有的使用模式搬到互联网上，使其更加便利。这就是互联网式创业的核心路数。我们要重新界定内容使用者，绝不能把他们简单地界定为受众、内容使用者，而应该把他们界定为表达者，因为其核心因素就是表达，因为互联网平台提供了表达便利，形成新的满足方式，也形成便利性替代。

传统媒体、主流媒体在互联网平台上为什么也必须想尽办法给受众机会和便利表达自己？是因为对传统媒体来说，表达便利、工具便利、呼唤内容、邀答机制，都是对内容生产者的奖励，这是一种精神奖励，是以声誉来奖励生产者，这就形成了新内容生产机制和提供内容的动力。

正因如此，内容使用者的认知、内容使用思维都应该发生深刻变化。

（四）短视频转发决定因素：黄金分割点与聚拢高转发用户

可先以抖音为例研究其推荐逻辑。抖音短视频之所以能够传播如此之广，就在于其推送方式是将内容先放在一个小流量池或一个小群组里推一下，如果阅读、转发数据良好，就扩大推送范围。有用户分析，在某个阶段，一条内容一小时点赞量达到一百、阅读量达到一万，就证明这条内容有成为爆品的可能，就会把它投放到更大流量池中或向更大群组推送。传统媒体没有小群体试推送概念和分发方式，而是直接向所有用户、受众同步发布；也没有利用小流量池做测试，然后根据测试结果对不同内容采取不同推送策略这样的手段。从内容受众（内容使用者和内容接受者）角度看，经过这样的测试后，所推送的内容与个体或小群体需求的匹配度会更高一些。现在的传统媒体、主流媒体互联网端、新媒体端的功能已经比较强大。对于希望更有效与新媒体竞争的媒体来说，抖音推荐方式真正值得借鉴的是，其不同内容的分发策略或者说推荐逻辑。

从用户方便程度看，用户在新媒体端的三种常用动作的顺序是有内在逻辑的。从便利性看，首先是点赞，动作最简单，按一下即可；其次是评论，写几个字或一些字，表达感受与评价，体现出有触动、有共鸣；最后是转发，是在感受、情绪、观点达成一定程度的共识时才会有的动作。点赞数通常是平台推荐逻辑中的重要指标，点赞数在一定时间达到一定数量，就表现出某内容受欢迎的程度，其就会被推送到更大范围。

五年前，有人研究抖音短视频，结论是通过倒推得出的。这位研究者发现，1 907 条播放量在 5 000 以下的视频中，点赞量 100 以下的占到 90%。以反推得出结论，这种研究方式对融合进程中的媒体有足够的启发。这位研究者在分析抖音短视频作者的注册时间后认为，抖音用户增长速度在放缓，2018 年 1 月达到顶峰后开始逐月递减，2018 年 4 月增长数只有 3 月的一半。客观地看，这种放缓是互联网应用发展中的自然现象，任何一个平台的用户不可能持续的爆发式增长，增长放缓并不意味着出现了问题。这位研究者分析，抖音平均点赞量按月份也在逐步递减。客观地看，这与使用量有关。如果问一个问题，把抖音使用者仅仅当作观看者，多长的短视频可能更受欢迎？内容时长与传播量的相对关系上，存在一个黄金分割点。抖音平台上发布的是 15 秒以内的视频。这位研究者分析发现，10 秒时长短视频的传播量、互赞量是最多的，而 11 秒时长短视频的传播量、点赞数又优于 15 秒的。其所统计的短视频中，超过 15 秒的短视频仅 6 866 条。是人们希望看到更短的视频，还是人的本性决定了其不愿意对达到平台时长规则极限的内容更多地加以关注？从受众心理看，我的分析是观看时长也存在一个黄金分割点，大约在其三分之二处，而不是在视频结束处。因而，传播者对完播率的追求，与受众心理间存在反差。同样规律在其他平台也存在。2016 年我们就发现，我们制作、发布在新华社海外社交媒体账号上的视频长度只有一分多钟，而最高在线人数往往出现在第41秒左右，也就是说用户看到三分之二处就不看了。实际上，人们在网上点赞的文章、转发的视频，恐怕有相当多的部分是没有看完的。不是内容做得不好，而是今天受众的心理节奏在加快。这个规律的发现，就要求所制作短视频等内容的叙述逻辑、叙述节奏要相应调整、变化，短视频在前十秒就必须能够抓住人，然后每隔十秒加一个“隔断”或做个内容转换，调节叙述节奏，使整个内容形成有序结构，传播节奏有起承转合，这样能够调节、控制受众的注意力和兴趣。如果短视频点题性内容在最后一秒才出现，可能根本就没有人看了。

另一个数据也值得思考。有研究者分析抖音上26万个作者时发现，在所分析用户中，女性用户数量接近男性用户的三倍。那么，其他平台分别是女性用户多还是男性用户多？因而要研究一个问题，就是一个平台、一个新媒体应用如何聚拢、打动女性用户。因为女性用户点击和转发的可能性会更高，而相当多的男性用户反而是沉默者。冷静地问一个问题，谁在看短视频、小视频？用户有男有女，占比可能有所不同。那么，谁在发短视频、小视频？这可能是另外一个群体。从女性用户数量接近男性用户三倍的用户构成看，抖音这个平台的变现能力（用互联网研究者的说法叫带货能力）会更强，因为许多家庭，钱掌握在女性手中。这个结论是我在2016年得出的。后来，抖音开启电商并发展越来越快，市场占有份额越来越大，和原有电商平台形成有力竞争[①]。当然，不同的平台特性不同，不能照搬，但是这种问题提出、分析的方

① 根据2022年抖音电商第三届生态大会的数据，过去一年，抖音电商商品交易总额（Gross Merchandise Volume，GMV）同比增长80%；平台上直播日均观看量超29亿次，电商意图的日均搜索量达4亿次，平台售出商品超300亿件；抖音商城GMV同比增长277%，电商搜索GMV同比增长159%；借助全域兴趣电商模式，超过1万款商品在抖音电商销售额突破千万元。《抖音电商第三届生态大会：深耕全域兴趣电商 GMV同比增长80%》，https://new.qq.com/rain/a/20230516A05TLG00，访问日期：2023年5月16日。

式和发现的结论，还是能够给研究者、操作者、管理者以足够启发的。

二、多元使用方式：表达者与短视频使用定位

从表达者角度来看，他们会怎样定位短视频呢？大概分以下四类。

第一类，可称为基本派，即提供信息、讲故事、表达观点。这也是传统媒体经常做的。

第二类，可称为实用派。很多互联网创业者以短视频提供知识性内容、方法性内容。很多付费内容也是知识性、方法性内容的视频化。

第三类，可称为娱乐派，即提供娱乐内容、搞笑场景和幽默瞬间。

第四类，可称为生活派。在互联网平台上诸多普通人提供的短视频等内容是记录、展示自己生活的，是揭秘，也恰恰是提供有用的内容。

这四类表达者在不同领域、不同内容、不同处理方式等方面各擅胜场，都有自己的一方空间。在媒体融合、数字变革进程中，传统媒体、主流媒体至少在上述第一、第二、第四这三个领域里可以有更大作为，主流媒体调性、队伍素质、职能使命也决定了其在这三类领域里会有更大作为。发挥舆论引导功能，不仅仅可以通过讲好中国故事、传递中国声音的方式来实现。客观地看，主流媒体传播的知识性内容、方法性内容等既容易产生影响力，又能够有效地发挥舆论引导功能。值得传统媒体人注意的一条重要规律是，专业性内容、专业人士在互联网平台上能够产生超专业影响，换句话说就是，在互联网上专业性内容越来越受欢迎，所产生的影响远远超过其涉及专业本身。关于量子通信的文章在互联网上传播量很大，是每位读者都懂得量子通信吗？这与量子通信这个热点相关，人们被其相关内容和渗透其中的情感、价值观所激发而愿意转发，与他们是否完全看懂并没有什么关联，或者说是否看懂并不是核心因素。因此，主流媒体如果提供更多的专业性内容，并把专业内容与人们所关切的和人们日常生活联系起来会更受欢迎。央广网有一个主持人经营一个名为“科技富能量”的公众号。他发现，如果他这一期讲的

是手机，哪怕是耳机，点击量就会很快超过 10 万。如果这一期讲的是离人们日常生活比较远的科技，点击量就会有明显差别。这与普通群体的需求特性有紧密关系。但这个现象并不妨碍知识性内容和方法性内容受欢迎，也不妨碍专业性内容、专业人士在互联网平台上能够产生超专业影响这个规律发挥作用。

换个角度看，互联网平台上的使用者是如何定位短视频的呢？

（一）内容载体

人们本能地首先把短视频定位为内容载体。这是各类传播主体与媒体定位最为接近的一种。其中，即使是普通公众，当其把短视频视为内容载体时，已经接近以短视频为手段进行专业内容生产。

（二）记录手段

使用者会把短视频定位为一种记录自己生活的手段，用来记录日常生活的点滴。这往往是使用者在接触短视频的早期最为常见的思维与应用方式。但随着使用时间的增加，就会不限于记录自己的日常生活。

（三）观察社会手段

2010 年前后，联合国教科文组织曾经资助非政府组织（Non-Governmental Organizations，NGO）在云南做过一次实验，实验内容就是给完全没有摄影经验的乡村妇女发一个小便携自动相机和一卷彩色胶卷，让她们随意去拍自己所见。一卷胶卷只有 36 张，那些农妇都非常节省，想好了才会拍。这些普通农妇拍的是她们眼中的社会和乡村的人们，照片很精美。也许，这个实验后来不再继续下去的原因之一，是因为中国人开始用数码相机。

后来诞生并走红的短视频平台为普通人观察社会、记录生活提供了可能性和便利。快手创始人是留美“海归”，但人们普遍认为快手平台面向的是三、四、五线城镇和乡村的普通人，该平台聚集了数量庞大的用户。他们上传的视频，体现了对社会的观察。

（四）多元表达方式

短视频可以展示制作者的发现，表达他们的情绪和心理。有人评价，抖音是一个神奇的社区，把核心技术留在手中，注重运营调教，即调教用户；把价值观留给自己，把表达方式留给用户，所以吸引了一群好玩的年轻人。“好玩”的表现方式包括“呼唤内容”。比如，抖音上有人曾经发出一个呼唤，让大家都来拍怎么跳拍手舞，很短时间内用户就上传了440万条相关视频。可见这个平台、这个舞蹈和这种呼唤内容的方式拥有多么强大的群众基础。2018年，《南方周末》曾用头版头条报道了西安如何利用抖音发展旅游业。重庆的一些地点成为网红拍摄的主要景点，人们称重庆是最早被抖音网红带红的旅游城市。传统媒体以传统报道方式带红过哪一座城市呢？媒体的报道、纪录片很有影响，但是要让一座城市变成网红城市，还需要体现出创新思维和新力量。值得研究的是，怎样处理互联网平台和城市的关系，怎样利用平台呼唤内容的机制使一个城市走红？我觉得这值得借鉴。

（五）重要吸引手段

很多传播主体为什么转而制作短视频，甚至将主要力量投入短视频的制作和运营中？那是因为他们发现短视频是吸引受众的重要手段。

（六）自我认知工具

这一点与对内容的传统认知是不一样的。在以媒体为中心的传统思维中，人们认为内容是制作者、传播者等各种主体用来影响别人的。实际上互联网时代的内容，很多时候是自我认知的产物。如何认识和估量公众的自拍和在互联网上发布所自拍的内容？自拍内容，其实就是一种自我认知；把自拍内容在互联网上发布，就是在表达对自我的认知。

（七）社会交往媒介

互联网平台上为什么有这么多人制作、发布短视频？答案之一是，他们在用短视频这样的内容进行社会交往。学者把社交平台分为强社会关系平台和弱社会关系平台。在抖音这样的弱社会关系平台上，人们可能更愿意点赞、评论、转发，恰恰是因为在现实社会中人们互相不认识，没有互相认识这个强社会关系的约束。而在微信这样的强社会关系平台上，因为在现实社会关系中要么互相认识，要么人们知道你是谁，所以用户反而不太愿意点赞、转发，不太愿意表达自己。因此，传统内容在传统网站上的转发可能性如果是一，在微信这种强社会关系平台上的转发可能性会是七，在抖音、快手这类弱社会关系平台上的转发可能性就会强化到十。这个分析和认识可以帮助到运营媒体所拥有的客户端和微信公众号。某种意义上，应当把媒体所拥有的客户端、微信公众号视为弱社会关系平台，虽然它们是用真实手机号注册的，但用户往往都“穿个马甲”，互相之间并不知道身份。在这样的平台上，传统社会关系对用户的约束力很低，他们可能更愿意表达，因此要促使他们表达。把包括短视频在内的内容视为社会交往媒介，研究强社会关系和弱社会关系等不同状态下的内容作为社会交往媒介如何发挥作用，研究其在不同状况下对人们的吸引力，有利于进一步增强平台的影响力和引导能力。

（八）碎片时间伴侣

尽管时间超有价值，但人们还是会有很多碎片时间甚至无聊时间需要打发，比如，很多人们在睡前会有点无聊。这个时间段、这类心理状态下的需求特征是，不知道具体需求什么，只是需要用某种内容、某种娱乐方式打发时间、抚平心绪。因此，包括抖音在内的不需打开、直接播放的“简单粗暴”的内容提供方式，倒是能匹配这类“无具体需求”的需求，因而获取很大流量。

三、短视频消费的新驱动因素

2016年被称为短视频元年。但短视频这种内容形态并不是在2016年才出现的，为什么突然成为内容消费热点？短视频消费的新驱动因素是什么？

（一）驱动短视频消费的内在动因

1. 短视频的四个特性

驱动人们如此大量消费短视频的动因，可以先从短视频特征来分析。可以把短视频的特征概括为四句话：一是画面直观性，二是信息丰富性，三是故事冲击感，四是表达吸引度。我们发现，所谓互联网视频和电视视频的真正分别，移动互联网时代的小视频和电视机播放的短视频的真正分野，可能恰恰在于这四个特征所形成的不同叙述逻辑和表达逻辑。

2. 驱动短视频消费的三组因素与深层动因

如果说短视频的四个特征只是驱动因素的表层，那么，驱动人们消费短视频的更重要内在动因是什么呢？

（1）三组重要因素

什么因素驱动短视频消费？这里可以列出三组词。

第一组，是好奇与娱乐。人们对短视频所展现的场景和内容会产生好奇心，因此而附带得到娱乐，也可能就是单纯为了娱乐。

第二组，是获知与无聊。不断地刷短视频的人们，有时候是为了获知，也有些时候只是为了打发无聊时间。

第三组，是存在与认同。这是更为重要的驱动因素。我们把短视频放在社会关系中认识，短视频内容就是人们表达自我的一种方式，是实现自我认同与社会认同的工具。有人研究过，同样一个视频，在微信平台上发可以收获几十个、几百个“赞”，但发在抖音上却可能收获几万个甚至几十万个“赞”。对于一个短视频内容制作者，几万个“赞”带来的激励和几十个“赞”带来的显然完全不同。

（2）内在动因

研究、分析短视频内容消费的新驱动因素就会发现，表达自我、获得自我认知和社会认同，是最为深刻的内在动因。传统媒体要想在互联网平台上有效地运用短视频内容形态，要想与互联网平台诸多传播主体在短视频传播上一较高下，就要抓住人们这种实现自我认知、获得社会认同的心理和使用机理来感染更多受众，争取让更多受众加入自己制作的短视频再传播链条中来撬动更多的用户资源、传播资源，以形成更强的传播力和引导力。

（二）短视频提供方式的演化

要研究短视频用户心理和竞争逻辑，就必须研究短视频内容的表达方式和传播方式。

我曾经讨论过一个规律，即分发环节是影响力生成的重要环节。推动媒体融合、适应数字变革中，如果一张报纸的发行部分没有转型、没有适应媒体融合，那就还没有真正完成媒体融合。《纽约时报》的数字转型，成效就体现在数字订户超过一半，总分发方式发生了变化。对于原本就在利用电子媒介传播内容的广播和电视媒体，播放方式看起来是天然存在、天经地义的，但对比短视频播放方式就可以看出值得改革之处。

1. 传统方式：提供加选择

传统媒体默认的内容提供方式是什么？两个关键词：提供加选择。报纸、广播、电视和传统网站的默认内容提供方式是，媒体向一个载体提供内容，用户在这个载体上选择内容。典型方式就是列出标题、列出节目时间表，供读者、听众、观众选择。新浪网是把这种模式做到高水平的门户网站，确定了标题不能超过 14 个字的编辑规则。新闻网站与搜索引擎首页的区别是非常明显的。新闻网站在首页上列出很多标题，提供很多内容，提供了足够的选择。而搜索引擎的页面是极简的，页面跳出时间很短，可使用户视线集中于搜索框，以最少的时间、最方便的方式帮助其找到想搜索的内容。互联网发展到今天，门户网站为什么被认为是传统媒体？核心因素就是门户网站的内容提供方式老化，而不是简单的内容老化。因此，“提供加选择”这种传统内容提供方式是必须改变的。

2. 个性方式：推荐加选择

推荐加选择的提供方式，基于数据分析和算法推荐，可以做到较高水平的个性化。使用淘宝时，如果随意搜索一个过去没有搜索过的产品，下拉页面就会发现，与刚搜索过产品相似的产品就会出现在页面上。基于数据分析的个性化推荐服务技术，对用户个性信息需求的捕捉和推荐反应效率越来越高。一些互联网信息分发平台运用算法推荐，获得巨大影响力和用户聚集能力，主流媒体和党政机构的传播主体还需努力做到这一点。

推荐加选择的背后，是数据驱动，是数据分析。从适应数字变革、加快融合转型的角度说，奈飞（Netflix）这个流媒体平台的发展路径是值得传统媒体研究借鉴的。据说，奈飞的诞生是基于一个偶然事件。奈飞创始人喜欢看电影，在美国一个连锁录像带租借店租了新电影录像带，但因为晚还了四天，他被扣了40美元。由此他发现这种传统租借方式的弊病。然后，他筹集了250万美元，创办了自己的影片租借公司，改变了原有付费方式，每月付固定费用便可以看多少部新电影、多少部老电影；并改成体现互联网思维的服务方式，客户网上勾选想租借的影片，奈飞邮寄到家，客户看后邮寄归还，全程都可以不用到店。后来，奈飞再转型提供在线流媒体服务。为了让人们在最短时间内能找到想看的电影，奈飞设立奈飞大奖，提供了包含1亿条数据的数据集，从这些数据可以看出用户的行为，包括选择、播放、停止等动作，但不能根据这些数据还原到是谁做了这些动作。根据路透社纽约2012年9月21日的报道：经过来自186个国家4万多个团队近3年的较量，一个由工程师、统计学家、研究专家组成的团队将奈飞平台的影片推荐引擎推荐效率提高了10%，从而夺得奈飞大奖。获第一个奈飞大奖的推荐算法可以准确预测50个以上评级观众的偏好。第二个奈飞大奖的目标则是为那些不经常做影片评级或者根本不做评级的用户推荐影片，这要使用一些隐藏着观众偏好信息的位置数据和行为数据。

现在诸多媒体都有自己的网站、客户端和其他新媒体账号，也相应积累了用户的行为数据等数据。但是否有效地利用了这些数据，依然是一个值得提出的问题。可以自问一下，过去一个月是否分析过所拥有新媒体终端后台数据？过去六个月是否系统分析研究过所拥有的这些数据？

3. 智能方式：直接播放加推荐加选择

直接播放加推荐加选择的短视频提供方式，既“简单粗暴”又智能，直接播放在第一时间即可直接获取注意力，省去点开播放环节所需的时间，也可在一定程度上避免不点击的发生。在直接播放时，表层逻辑是同时提供选择服务，让用户可以以多种方式选择自己此刻想看的内容；底层逻辑是基于数据分析由算法推荐，不选择就不断播放算法推荐的短视频，用户选择了就根据用户此刻选择动作所透露的偏好信息即时推荐，推送播放相应的内容。

当然，有人会认为直接播放这种短视频提供方式有一定风险，比如在某个场合声音突然出来，惊扰其他人。这就需要提供短视频的传播主体确定传播策略，是静音播放优先，还是正常播放优先。现在越来越多的传播主体采取静音播放优先策略，用户可以取消静音，这样就可以放心在任何场景点开设置了静音播放优先的短视频。静音播放优先影响信息传递吗？还有字幕作为信息通道。因而，短视频竞争中，静音播放优先加多重字幕成为越来越多传播主体、短视频平台的基本选择。

4. “有感触、不满足”的特殊影响机制

直接播放加推荐加选择的好处是什么？一打开客户端视频就直接播放，用户看到不满意的内容用手指滑动刷新下一条就开始播放。这种播放方式形成特殊的影响逻辑，即让用户有感触，但不满足。“有感触、不满足”，用户就会在这种影响机制的影响下不断刷新，从而长时间停留在这个平台。从竞争逻辑角度说，是以高度便利的直接播放代替用户做第一选择；再加上“有感触、不满足”的影响机制，把用户“控制”在这个平台上。这比“用户吸引”显然更有控制力。

主流媒体手中不乏好内容，所缺乏的东西之一是能让人们连续看下去的方式方法、影响机制。那么，可以试一试直接播放加推荐加选择的播放方式吗？当然，那需要数据驱动、算法推荐加持。很多人曾经使用过音乐客户端虾米音乐，用户在播放音乐、歌曲时连续刷新四五下后，增强现实（Augmented Reality，AR）助手就会启动，会跳出对话框告诉用户“试试我推荐的东西，你可能会喜欢”。它确实可能推荐了用户喜欢的内容，因为分析了用户播放数据。在虾米音乐客户端上可以选择歌单，AI 就会推荐与经常选择的歌单风格相似的曲目，看起来是能够把握用户偏好的。例如，如果这段时间我选择与大提琴有关的歌单比较多，播放别的曲目时如果我连续刷新四五次，AI 就会给我推荐与大提琴有关的曲目。直接播放加推荐加选择作为一种智能而又有冲击力的播放方式，不仅省去用户的第一选择，也从多个方面体现了对用户偏好的理解能力和控制能力。人工智能的发展，使投资建设与用户使用的门槛都在降低，主流媒体必须基于竞争逻辑调整内容与技术结合方式，并从市场上获取相关技术支持，以增强对用户偏好的理解能力与控制能力。

5. 三种短视频提供方式会如何演化

从竞争逻辑角度分析，这三种短视频提供方式会如何演化？

（1）提供加选择：以选择性求得适配性

使用“提供加选择”方式的，更可能是新闻类短视频。这种内容提供方式事实上有一个重要的前提和假定，即假定使用者是理性的，必须自我选择此时最适合自己需求和价值观的短视频内容。

“提供加选择”方式所体现的竞争逻辑是以选择性求得适配性。传播主体提供足够大的选择范围，同时假定必有一款适合特定受众群体甚至个体。通讯社作为媒体生态体系的上游主体，其存在逻辑就是收集、加工、提供足够多的内容，供媒体用户选择。通讯社会假定媒体用户一般是区域媒体，即使都选择同样内容，互相也并不形成太大竞争，因为区域媒体处在不同区域市场；用户会从所提供内容中做选择，因为总是会有用户选择其他用户没有选择的内容。通讯社的竞争逻辑，就是以足够的选择性求得适配性。

媒体的本能是尽可能多地提供内容，扩大可选择范围。所以，即使进入新媒体时代，传统媒体客户端也会堆积很多内容，以至于用户选择起来会感觉不够便利。因此，对于媒体习惯采用的“提供加选择”方式，值得讨论的问题是：使用者是否真的足够理性，或者是否能在手机上做出理性选择？并不一定甚至并不是。

早晨这个时间段，即便获取新闻信息，人们可能也未必完全愿意基于理性选择，而可能更愿意被动接受。人们是否愿意使用选择权利？观察可以发现，很多时候人们不知道该选择什么，也可能并不清楚自己的真正需求，这个时间段人们可能只是寻找一个伴生物。在研究受众如何使用广播电视时发现，人们有时只是需要有声音陪伴，就选择了打开电视机，所以看电视变成听电视。可以说，人们具备理性，但有时不愿基于理性选择，有时不愿听从于理性。

再举一个例子，大家每天早晨醒来第一个动作是什么？通常是拿起手机。研究发现，早晨六点钟这个时间段，传播最好、点击量最高的内容产品，往往是很简单的新闻摘录。比较早的此类微信公众号产品是每天早晨提供的“新闻早餐三分钟”，之后，各种各样的传播主体都在做类似内容产品。摘录新闻，这本来是主流媒体、传统媒体的看家本领。办一张报纸，开设一个栏目，其编辑过程不就是在不断选择吗？报纸上最简单的专栏不就是各类短讯的汇集吗？但是，移动互联网时代到来，最早在微信上提供新闻摘录类内容产品的，并不是媒体。媒体介入这个领域已经是在后来比较晚的时候了。

（2）推荐加选择：以类别化求得适配性

互联网平台都在开发、使用自己的推荐算法，各有高招，但实际上其推荐策略、竞争逻辑是有差异的。“推荐加选择”的内容提供方式，体现个性化推荐。这种内容提供方式假定使用者已经表现出个性需求，内容提供者可以根据用户需求特征、行为特征等数据分析结果实现算法个性推荐。客观上，数据分析所发现的是用户以往的需求特征和行为特征，提供内容之前，内容提供者并不能提前感知用户此刻的需求。因此，“推荐加选择”提供方式的竞争逻辑是以类别化求得适配性。它的存在依据是通过给用户尽可能多地加上标签来多元细分用户类别，因此，采用这种提供方式的传播主体会本能地扩大标签类别。当然，在这个方面传统媒体处于弱势。

针对这种提供方式，值得讨论的问题是：一个人是只有一种个性需求，还是有多种？每一个人都是一个宇宙，有多个侧面，有多种需求，在不同场景、不同时刻有不同表现。人们是否更愿意探索？其实人的本性是喜欢探索的。为什么很多人喜欢在网上冲浪？是希望有意外发现。每个人的心底都希望新的一天有意外发现。因此，用户面对推荐加选择的内容提供方式，面对算法推荐，并不总是希望推荐的内容匹配自己以往表现出的个性需求，而更愿意偶遇，获得与以往表现出的个性需求有足够偏离度的推荐结果，不希望每天推荐给自己的都是每天看见的几类内容，希望算法推荐给自己一些平常不知道、心底很想去看的内容，推荐给自己能匹配以往网络行为表现得并不充分甚至没有表现出的个性需求的内容。偏离度是掌握用户心理的关键点。

算法的背后是人，算法是有价值观的，因为算法设计者本身是有价值观的，在设计算法时也会不自觉地体现价值观。内容推荐就体现了算法设计者、使用者的价值观和认知。

（3）直接播放加推荐加选择：以直接性加选择求得匹配度

“直接播放加推荐加选择”的内容提供方式，“简单粗暴”但有力。这种内容提供方式有两个假定。第一个假定是，使用者是非理性的，先需要得到满足，得不到满足或满足不充分才自我选择，因而这种内容提供方式先占据用户的第一选择和第一时间。第二个假定是，使用者本来就是随意浏览的，有可能从任何一点内容随意开始。我曾经多次讨论过杂志编辑学的多进入点理论。传统杂志编辑方法对读者阅读方式的基本假定是，人们会从目录页开始一页一页阅读。但今天的读者更多时候是随机翻阅，什么东西吸引视线就浏览什么。吸引视线的可能是标题，可能是照片，也可能仅仅是一个提要、页面上一个特别设计。每一个吸引视线的地方就是一个阅读进入点。因此，要办好一本杂志，就要设计多个阅读进入点，通过对多个阅读进入点的处理、对内容结构和叙述节奏的处理，帮助读者形成有益阅读的阅读节奏，这就是杂志编辑学的多进入点理论。今天，新媒体终端的内容处理也应该设计多个进入点，让受众在每一点都愿意开始看，通过直接性加选择求得匹配度。

（4）内容提供方式与幸存者偏差

这三种内容提供方式，不仅竞争逻辑有明显区别，而且客观上会对受众产生不同影响。短视频的音频是核心冲击要素、表达手段，也是竞争手段，但并不适合在一些场景打开。虽然静音播放优先策略已被广泛应用，但直接播放的“非理性”提供方式可能极适合一些人群，极不适合另一些人群。只是，感觉极不适合的人群就会选择别的替代物。

移动传播中有多个来源在竞争，都在争取受众的选择。影响受众选择的，不仅有内容提供方式，还包括其他因素。比如，设计太精美的互联网产品往往有拒斥作用。再比如，接受门槛比较高的内容产品，通常受众群会比较小。因而，对于互联网应用，不仅应当关注使用者的反馈，更应当关注、研究不使用者的意见。研究他们为什么从不使用，是因为使用方法复杂还是不曾知晓，研究他们是因为什么不再使用。对不使用的原因进行研究，更有利于传播者避免陷入幸存者偏差。

第二章　重塑则成

第一节　观念重置：以颠覆式变革思维谋划融合变革

一、从六次零售方式革命透视利益重组与需求创造

2013 年全国两会上，一位委员提交了六项提案，其中第一项提出“电商发展应尽快纳入法治化轨道”，“建议税收部门研究电子商务的征税方式，加强税收监管，在大数据化时代创新征收手段，从制度层面规避偷漏税行为”。其中提到：作为新兴的经济形式，近十年来，中国电子商务零售交易以年均高于 40% 的增速迅猛发展，2012 年交易总规模已达 1.2 万亿元，占据社会零售商品总额的 7%，相当于全国连锁百强企业的年销售总和。在变化巨大的市场份额面前，零售大卖场在承受新一轮零售方式革命的阵痛。

仅仅是大卖场在承受新一轮零售方式革命的阵痛吗？零售电商发展所代表的是否仅仅是零售方式革命？谁还会面对零售方式革命的冲击？是否包括各类传统媒体与新兴媒体？新一轮零售方式革命将带来什么样的利益重组，创造出什么样的新需求？

换种思维和视角看，传媒的运作逻辑与零售业有类似之处，只不过

传媒主要做内容的制作、分发。新媒体的发展，又与零售方式革命微妙地交织在一起。电商平台创办之初，广告收入是其收入的主要部分，这说明其变现方式与媒体形成实际竞争。诸多网络平台、短视频平台把进入电商领域作为影响力变现、延伸价值链的战略选择。推动零售方式革命的数字变革、社会生产关系变革，同样也在深刻地影响新媒体、新经济发展，深刻地影响媒体融合。因此，梳理六次零售方式革命及其带来的多重冲击和影响，可以对如何推进理念更新、如何以颠覆式变革思维谋划融合变革，有所启迪。

（一）轮番推进的六次零售方式革命

互联网、移动互联网的发展，催生了广泛、深刻的变革。人们曾经使用过数字经济这个概念，如果说其最初是局限于硬件产业、软件产业等，那么其后已经扩展到生产、分发和销售都依赖数字技术或正在被数字技术改变着生产方式、供应方式、产品形态等的商品和服务，扩展到数字技术发展和应用所催生的新经济。有形商品与无形商品的内容生产、分发和销售，都被纳入其中。一系列平面媒体转出网络版，不过是发展到这个阶段一系列颠覆性创新的一部分，核心是内容消费方式发生变化，内容产品形态与服务方式被迫适应。

有形商品与无形商品，在互联网、移动互联网催生的变革面前，会受一些共同的规律影响。零售方式变革体现了消费方式变化带来的需求满足方式的变革。

对有形商品的销售，人类历史上发生过六次零售方式革命，相应产生了六种零售业态。

1. 第一次零售方式革命：集中销售

农耕经济形成的自然销售方式是小品类、少量、面对面交付。工业革命时代的大规模、标准化生产发展到一定阶段，必然要求与之相匹配的销售市场与销售方式。从自然销售走向集中销售，是第一次零售方式革命，诞生了百货公司这种零售业态。在工业化时期，百货公司是城市的标志和魅力所在。近距离货架货柜展示刺激购买欲望，集中大量的货品提供多种选择，售货员提供商品信息。从1852年世界最早的百货公司之一法国巴黎的乐蓬马歇（Le Bon Marché，意为好便宜）诞生算起，至2024年，百货公司也只有不到200年的历史。在商业史上，百货公司奠定了零售企业销售方式、经营模式、组织形态的基础。百货公司是综合性零售商业，自然以其商品种类多为核心竞争力。世界上一些大型百货公司，所销售商品一般在25万种以上，最高的达到50万种。但与自然销售相比，百货公司的销售方式实质上是按商品类别进行的专业销售，是明码标价、可退换货的现代销售。

2. 第二次零售方式革命：自助销售

从集中销售走向自助销售，诞生了超市业态。与百货公司相比，超市销售方式的最大特色是开架自取、出口结账，精心设计购物路线、商品摆放位置、灯光配置。这既改善了购物体验，又以商品本身与环境直接刺激了购物欲望。超市不仅是集中采购、多中心配货，而且开始用计算机管理销售过程，开始通过零售数据挖掘需求、拓展销售，通过销售数据、存货数据来管理进销存，管理向各店配货，减少资金占用和财务成本。因而，大型连锁超市如沃尔玛，被人视为运作高效的物流企业。也因为如此，超市运营形成了许多新商业概念，比如库存进出计量单位SKU（Stock Keeping Unit，最小存货单位），即以件或盒或托盘等为单位，成为大型连锁超市配送中心物流管理的基础，现已被作为产品统一编号，即每种产品均对应有唯一的SKU号。

3. 第三次零售方式革命：品牌销售

从自助销售走向品牌销售，诞生了专卖店业态。只服务于单一品牌的专卖店可以给顾客提供更好的消费体验。与百货公司不同的是，专卖店吸取了自助销售方式中顾客可以随便接触商品的长处，甚至采取免打扰式服务。专卖店业态的重要特征是，专卖店从一开始就既是销售终端，又是品牌价值和品牌文化的承载体。比如，苹果专卖店内的玻璃楼梯都申请了专利。

4. 第四次零售方式革命：便利销售

从品牌销售走向便利销售，诞生了深入社区的 24 小时服务连锁便利店，它可满足购买少量商品或即刻购物的需求，弥补超市大型化、郊区化带来的不便。1946 年，世界上第一家便利店“7-11”在美国得克萨斯州由南方公司（Southland Corporation）创立。在美国，1957 年，只有 500 家便利店，到 1990 年，美国共有便利店 84 500 家，网点密度为 2 940 人 / 店。而“7-11”的品牌由伊藤洋华堂于 1974 年引入日本，从 1975 年开始变更为 24 小时全天候营业。2005 年，“7-11”成为日本公司。与传统零售店相比，连锁便利店采用截然不同的现代经营方式。连锁经营的标准管理、集中配货、简单作业，既可以保证质量，使消费者产生定向消费的信任或依赖，又可以使分散的经营主体聚合起来形成竞争力，与大型超市共生，打破了大型超市周围三公里的零售店都会消失的规律。

5. 第五次零售方式革命：体验销售

从便利销售走向体验销售，诞生了集吃、购、玩于一体的新零售业态超大规模购物中心（Shopping Mall），它可满足人们一体化（ALL IN ONE）的要求。原意为商店街的 Shopping Mall 实际是一个小型社区，是一种复合型商业业态，是以大型零售业为主体、众多专业店为辅助业态，和多功能商业服务设施一起形成的聚合体。其初现于 20 世纪初，50 年代后在发达国家盛行。这样的商业综合体中，人们购买的是一种可以全方位满足的体验。

6. 第六次零售方式革命：电商销售

从体验销售走向电商销售，诞生了网店业态，它表现为电商平台与小型网商的结合，并朝着综合型或垂直型、专业型电商商城方向发展。电商销售是非在场、远距离销售，不再如其他零售模式一样顾客与销售者在同一时空完成购买过程，是对依靠面对面交付的其他传统零售方式的最大颠覆。电商销售是实体零售模式难以企及的超大规模销售，顾客可以随时、随地在千万种以上的商品中搜寻、选择、比价，因此长尾效应在电商销售模式中才能够充分体现。电商销售也是一种信用销售，为此需在新的层面重构信用的体现形式。会员制、淘宝推行的皇冠加差评的约束机制、作为支付工具的支付宝，都是从新的层面重构信用的体现形式。电商销售更是一种智能销售，只有电商平台才可能集中如此多的销售服务提供者与顾客，才可能提供如此多的选择可能，才可能提供如此丰富便利的体验。

最近 30 年，还诞生了一些商业业态，其主要特征是吸取、组合、拓展了六次零售方式革命的特点、优势，实质上是这六次零售方式革命的延伸。这些商业包括：专门卖某一类商品但品种很多的类型专卖店，如玩具专卖店；面向小型零售商或大批量购买者的仓储会员店，如山姆会员店；由销售名牌过季、下架、断码商品的商店组成的品牌直销购物中心，如奥特莱斯；在目录册上找到所需商品，电话订购、送货上门、货到付款的目录购物；20 世纪 80 年代诞生于美国的电视购物；移动互联网时代大行其道的直播电商；等等。

换一个视角观察，这六次零售方式革命及其催生的新零售业态，也在拓展零售企业的价值链。自助销售发展到一定阶段时，大型超市不仅提供零售平台，超市的品牌与影响也成为经营对象，超市以自己的品牌定制商品、在自己的平台上销售，如宜家、沃尔玛销售自有品牌商品。电商销售还催生了新的零售产品，比如，一些学生在淘宝上挂出供自己家长拍的学费支付链接。看起来这是利用支付宝的一种方式，但实际上也在启迪人们可以出售一种虚拟商品、内容性商品，这是传统销售难以比拟的。

零售方式革命并不局限于有形商品，也在介入内容分发。传统的介入方式是把内容变成有形商品，如平面媒体中的报纸、杂志。对于广播、电视、电影，则是把内容装入音像制品等有形的外壳中，音像制品的出现，同样是在拓展广播、电视、电影的价值链，增加了新的内容价值实现方式，使内容可以再一次兑现。体验销售的出现，给电影提供了新的市场空间，毕竟视听体验是人们群聚消费体验的重要部分。中国的银幕数量增加如此迅速，与商业综合体的迅速增加是分不开的。

换一种视角看，六次零售方式革命发生的时间，与现代新闻业诞生、发展、转型的几个重要阶段是高度吻合的。现代报纸的出现不仅基于工业革命的技术成果，也基于工业化生产方式和工业化零售方式，因此现代报纸的运作表现为有组织采集、大规模加工、集中化分发信息。与第二次零售方式革命相近，媒体和读者的选择空间也在加大。第三次零售方式革命反映在新闻传播领域，是栏目、节目更加品牌化。第四次零售方式革命以便利性为核心，这也深刻地反映在新闻传播中，而且便利性决定了传播的有效性。第五次零售方式革命发生时已经进入互联网时代，体验成为受众需求的重要部分与衡量标准。推动第六次零售方式革命的电商销售产生、发展的诸多因素，同样在深刻地改变新闻传播业。电商销售不仅是利用网络平台，更重要的是基于数据驱动、算法推送实现更高匹配度，体现越来越明显的智能辅助、智能推动特征。同样的技术、机理反映在新闻传播领域，就是数据驱动、算法推送内容的智能传播。客观上，智能传播领域推送与电商领域的推荐有很多算法是类似的。

（二）什么因素在不断驱动零售方式革命

什么因素在驱动零售方式不断发生革命性变化，不断催生新的商业业态？看起来，是商人逐利的动机，实质上，是社会生产体系的变化，是人性化满足需求，是古老商业规律中的核心要求——便利性在起基础作用，在不断驱动零售方式革命。

这六次零售方式革命，从销售端观察，大多是一步步拓展零售渠道，一步步在零售上附加新的功能，一步步把零售者转变为产品与服务销售机会的提供者；从消费者端观察，大多是在一步步增加便利性，一步步优化购物体验；从社会端观察，则是一步步改变了商业形态与社会活动方式，丰富了社会活动的形态与内涵。

零售方式，首先是人生活方式的一部分，是物质化的人际交流方式和社会交往方式，与人在一定状态下的生活习惯与生活要求有密切关系。零售方式革命，或许比社会生活的其他方面更快地体现社会生产方式和生活方式的变化，对应信息传播媒介和人们沟通方式的重大变化。或者说，人怎么交往，商品就会怎么流通。

农耕时代，人们采用面对面的交易方式，商业沟通方式也特色鲜明。当年中国集市上买卖牲口，交易双方通过在袖口里互捏手指来对话，讨价还价，三番五次才能形成合意，形成交易价格。这种交易方式，不是明码标价，交易品价格的确定是通过袖里乾坤完成的。捏手指就是一种商业沟通文化。

大工业时代的规模化生产，要求有高效率的商品流通作为支撑，因此需要有适应高效率流通的商业信息沟通方式。现代百货业的集中售货、明码实价、环境诱导、专业辅助都体现了这种要求。而进入商品数量丰富、市场竞争加剧的消费社会，价格竞争、品牌忠诚、消费体验、消费便利成为促进销售的核心要素，自助销售、品牌销售、体验销售成为主流。而当人们的信息沟通、社会交往一步步转移到网上时，电商的发展就是一种必然，不以人的意志为转移。

长期演化的经济现象，一定会凝结成商业活动定律，这些规律显然起着决定性作用。城市，往往是先有市再有城。农耕时代可交换的商品数量有限，人的活动范围也有限，那时，城市的市场辐射范围能有多大？看看中国比较古老的大城市之间的距离，我们就会发现辐射半径大约是75公里。以“禹分天下为九州”中九州之一的徐州四望，济南、开封、南京相距皆为300多公里。

城市中的商业街是重要的市场。中国城市的领导者喜欢经营城市，常常希望靠行政力量聚店成街。商业街的形成有什么规律？传统商业街不仅是在人流必经之地聚商成市，而且其街道长宽自有定律，至少是纵容徒步、横能跨行。商业街坐落于人流必经之地，天然就有人气，古城中观前街、司门口一类的路定是当年商气繁盛之地。纵容徒步，是说商业街不能太长，能容人徒步从这端轻松游逛到那端。商业街如太长，顾客易走累，远端之店便难以登门。中国传统商业街一般长为 800 米，这一规律称为 800 米定律，北京的王府井大街、西单，广州的上下九步行街都长 800 米左右。坐落于这些老商业街核心部分 600 米的商家，会分享绝大部分客流，因而，这部分亦可称黄金 600 米。新兴商业街的核心地段也往往长 800 米左右。一般女性逛街的行走极限距离在 3.5 公里左右，即使在 800 米长的核心商业街，相邻的大型商厦如业态过于相近，仍然会使顾客难以顾及。横能跨行，是说街道能让人左逛右顾，自由横穿两侧。中间如有护栏阻挡，顾客很不便利，就难以成市；街道太宽则不聚市声。北京两广大街上崇文段的大都市街，就是遗憾的例子。当年宣传的只租不售，悄悄变成了也租也售，集中修建的商业建筑群落，一栋栋转成了办公楼。其核心影响因素：一是太宽，不聚人气；二是不能横穿，难以成市；三是太长，缺少客流聚集点。

商业街的兴旺，很大程度上取决于龙头商家的集客效应。过去 20 年，一些新兴商圈的兴起，往往是由街口黄金位置的超大型商厦带动的。比如，北京崇文商圈的形成，首先是新世界大厦的带动。在中国多个城市兴起的商业综合体，得到政商两界的青睐，显然它们也是想通过这种集客效应，提升所在区域的人气与地段价值。因而，集客效应不仅是大卖场、大型商厦、商业综合体的重要指标和核心竞争力所在，同样也是商圈或某一种业态的命门所在。

聚客能力的影响因素，其实都隐然与人性需求有关。在北方城市，传统商业街往往是南北走向。东西走向的街道成市多少有些困难，因为人们本能地会选择阳光明媚的地方，坐落于背阴一边街道的商家，集客能力就会差不少。北京西单路口东南角的时代大厦，虽然仅隔长安街与热闹的西单北大街相望，却难以接上西单北大街的市井之声，几经动荡，终变成了中国人保集团的办公大厦。

聚客能力，无论是对于商业街还是对于大卖场与商业综合体，都是生存基础与竞争核心。人们之所以相信商业地产的魔力，是因为大卖场与商业综合体相比于其他实体商业，有强大的聚客能力，能拉动人流，创造需求，提升地产价值。

聚客能力的核心是什么？在我看来，是便利性、尊贵感和利益。这三者是购物需求的核心因素。集中销售给消费者带来可集中选择多种商品的便利性，也带来前所未有的作为顾客的尊贵感，明码标价、质量保证带来了实际利益。而其后的其他零售方式革命，大多是分别沿着这三个路径有重大革新和提升。自助销售形成的超市业态，看起来成功主因是低价，实质上还有超越以往零售方式的便利性与自主选择商品的尊贵感在起核心作用。品牌销售的专卖店更是致力于给顾客制造尊贵体验以诱使消费者痛快地掏钱消费。便利销售的连锁便利店，更是把便利性做到了超越想象的水平，可以 24 小时等着消费者的即刻偶需，价格反而成为第二位吸引因素。体验销售的超大规模商业综合体，以满足人吃喝玩乐的全面需求为卖点，使对便利性、尊贵感的满足达到了新水平。

电子商务，在解决了信用、支付、质量保证等难题后，其价格优势、超便利性与尊贵感优势便强烈地凸显出来。在千万级品类的商品中搜索选择，可以节约脚力、眼力与时间成本；价格排序形成的竞价效应自然压低价格；电商不仅给人们带来了丰富的体验，而且可以高度满足人们在任何状态下的购买欲望，让顾客在感到更便利、更便宜的同时，形成强烈的主宰感。零售电商的满足能力，实际上在创造新的需求，在进一步放大已经存在的消费上的“懒人效应”，以至于已有人发微博说在床上用手机登录淘宝时最有下单冲动。

六次零售方式革命是一个不断向消费者赋能与赋权的过程。从集中销售到电商销售，消费者的选择空间在不断扩大，对应的是选择能力在不断增强，是消费权更多地向消费者转移。

这些特殊体验的结合，才是零售电商竞争力的真正所在，而不只是低价格，它们也在驱动零售方式不断变革。

（三）零售方式革命正在告诉人们什么

零售方式革命正在告诉人们什么？看来，至少有以下几点。

1. 正在带来产业链重构，形成新生态体系

历史地看，每一次零售方式革命带来的必然包括社会零售总量的进一步扩大。因而，零售电商的发展，虽不是零和游戏，但会对实体店商产生强烈冲击是不争的事实。2013 年初发布的《2013 中国电子商务蓝皮书》已经预测传统零售将零增长。

2012 年，有诸多媒体报道大型商业综合体、大卖场的聚客能力下降，已经产生所谓的“试衣间现象”，即国外业者所称的“陈列室现象”。随着零售电商成为人们习惯的购买方式，人们到大型商业综合体、大商厦往往是只选不购、只试不买，确定选择对象后转去网购。国内有报道称，导购要斗智斗勇防止出现只拍标牌、不购物的现象。

零售电商与实体店商相比，看起来成本之差在于是否要承担实体店租，但更可能反映在零售产业链的成本分布上。连锁商业模式的集中配送，会降低零售终端的仓储成本和人工成本，其零售产业链的成本分布与单体店商就有明显区别。传统零售产业链的成本分布，有人称之为“3+1”，即如果原料和生产费用大约为 1 元，则消费者要支付 4 元，另外 3 元成本体现在产品设计、各级采购、仓储运输、订单处理、批发经销、零售等多个环节。零售电商的零售产业链成本分布显然与此有明显区别。所增加的环节，对消费者产生了成本费用，但对产业链创造了需求，可带动相关产业和服务。显然，同时也会减少一些环节的支出。这必然带来产业链的重组。这种零售产业链重构的过程，实际上早就发生了。传统的所谓零售终端的功能也在变化。悉尼皮特大街上的名店，展示功能要大于售卖功能。大型商厦与传统百货公司的明显区别是自营品种的减少，更多的是出租店面。

而当产业链各方一步步转向以零售电商龙头为核心的商业生态体系时，所形成的体系竞争，才是对传统实体店商的最大威胁。实体书店已经遇到的生存问题，就说明了这一点。从什么角度观察这种新生态体系的形成？举一个例子，淘宝“双十一”大促销原本是一个企业的行为，但几年后形成如此规模，使得各家银行与快递公司都要与淘宝事先对接，以

避免网上银行系统瘫痪、快递“爆仓”，这实际上已经构成了新的生态。如再加上支付宝成为有强劲竞争力的金融工具，就更是如此。

2. 正在改变一些产业的生存逻辑

数字技术的应用，互联网、移动互联网的发展，对人们的生活方式与思维方式产生的影响是人们已经充分看到的。人们已经看到诸多行业的生存逻辑被改变的例子。而改变了的生存逻辑的关键环节，恰恰是新的销售模式。

实际上，21 世纪之后唱片工业的生存逻辑与以往就大为不同，不再只是依靠销售唱片获取收益，而一步步更加依靠数字音乐销售。2012 年全球音乐产业收入为 165 亿美元，虽不及 20 世纪峰值时年收入 380 亿美元的一半，但却是 13 年来首次增长。其中，数字音乐收入占总收入的三分之一。

3. 重要的是不仅利益重组，还正在创造需求

网购逐渐成为人们生活方式的一部分。不管人们怎么看或希望采取什么规制措施，零售电商的发展远没有到临界点。这是因为新一轮零售方式革命还在继续，还正在创造新的需求与新的需求满足方式。

冷静观察，每一次零售方式革命都在重构零售商业格局，都在进行利益重组，当然，也在某种程度上重新验证原有商业定律。这种验证，不是简单颠覆，而是在某个关键点上的强化。有形商品与无形商品分销，在互联网、移动互联网催生的变革面前，会受一些共同定律影响。满足人们内心深处的需求，一定是基本商业定律。电话的出现，苹果手机（iPhone）的成功，都说明了这一点。

梳理零售方式演变的关键点发现其已经由商品的超大规模集中，走向更便利选择，因而，比价式电商、兴趣式电商表现出更强劲的发展势头。零售电商的拓展方式不可能只有一个模式，既可以采用亚马逊式的一个品类做稳定再拓展一个新品类，也可以专注于一个品类向多国拓展，比如订房网站。零售电商轻易跨越行政区域，跨越国境也必然是新的趋势。

人们正在尝试网购的社交化，商业化利用社交网站与移动社交平台。而讨论这一点时，人们往往忽略了零售方式本来就是生活方式的一部分，是物质化的人际交流方式和社会交往方式。传统的商业街本来就是传统社会的社交平台。现代零售方式为什么不注重开发零售原本就有的社交属性呢？

那又会创造出多少新的体验和新的需求呢？

（四）需求满足方式重构和生存逻辑变革

与零售方式革命同样值得关注的是三维（3-Dimension，3D）打印。3D 打印作为一个可能改变制造业的生产方式，引起包括中国传媒在内各国传媒的广泛报道，以及各方面人员的广泛关注。在我看来，更值得关注的是，3D 打印背后所体现的需求满足方式重构。这与六次零售方式革命背后的底层逻辑相类似，可引发诸多思考。

1. 需求满足重构：直接数字化制造与社会生产体系变革

英国《经济学人》杂志 2011 年第二期的封面专题就是《请为我打印一把 Stradivarius——看制造业新技术如何改变世界》。Stradivarius，是生于 1644 年的意大利提琴制造家安东尼奥·斯特拉迪瓦里所制的提琴（或其他弦乐器）的拉丁语表述。

2013 年 2 月 13 日，时任美国总统奥巴马发表国情咨文，在“我们首要的任务是要让美国成为吸引新就业岗位和制造业的地方”段落里，提到可以“加速这一潮流”的事情，即 2012 年，“在俄亥俄州的杨斯敦创造了第一个制造业革新中心。一个曾经的百叶窗式库房变成了一个艺术实验室。在那里，新工人在学习 3D 打印技术，这种技术几乎可以革新我们制作任何东西的方法”。

3D 打印技术并不是新发明，20 世纪 80 年代就已经出现在美国。作为一种快速成形技术，它是利用计算机系统把 3D 图形分解成平面图形（2-Dimension，2D）切片，把紫外线下可快速固化的材料按 2D 切片喷涂出来，通过连续地把喷涂出的 2D 薄层堆叠起来，一步步形成固态物件。所喷涂的材料，有粉末状金属或塑料等可黏合材料。这种将 3D 分解成 2D 的过程，颇类似医院里给病人做电子计算机断层扫描（Computed Tomography，CT）检查，一层层扫描，医生和病人都可以看到身体不同切面的情况。而 3D 打印、快速成形，则颇像再用 CT 扫描记录的信息，还原出一个模型。它实质上是一种快速成形技术或者说快速原形制造，目前工艺方法已有几十种之多，主要工艺有四种基本类型，即光固化成形法、分层实体制造法、选择性激光烧结法和熔融沉积制造法。

人们把 3D 打印技术作为第三次工业革命、制造业革命的代表时，经常谈论的是，3D 打印技术可以直接制造一些样品，不用专门开模；可以制造一些高价值零件。在我看来，这还不是关键。这项技术之所以成为第三次工业革命的代表，是因为它能够简洁地表述什么是“直接数字化制造”。而“直接数字化制造”，对工业制造模式正在产生的颠覆性影响，对生产者上下游关系模式可能催生的重要变革，对生产者、销售者与消费者之间关系的重构，才是人们正在或应当更为关注的。因而，3D 打印技术本身的利用并不是问题的全部。问题的核心是，人们意识到“直接数字化制造”背后正发生一系列深远变化。

实际上，“直接数字化制造”已经被应用于印刷领域，书籍因而可以小批量多批次按需要供应，这显然适用于亚马逊这种面对零散需求的读者的网站，其可以更好地利用“长尾效应”。这种制作方式能够应用，显然基于要以新的方式满足新消费需求。这种新的满足方式，恰恰是数字经济的代表。个性化制作适用的是对个性化需求的满足。

因而，3D 打印技术这几年引起关注，与其说是快速制造技术引起人们的关注，不如说是人们在关注社会生产体系正在发生的变革。这种变革，显然包括工业制造模式是否由标准化、大规模生产走向按需生产、个性满足，包括生产者上下游某些环节的弱化或消失，包括生产者、销售者与消费者之间关系的重构。

2. 生产、分发方式变化背后正改变的生存逻辑

数字技术的应用，互联网、移动互联网的发展，改变了诸多行业的生存逻辑。3D 打印技术所代表的制造业变革，预示着一些行业的生存逻辑正在发生变化，预示着社会生产体系正在变化，对经济格局必然产生影响。奥巴马当年的国情咨文所提到的一些制造业岗位回归美国，就体现了其对高端制造业所能带来变化的期待。因此，对 3D 打印技术的关注，重要的不是对一种新制造手段的关注，而是需要思考其所预示的经济格局可能发生、正在发生的变化，并有所行动。

二、策划改版还是酝酿变革：思路选择与决策依据

面临创刊、改版决策之时，传媒操作者都需要不断自问：选择什么样的调整方案？应当如何选择调整的基本思路？调整决策的主要依据是什么？过去，人们往往凭直觉进行判断和选择，这并不错。在市场打开之初，许多成功者有这样的感觉，想象力有多大，市场就可能有多大。但当市场被打开，或者说市场比较成熟、跟进者做得比先驱者更好的时候，再只凭感觉和想象力调整，风险系数就比较大，这时，就应该很周密切实地考虑调整思路和决策依据，切实考虑是策划改版还是酝酿变革。

（一）是市场缺失还是功能缺失

当一张报纸的发行量没有达到创办者预期的水平时，人们往往本能地将其归因于市场缺失，认为自己所做的东西读者还接受不了，感觉这一块市场还没有成熟，市场空间不够大。实际上，酝酿及策划改版时，确定整合、调整思路时，传媒操作者首先应该自问，本报、本台、本网、本客户端、本新媒体账号的功能是否有所缺失？所提供的东西与市场需求之间的吻合度是否远远不够？以往所做的还存在什么缺陷？应做什么调整？

以财经类报刊为例。20世纪80年代，《市场报》《财贸战线》（《经济日报》前身）和《经济参考》等经济类报纸的成功开拓，使经济类媒体成为人们关注的焦点和重要信息源。但后来一些财经类媒体的见识、判断以及信息收集能力没能与时代同步，没能与人们的需求同步，没能为已经拓展的市场提供新的东西，更重要的是其讨论的话题已经偏离了人们关注的焦点，因而其丧失了当初的领先者地位，丧失了当初的舆论中心和信息中心地位。20世纪90年代，随着资本市场和证券市场的复生，证券类报刊对公众和资本市场开始产生深刻影响。但证券类媒体的报道范围、报道构成比较窄，而国内外金融领域的诸多变动与普通人的利益相关度越来越大，这使得人们再也不能漠视经济走势、经济决策与经济调控行动对自身的影响。与此相适应，资本市场参与群体迅速扩大，人们关注、获知经济新闻及信息的动机更为经济化，对更为有见识、有效率的财经类媒体和报道的需求强烈呼唤新型财经媒体的诞生。于是，新财经媒体、节目和一些新媒体财经产品应运而生。

媒体之所以要改版，之所以感觉自己与市场需求的对接存在偏差，就是因为缺少一些功能，不能填补市场缝隙，不能满足市场需求。对于开创了一个领域的先导者和领跑者来说，也许最怕的不是缺市场空间，而是怕功能不足甚至缺失。缺了市场，有时还可以通过制造需求创造出来；缺了功能，已经创造出来的市场也会被人抢走。

（二）是调整定位还是调整定性

媒体面临调整改版之时，人们都会提出定位问题。其实，一些报刊、栏目、节目没取得预期效果，没能打开市场或从优势地位衰落下来，问题并不在定位上，而在定性上。因此，值得提出一系列问题。

1. 单纯调整定位能否摆脱困境

单纯依靠调整定位来摆脱困境或切入市场的思维方式并不完全对。因为并不存在这么一群什么报纸都不看，什么信息渠道都没有，就等着读你已经在办、策划要办的报纸的潜在读者。这种可能性很小，这样的时代已经过去了。在网络时代，传媒决策的基本前提是“信息渠道多元化、信息需求多元化”。也就是说，每一个普通人都会有多个信息渠道，读者的基本需求一定是多方面的。

实际上，选择读者和选择市场、选择对手有时是一个意思，也就是指在下一步切分市场的时候，选择哪一部分人作为自己的同盟者，选择哪一种媒体、哪一家媒体作为竞争对手。应当假定所有读者都是独立存在的，都是成熟的。如果一个媒体以改变读者为成功的前提，那就进入了误区。我们不能假定自己清晰地了解读者的需求，应当假定每个读者都是独立存在的，因而其需求是大致成熟、稳定存在的，但又要假定读者需求是不断变化的，其爱好和接受水准也在不断变化。这样，一个媒体、一个传播主体就必须根据其不断变化的需求提供不同的内容产品和服务，提供不同的需求满足方式。

2. 定位调整与相应策略定位

报刊调整定位时所讲的定位，应当包括内容定位、功能定位、手法定位、方针定位；因为是在市场激烈竞争的情况下讨论定位调整问题，所以一定还要包括如何调整策略定位。就是说，要分析竞争对手哪个地方做得比较强，哪个地方做得相对不强，然后相应确定自己的竞争策略。

2000 年，一张某省会城市在零售市场发行量排行第二的报纸策划改版，最初的版面分配调整方案中，准备把国际版、体育版分别由一个扩为两个。这样，其国际版、体育版数量就与发行量居第一位的那家报纸刚好相等。为什么要刚好相等？这样决策的根据何在？理由是这个省会城市有深厚的体育传统，中青年读者群非常关注体育、国际类新闻。那么，既然发行量居第一位的报纸这样分配版面，仅仅从策略上考虑，发行量居次的报纸为什么要简单地与发行量居前者取齐呢？为什么不能弱化、维持一些次要领域，而在最有市场吸引力的体育、国际报道方面加倍投入版面资源和编辑力量呢？比如，可以考虑把国际版和体育版各扩到四个版，使自己在两个方面特色非常突出，吸引更多读者，弱化排行居前者的控制地位。

策略定位的成功很大程度上依赖于媒体人自己的基本资源。例如，如果一家证券类报纸所依托的基本资源和股市有关，那么，竞争策略设计就有两种选择。第一种选择是按照常规思路从事证券市场报道，这样就可能正面遭遇一些较强的市场竞争对手，而且很难与之有明显区别。第二种选择是灵活运用这个基本资源并向财经媒体先行者做得比较弱的领域拓展，避开同已经很强的对手正面竞争。这是比较理性的选择。

（三）是凸显个性还是凸显理性

1. 判断标准、提供方式、整体面目清晰化

从制定竞争策略、赢得竞争的角度说，报纸的个性化不应是没有规律可循的个性凸显，而是判断标准、提供方式、整体面目的清晰化；需要体现一种集体价值判断，而不是体现某些个人的价值判断。所谓判断标准、提供方式、整体面目的清晰化，某种程度上与树立一种评价标准和评价方式紧密相关。

在各城市遍布报摊的那个阶段，正常情况下人们买一份报纸的选择时间平均约为五秒钟，很少有人在那儿把所有报纸的头条新闻都看清楚后才掏钱购买。在这五秒钟内是基于什么因素而做出决定、做出选择的？读者是根据一种阅读期待，根据他心中已经很清楚的这份报纸会提供什么东西的期待，阅读以后会有什么收获的期待，而在五秒钟内做出购买选择的。阅读期待感越强，读者越忠实。因此，办报者就应该对自己的判断标准、判断方式有简单明确的概括，应该谋求使读者对其概括有明晰了解，应该让读者很清楚如果他要知道某一类东西，就可以读这份报纸。读者特别不希望一份报纸体现的是没有规律的个性化。这个规律和规则，对于广播、电视、网站、移动应用、新媒体账号等的运营，同样适用。

2. 无规律的个性会分割整体

有些媒体版面或专栏体现出的个性化是没有规律的个性化。某个版

面或专刊体现出的对某种东西的判断，和另外一版的判断是两样的。在传统媒体，每一个专刊都可能是一块非常好的自留地，专刊的风格与走向往往依赖于这个专刊的主编而不是报纸的总编辑。这实际上是对报纸整体形象的分割，使之变成了多面体。

对媒体来说，特别需要体现一种集体判断，而不是个人判断。在今天，财经媒体所做的报道与判断会涉及许多重要政策、事件、实体，处理不好会影响经济发展。这时候，如果依据集体判断，就可能更理性一些；如果依据个人判断处理内容，就可能偏激一些。如果更多地体现个人判断，则代价往往是损失媒体的整体利益。

（四）是收益管理还是内容管理

人们所讲的传媒内部管理，实际上在两方面实施，一方面是对人、财、物等资源和收益实施管理，另一方面是对内容实施管理。

对人、财、物等资源和收益实施管理，是人们最容易看到和讲到的。例如，一些新切入市场的报纸特别相信所谓“按市场价买人”的效果，感觉这个人值多少钱就要给多少工资，一下子把某类媒体人才的市场价格炒得很高。这样做产生了两个结果。第一个结果是一部分人感觉自己的价值得到一定体现，选择进入这些人才价码比较高的地方；第二个结果是这样的地方并不像人们想象的那样人人锐意改革。因为，如果人们没有真正的归属感，就很少有人愿意为创新和改革冒很大风险。所以，就会出现一些收入水平较高的传媒，却没有体现出相应的创新动力，似乎是管理层的几个人在锐意创新，而员工却在观望。这是人们在设计所谓市场化运作机制时始料不及的。

其实，传媒管理最重要的部分不仅是对人、财、物的管理，更是对内容本身的管理。如何实施内容管理？传统媒体习惯使用的管理模式是题材管理，主要管理着力点在管线索、管点子、管题目、管构思。这样做当然有其合理性，但在智能传播条件下，仅仅这样做就显得远远不够了。如果仅仅管题材，我们经过认真分析就会发现这种管理模式有效与否依靠的是记者对新闻信息的掌握状况。这样做，报纸提供的内容容易有较好的新鲜度，但随机性较大，指向容易显得零乱。当前，内容管理应当从单纯的题材管理模式过渡到意图管理模式。

所谓意图管理，就是不管天下发生了什么大事，不管发生什么样的突发事件，一个媒体一定要关注一些问题、一些主题。这个媒体的总编辑、主编们脑中一定要有个问题单子，隔一段时间选择一个问题推出一组重头报道或围绕这个重头问题去组织报道。绝不能让自己的记者力量、编辑力量完全跟着题材、事件、新闻、舆论热点走，那样是肯定无法在竞争中占有有利地位的。

（五）是追求占有还是追求整合

所谓追求占有，是指通过自己的采访直接获得新闻素材以做出报道。任何事件发生以后，一个职业记者的本能就是去采访。虽然他本人知道，自己去拿回的素材很可能还不如从别的信息源拿来材料直接分析使用更适合；虽然被采访对象已经接受了几百人的采访，能说的话差不多已经说完了；但是，他去了、他采访了、他得到内容了、他写了、他发了。这五个环节构成的过程，对记者既是工作又是享受，让记者能感受到职业的自尊与成功的快感，也能够确保内容质量。

追求占有新闻素材确实也应是一个有实力和竞争力的新闻媒体的本能。虽然，去采访会花钱；虽然，自己的记者去了不一定真的能拿到需要或想要的东西；但一个有实力和竞争力的新闻媒体的总编辑还是希望，只要一桩值得关注的新闻事件发生了，就要派自己的记者去。有自己的记者到现场，就是关注，就是竞争力的象征。存在就是影响力。

但对一个有实力和竞争力的新闻媒体，仅仅本能地追求占有新闻素材还不够，更要追求整合。在对受众而言，信息过剩、信息渠道过剩的时代，更是这样。

所谓追求整合，有以下三层含义。

一是要充分利用后发优势。例如，一桩新闻事件已经发生四天了，这四天里，报纸、广播、电视、网络等各类媒体都做了报道。到了第五天，一张周报、一份周刊要拼版了，这时候怎么利用别的传媒已经发表过的东西？习惯采用的处理方式有许多，有的就采取避而不“看”的办法，就当没看见过，不管别的传媒是否说过了，自己再说一遍。但这样做在读者心目中可能产生不好的效果。那应当怎么办？周报、周刊应当充分利用后发优势，把发稿时间间隔演化为一种操作空间，在截稿期前把所能看到的各家传媒的报道和评论都收集来，罗列、引证、分析。

二是要充分地利用内部整合效应。为了避免一个传媒每个部分各行其是，就要努力建立有效整合内部资源的机制，利用内部资源整合效应加速发展。这实际上是一个永恒的课题。

三是实施大跨度历史资源整合。所有学科、所有领域的历史积累，都可能成为宝贵的报道资源或辅助手段。

（六）是强化分工还是强化流程

报刊改版时往往呈现这种状态：发现某一部分有所欠缺时，本能反应就是强化分工，更加明确员工和某个部分的职责，完成已确定或新安排的任务。实际上，作为一种变革，更应该强化的是流程。

流程控制并不单指生产环节的平稳衔接，有时更指状态控制。以当年的《21 世纪经济报道》为例做几点分析。

一是模式控制。一张报纸的分析模式必须既具有自己的特色，又具有多样性。从分析模式的角度说，当年《21 世纪经济报道》的优点和缺点是共生的。它借用《南方周末》处理新闻的方式、套路处理财经新闻、财经报道。其好处是有延续性，能控制住原有读者群；其缺点是分析工具过于单一，读者阅读一段时间就能看出其套路了，就会感觉它不能成为主要信息源、思想源。

二是指向控制。《21 世纪经济报道》与其他媒体存在类似的问题，一个是记者队伍过分彰显个性，使得版面并不能完全体现出整体判断指向，甚至会出现“大记者”难以被有效控制、版面屈从于记者的判断而判断的情况。另一个是他们敏锐地看到市场空间以后，习惯于通过版面资源的再分割去占领一块市场，从而形成事实上的另一种媒体。例如他们很敏锐地把社科、人文等作为重要报道源和处理重点，这样迎合是战略需要，但这也给所有的后来者一个机会。

三是分量控制。对一些熟悉、重点切入或热点领域的报道如何把握？如何控制其分量？这是许多媒体面临的问题。《21世纪经济报道》的文章基本占半个版，甚至更多。这种处理基于一个假设：读者时间比较充裕，会用一周时间读完所有报道。事实上，有如此充裕时间的读者是非常少的。越是容量大的报刊，越是周刊，越要善于控制文章的分量。如果分量很大，就要充分利用各种编辑手法，把提示、切分、勾连、链接等做好。

四是节奏控制。某家财经报纸的“金钱生活”版，总是报道所谓富起来人群的别样生活。有人说，其功能就是给别人造梦，帮别人做梦，造梦给别人看。财经媒体对市场成功者的报道可能起到造梦的作用。但是做这样的报道不能过度，那样的东西不是社会主流，会排斥很多的普通读者。报纸应该给人一些精神力量，给人一块精神宣泄的地方。这不是说一定要取消这种报道，总要给人一些做梦的材料，剥夺梦想也太残酷，但是如果天天都是那种语言，天天都是那样的故事，读者也就不激动了。因为，天天都是强刺激，强刺激久了就等于无刺激。传播，一定要讲究传播节奏。

五是状态控制。对于一个财经媒体来说，最忌讳的、最容易导致它丧失公信力的是它的摇摆、它的偏激。财经报道必须把握好保守与激进、稳健与创新的关系，在一段比较长的时间里，对某种问题的判断大体是一种持平的态度，一般不走偏锋、不偏激。这应当说是一种稳定。所以，当它一旦做出某种判断时，读者和同行都容易相信，引以为决策参考或研究材料。财经媒体要慎作判断。最聪明的办法就是分析只做到九步，最后一步不做，留给读者自己去得出结论。

第二节　模式重构：构建适应新媒体竞争的运作模式

一、传播资源分配与决策选择方式

在新媒体时代，媒体运作方式发生了什么样的变化？还将发生什么样的变化？

（一）第三阅读空间和报纸的三个市场

应该说，人们在什么地点接触传媒，与报纸的运作方式是有关联的。人们在办公室读报的时候，报纸的运作重点是公费订阅，这时候报纸的形态主要是时政报纸。当报纸进入家庭时，其运作重点主要是自费订阅，这时候就出现了多种风格的报纸。当人们更多地在家庭和办公室以外的地点看报纸、听广播时，报纸的竞争焦点就变成了怎样和新传媒竞争。

报纸要怎样和新传媒竞争？在英国，报人们采取的手段就是把开本变小，因为小开本更便于携带。而报纸的变化也不止这些。在中国，报纸版面设计风格也在变化。大约 40 年前，晚报、都市类报纸的设计风格主要分为两类。一类可称为“北派”，大体模式是将一篇篇稿件犬牙交错地排列，有竖排文字，标题有横、有竖。另外一类设计风格可称为“南派”，以《新民晚报》为代表。比如，一篇稿件的开头在版面左上角，然后在版面中间蜿蜒曲折地延续下去，直到结尾已经在这个版面的右下角。这样，版面上就会出现一篇横跨六栏的稿子，形成版面骨架，其他稿件则被穿插其间。可以想见，从美学欣赏的角度说，“南派”的这种设计风格有曲折美，但是阅读起来并不方便。

现在这两种报纸的版面设计风格都已经改变，报人们更多地采用横排标题、积木式结构，很少再有人把标题做成竖排或文字有大有小，大家更注重简约。报人们在版面设计中注重对标题体量大小的控制，对于彩色印刷的报纸，特别注重对色彩力度的控制。市场上刚出现彩色印刷报纸的时候，大家恨不得在一个版面上把赤、橙、黄、绿、青、蓝、紫每一种颜色都用上。之后发现，读者更接受的版面色彩风格是对色彩应用简约、内敛的控制，所以改为一个版面上只有一、两种颜色作为主基调。少的效果有时候要胜过多。很多报纸以一种颜色为主色调，不使用过多的颜色。这也是报纸与新传媒竞争所带来的变化之一。

报纸实际上有三个市场。一是固定阅读市场，是指以传统方式阅读报纸所形成的市场。固定阅读市场与本地市场有区别。阅读同一张报纸的人并不一定在同一行政区域，可能在报社所在行政区域以外。比如，一些读者在北京经常阅读上海、杭州、深圳的报纸。固定阅读市场表现为分类阅读市场，即有些人在办公室阅读，有些人在家里阅读。从全国范围看，很多地市报想获取发行增量的时候，所要开拓的已经不是单纯的家庭订户和办公室的公费订户，而是努力开拓那些小商户和这一个行政区域的外来者，不管是游客还是商务人士。用传统发行的观念来看，这样做所带来的发行量不大，但拓展了影响力与市场空间。在一些经济比较好的城市，这方面的新增发行量还是可观的。二是移动阅读市场，即移动中的人们在移动空间阅读所形成的阅读市场。三是外部阅读市场，这是报业着力开发的新市场空间。外部阅读市场指报纸有效控制市场范围之外的市场，如在本埠行政区域以外的受众市场，以及阅读电子版或因阅读其新媒体终端内容而被引流到阅读电子版的受众市场，后者的阅读方式与纸质传媒的传统阅读方式有明显不同。

非传统阅读方式的读者可分为两类。一类是有移动需求的读者。通过手机看报纸新闻的读者所占比例越来越大，并还将更大。作为平面传媒的报刊，发行量可能是几万份，但新媒体终端、新媒体应用的订户数量可以是几十万。十多年前，人们把手机报、手机新闻短信视为经营项目。例如，山东大众报业集团一开始也是这样认为，那时候它的手机新闻短信订户很少，收入也低。后来，大众报业集团改变观念，认为还是应当让有媒体经验的人去做新媒体，因为这样的人更善于选择内容。于是他们从集团各报刊选了10个年轻人，由这10个人专门从事手机新闻短信编辑工作，此后订户数量上升很快。

另外一类是有互动空间需求的读者。网上最有影响力的不仅仅是一些网站，还包括一些专业论坛。一些社区类网站和论坛对网民更有影响力。比如，爱好摄影的人知道，与拍摄器材、技术、路线、地点有关的信息和攻略，其最好的来源不一定是摄影类报刊，而往往是摄影类网站，特别是这类网站的论坛，其中提供的内容和信息应有尽有，既专业详细，又反应迅速、更新及时。对于这样的互动空间，传统媒体不认为它是可以有所施展的领地。报人们会想到把自己的内容放到网站上，但是很少有人会有意识地把自己的内容放到有影响力的论坛中、放到互动空间中去进一步影响人们。而这类互动空间中却出现各类主动发上去的广告性内容，这证明互动空间恰恰是可以延伸影响力的空间。今后人们会更认同，互动空间是媒体拓展影响力的新领域。在互动空间中可以争取新受众、形成新影响，也会带来可以想象的相应收益。

（二）报纸形态变化与决策选择方式

1. 产品形态变革的潜藏原因

是什么因素驱使国内外许多著名报纸把大开本改成瘦报，继而改成小开本呢？其中的规律是什么？驱使媒体产品形态变革的潜藏原因是阅读便利性决定了信息传播的有效性，阅读便利性提升了，就会获取更多读者。什么叫阅读便利性？开本大小是阅读便利性的体现之一，行距、字距也是阅读便利性的体现之一。对比各种报纸版面设计我们就会发现，设计看起来不过是对点、线、面、空间的控制，事实上却是一张报纸是否赏心悦目的重要体现因素，也是其是否具有阅读便利性的重要决定因素。中文报纸和英文报纸的重要区别是英文报纸上是一个个单词，这些单词视觉上像是一根根线条；而中文报纸上是一个个文字，视觉上是一个个点，点和点之间显然是有距离的，这时候如果控制不好行距和字距，整张报纸看起来就不便于阅读，也不美观。

为什么读者不太认同厚报时代？是因为读者在阅读时感觉不到便利性。哪张报纸能在提供阅读便利方面做足文章，它就有更强的竞争力。

阅读便利性的前端是接触便利性。接触便利性是指能让人们以便利方式接触到报纸、接触到媒体制作的产品，包括客户端和其他新媒体终端的内容和互动产品。首先要让人们能接触到你的产品，才可以让人们认识你的产品。在许多年前的报纸零售市场，报摊存在的意义很大程度上是让市场接触、认识原有报纸和新报纸，包括新改版报纸。从市场角度说，一个城市报摊的密度体现了购买的便利性。一些省会城市曾被称为没有卖报声的城市，城市缺乏方便居民购买的报刊零售网点，这与报纸零售激烈竞争时其他城市的做法有很大区别。在其他城市的很多居民区，居民出门 500 米的范围内就可以看到一个报摊，人们在这些报摊上可以买到需要的报纸。在教育、文化区，这些报刊零售店的合理距离是居民出门 500 米至 800 米，在行政区的合理距离可能是 1 000 米。也就是说，要使居民出门不远就可以看见报摊，才能有足够的接触便利性。报纸零售激烈竞争时，如果一张报纸有如此便利的销售系统配合，它一定会有足够的市场空间。很多人为什么不读报？是因为他出门看不见报纸，订起来很困难；是因为他要到邮局才能订，或者每年才能订一次，这事实上都把报纸排除在了受众市场之外。更何况报纸有天然劣势，其送达地点与交通运输情况有关，如果人们隔了好几天才能阅读当期报纸，就没了新鲜感，可能就不再愿意阅读了。

从传播规律的角度说，阅读便利性决定了信息传播的有效性，而信息传播的有效性制约了读者的阅读快感和选择决策。如果阅读不便利，读起来就不爽快、不满意，最终会导致读者不再读这张报纸，甚至不再读报纸。读者的阅读快感与选择决定着读者的购买行为与品牌忠诚度。真正决定一张报纸生死的是读者对一张报纸的品牌忠诚度。报纸零售时，人们最初可能根据一张报纸的头版内容决定是否购买，后来人们购买或订阅哪家报纸依据的是往日的阅读感受。同样，如果受众感觉使用某种新媒体内容产品、互动产品不便利，体验感不好，那么以后可能就不再使用了。所以今后，媒体不应只是一个简单的信息提供者，而应是以信息提供为核心的综合服务提供者。

2. 从编辑部选择到市场选择

新市场空间促使报纸运作方式变革。报纸改版决策最终如何决定？英国报纸的改版过程与中国报纸的改版过程有明显不同。英国报纸的改版是同时提供两种产品；中国报纸的改版是只提供一种产品，新报纸上市，旧报纸消失。中国报纸改版方案谁来决定？由报社、编辑部、领导决定。英国报纸的改版，比如谁来决定最后用两种开本中的哪一种？由受众和市场决定，由购买者用钱来投票。这两种决策方式哪一种更合理？看起来，英国的改版方式所需改版时间太长，太麻烦，有时要印刷两种开本的报纸，似乎多花了些成本。但是，从报纸竞争及受众适应的角度说，显然通过市场选择的决策方式能够实现两个市场、两种习惯间的平滑过渡。

3. 从追求零售到报网互动

在报纸零售比较火爆时，我们曾经特别强调，适当的订阅比例是报纸成长为有影响力的大报的必要条件。当时很多人以为有影响力的报纸一定零售量比较大。其实，从现代报业的发展史来看，在全世界范围内没有一家有影响力的大报是完全靠零售成长起来的。地区性大报一定要以订阅为基础。21 世纪初的 10 多年，世界报业市场发生的变化之一就是订阅率提升，美国报业订阅率从 20% 上升到 60%，日本报业订阅率从 91% 提高到 93%。稳定并不断增长的订阅率不仅是成长为有影响力的大报的必要条件，还是那些年都市报转型的必经阶段。因为不管愿意与否，报纸市场格局和运营方式都发生了明显的变化。

运作方式调整是市场转型期的必然选择，不管是什么样的媒体，都要进行调整。面对数字媒体和新媒体的发展，必须重新理解内容为王。几乎所有人都会讨论内容为王。网站说内容为王，是因为当时缺少优质内容；传统媒体说内容为王，不只是因为内容具有价值，还因为内容可以变为竞争手段。内容为王的关键是以内容控制流程、控制传播的手段，实现新的效益追求。报网互动的关键，不仅在于增加网络作为展现、传播手段，更为重要的是使报网互动前伸到采集、编辑环节，全面提升融合运作能力。

（三）内容处理模式与信息传递方式

新媒体时代的内容处理模式与信息传递方式应当如何变革？最重要的是提升内容处理的结构化和有序化水平。

什么叫结构化？我曾向多家报纸的编辑们提出两个问题：谁能够说清自己所在报社的每周版面结构与出现频率？不同版面对整张报纸的阅读贡献率有多大？传统报纸很少对版面做精细的结构化分析，很难说与读者需求结构相吻合。一张报纸最重要的资源是版面资源，版面资源比较合理的计算方式是以周为单位计算。在 20 世纪初，一张报纸每周版面资源一般是 200 个左右，多一点的有 300 多个。这 200 个版面资源按照内容区分有新闻版和其他版面，有些版面一周出现一次，有些版面一周出现两三次甚至七次，有些版面每次出现两块版，有些版面每次出现四块版，这就构成一个动态的、与时间有关系的版面结构。

什么样的版面结构才是合理的？讲一个曾作为人们笑谈的故事。一张报纸，喜欢书画的张总编负责时，办了一个书画版；后来，喜欢摄影的李总编来了，书画版不见了，每周推出了一个摄影版；喜欢摄影的李总编走后，又来了一个老总，又办了一个别的版。这三个版的设置合理吗？与读者的需求吻合吗？没有人做评估。还有另外一个案例，一个区域市场，排名第一的都市报每天 36 块版，排名第二的每天 24 块版。这个地方的人非常爱好体育，那个时候正好是中国足球甲 A 联赛风靡之时。排名第二的报纸想改版，改版方案怎么确定？排名第一的报纸有三块体育版，那么排名第二的报纸，应选择每天排几块体育版合适呢？因为，如果排名第一者是 3/36，那么同样的比例，排名第二者就是 2/24。其实，不同数量的选择，既体现了对受众需求的不同判断，也体现了一种竞争策略。如果对受众体育信息需求强劲的判断是正确的，并准备以满足这类需求作为突破口，也许每周投放三四个版面才是一种竞争战略的体现。

一张报纸版面资源的分配是需要认真、仔细对待，以科学研究为基础的。版面资源的分配很多时候是随意选择的结果，或是根据经验进行判断的结果，大多没有以科学的调查为依据。那么，新媒体时代到来，客户端、微信公众号的版面资源分配，是否经过精心评估，是否与受众需求结构相吻合，是否与竞争战略相吻合，同样值得一问，值得所有从事新媒体运营的人思考。

提升内容处理的结构化和有序化水平是需要被高度重视的。传媒应当如何提供信息？传统思维方式是尽可能多地提供消息，每条消息中要包含尽可能多的信息。随着传媒运作水平的提高，传媒不断通过栏目化等手段提高分类水平与组合水平。信息社会的重要特征之一是，通信和信息技术的发展引发了信息革命，产生了海量信息。信息成为人类生产的新原料与新产品，人们对自然状态下的原生信息进行选择加工和结构化处理后，再进行分析和再加工，从而产生更具价值的信息产品。这样的信息产品中，更具冲击力与影响力的是选择后形成的信息组合和信息流，与以往离散状态下的原生信息相比，其对人们思维和行动产生的影响，是后者所难以比拟的。人类最初的信息加工方式就是选择。选择是对信息存在、意义、价值的一种发现。经过选择，信息的意义被进一步发现，从而信息的价值得到了提升。更重要的是，选择是分析和归类的过程，也就是发现、发掘、强化信息间关联性的过程。信息因比较和组合而更有价值。就此而言，处在零散状态下的信息，其价值显然远远不如比较与组合后的信息，信息碎片显然不如信息组合与信息流，一般信息显然不如加工形成的信息产品。

要重新看待报纸内容的栏目化；重新看待报纸栏目化所起的引导作用，以及栏目化下内容的组合方式；重新看待一个栏目纵向系统性的价值，栏目的生命力不应依靠横向切割内容来维持，而应纵向体现它的系统性、它的编辑理念、它的内容相对连贯性，使人们愿意每天跟踪这个栏目。

报纸版面资源分配、需求分析与阅读节奏设计虽然是基础，但又是非常重要的工作，需要大量投入人力。其对一张报纸的重要作用是不言而喻的。需求分析最重要的是结构化分析，要了解受众群体和个体各种需求之间的分布、结构、比例，以及在不同时间段的强度和需求特点，而不只是以往所做的特点分析和类型分析。

在 20 世纪初的厚报时代，读者最大的困惑是什么？厚报时代读者的困惑与阅读障碍是报纸内容结构不清晰，与读者需求结构不太对位。报纸的编排人员很少考虑报纸的整体阅读节奏。优秀的报纸或者杂志的编辑和美编，应当是阅读节奏的调节者。调查发现，读者阅读杂志和报纸时的感受有明显区别。读者阅读杂志很容易找到所需要的东西，因为杂志有目录、有页码，读者只要看目录就可以知道什么选题是本期最重要的，什么选题是一般性的，什么选题是自己感兴趣的。而阅读报纸呢？读者最大的困惑就是很难一下子找到自己最喜欢、最想看、最想找的东西；读者不知道今天有什么内容，可能感兴趣的内容在什么版面。因此，在我们曾经经历的厚报时代，读者的最大困惑和阅读障碍是报纸内容安排有序化水平太低，特别是与杂志相比。因此，报纸本能地借鉴杂志的处理手法，以提高报纸质量。

传媒变革特征与走向，可以用很多方式概括。1990 年至 2010 年报纸和杂志的变革可以概括为两句话：一是报纸编辑手法的杂志化；二是杂志编辑理念的新闻化。什么叫杂志编辑理念的新闻化？杂志在这些年的发展中，越来越注重时效，反应速度越来越快。而报纸的编辑手法越来越多地借鉴杂志的处理手法，比如，报纸栏目化安排、专题化处理的编辑手法，以及借鉴杂志注重加背景、加资料的手法。以发展的眼光看，报纸的知识含量越来越高，其安排越来越有序。但是从总体上来说，媒体内容处理与信息传递的有序化水平还应提高。

（四）传播资源分配的两个考虑重点

当我们探讨如何更科学地分配传播资源时，可以有两个考虑重点。

1. 需求分析

通过分析来把握受众群体的需求到底是什么。也许他们既关心国家大事、国际动向，又关心体育、民生，还关心财经、股票。这些需求中，哪一个所占比重大一些，哪一个小一些呢？同样的分析可用于广播、电视、新媒体运营。

对于任何一位观众、听众和读者，都必须假设其还有另外的信息来源渠道，他们可能既读报，又看电视、听广播，还上互联网，通常使用一种或几种主要社交应用、微视频平台。因此，他们会从不同渠道满足自己的不同需求。比如，人们的信息需求可以通过互联网来满足，而思想性、分析性内容需求可以通过主流媒体获得。因此，对受众的需求结构要按其类别、来源、满足手段进行分析，分析所得出的不同需求占总需求的比例就构成了一个需求结构，而这个需求结构就是我们分配版面资源乃至整个传媒资源的科学依据。

对于一个既拥有传统媒体手段又拥有新媒体手段的媒体或传媒集团，不同传播手段之间实现协同配合，前提条件之一也应该是对受众需求进行结构性分析，这种分析既包括类别分析，又包括手段分析，还应该加上对接触媒体服务时间等的分析。受众需求的时间分布、手段分布、类别分布，都是媒体决定怎样分配传媒资源与传播力量的重要参考因素。

2. 阅读节奏调节

什么叫阅读节奏调节？人们阅读报刊时注意力总会变化，包括阅读速度快慢的变化和各种停顿。人们可能集中注意力阅读几篇文章后会暂停一下。解剖一下发行量比较大的《读者》就会发现，每隔几篇大文章就会出现一张单页，单页上面会用楷体字印刷一些小故事、小谚语或小漫画之类的东西。从编辑学角度说，我把这样的单页称为阅读节奏的“调节器”。它所达到的效果，就是让读者读了几篇大文章后轻松一下。电视频道的编排也有这样的收视节奏调节器。电视节目是分节的，一些有分量的专题片每集中间会采用各种方法做一个隔断。收视（听）节奏、阅读节奏调节总体上来说都是对传播节奏的一种控制，使人们在收视（听）、阅读、接受传播时保持适当节奏，有适当起伏，让人们有更好的接受体验。

传播节奏控制是大技巧。解剖国际著名期刊就会发现，其最重要的部分，即它们的封面故事，未必从第 2、3、4 页开始，而往往是从整本杂志的前三分之一处开始的。为什么一本杂志要把它最重要的内容安排在前三分之一处开始呢？为什么要在最重要内容前安排一些其他内容？先安排一些信息、图片内容是为了让读者的注意力导入后，再让读者阅读其一级选题。即先安排二级选题，稍作停顿后才进入一级选题，然后再由强变弱，形成一个“次强—强—弱”或者“强—弱—强—弱”的结构。这样的结构使得读者阅读起来相对轻松，可以集中精力读几篇缓一下，然后集中精力再读几篇再缓一下。这样的阅读节奏就会使杂志很有吸引力。杂志的阅读节奏控制，不仅值得报纸借鉴，同样值得各种新媒体借鉴。

二、构建适应新媒体竞争的采编模式

对于传媒集团或拥有各种传播手段的媒体，其变革始于内部资源更科学合理的整合，而不是其外部各部分的合并。特别是对于一个拥有多种传媒手段的传媒集团，在新媒体时代，它需要做的是基于新的理念，通过构建新媒体时代的采编模式来促使自身提高运行效率，增强竞争力。

所谓传媒运作，即传媒经营，用两句话就可以概括：一是提高资源利用效率，二是提高信息共享水平。怎样实现这两点，就是传媒经营需要不断关注的。传媒经营不只是简单地提升报刊的发行量、广播电视的收视（听）率，或者提升广告营业额。这几个提升确实很有必要，但只是提高资源利用效率和信息共享水平这两个基本点的具体结果，而变革选择、竞争策略、运作规律的核心，还是两个基本点。

（一）新媒体采编模式的特征

数字变革中，新媒体采编模式有几个重要特征。

1. 数字内容生产

数字内容生产是新媒体采编模式的基本特征。新媒体不仅运用数字技术辅助生产内容，而且随着运用数字技术程度的加深，深刻改变内容生产方式。为支撑数字内容生产，需要构建可支撑内容采集、加工、传播、反馈的采编系统，生产和提供可供多种传播渠道、传播手段、传播形态使用的内容产品。对于传统媒体而言，特别需要以新的理念构建一种可为其所拥有的报纸、广播或电视，使用多渠道、多平台、多手段、多媒体传播提供数字内容产品的采编系统，人们常常以一次采访、多次利用来描述这种内容生产模式，即记者以新理念和新内容生产方式采集的素材，既可以供电视部分使用，又可以供广播部分使用，一份采访素材至少使用两次。如果把新采编系统定位于生产和提供可供多种媒体手段使用的内容产品，则资源利用效率和信息共享水平会更高。

2. 多元内容获取

什么叫多元内容获取？为什么会出现这种内容生产方式？面对多样现实和新媒体传播环境，一个传媒集团雇 1 万个记者都不足以保证把某个地区所发生的各种事件的相关信息收集起来。新媒体采编模式的重要特征就是多元内容获取，通过多个渠道获取信息素材、制作内容。获取内容的渠道主要包括以下几个。

第一，事件响应。要把同行的报道作为提示和信息来源，迅速做出反应。从全国情况看，新媒体竞争促使传媒决策反应时间越来越短。报纸的决策反应时间可以是一天，广播和电视的决策反应时间可能只有几十分钟或者几分钟。2008 年 5 月 12 日 14：28 汶川发生地震，14：35 前后北京有震感，随后新华社在国内传媒中率先发出报道，中央电视台在 15 点整点新闻节目中开始报道。这些报道是非常快的，反映了当时的决策反应时间。首先我是通过手机短信（新华社发出快讯后随即通过手机短信转发）获取汶川地震信息的，但是最早说出“我们这地震了”这个信息的，不是传统媒体。根据汶川地震后各方面透露出的信息，几乎在新华社发出快讯的同时，就有网友在 QQ 群中提到他感觉到地震了。据说，腾讯 QQ 的很多用户当时突然掉线，可以感觉到是发生什么事了。各个地方的人把自己的感觉通过 QQ 等即时通信工具说出来、传递出来，让更多的人感觉到，随后人们才看到媒体的报道。

媒体人必须假定在其职业生涯中会不断碰到重大突发事件。在重大突发事件来临时，人们会依赖于传统媒体提供的信息，所以需要媒体领导者，更可能是一线具体指挥者有这样的政治素养和业务能力；迅速做出正确反应，迅速做出正确而适当的反应。在电视直播时代，重大突发事件来临时电视机构一线指挥者、领导者的决策反应时间可能只有几分钟，有时甚至要在一两分钟内做出决断！试想一下，在这种时候如果直播窗口没有打开，没有开始直播，那将是多大的遗憾?

第二，专业采访。所谓专业采访，关键在于用好现有的专业采访力量。

第三，上游提供。比如，通讯社是传媒必要、必备、重要的信息来源，其所提供的内容是传媒必须有的支撑。通讯社是媒体内容生产体系的上游，其职责一是提供世界各地所发生事件的新闻稿件和分析，供媒体直接采用；二是在突发事件发生时发出快讯，媒体用户既可以直接使用，也可以作为验证；三是提供即将发生的重要事件信息，为媒体运行提供服务。这三种形式都可以给媒体有力支撑。

第四，受众报料。所谓受众报料，就是听众、观众、读者、网民等给媒体提供信息。总体来看，这种信息在媒体内容中所占比例将会越来越大。2006 年正月最后一天，沈阳持续下了 20 多个小时的大雪，降雪量十年不遇，沈阳桃仙机场关闭了 21 个小时之后才重新开启。沈阳市内路上有半米深的雪，车辆无法通行。电视台等媒体很难出动到远处采访。雪灾之后，中央电视台做了一个专题片，其中使用了十几段老百姓用数码摄像机拍下的当时的情景，这是中央电视台第一次如此大规模地使用老百姓拍的东西，这可以叫受众制作内容供专业机构播出。这是新媒体时代的历史性趋势。

影音内容分享网站油管（YouTube）诞生于 2005 年 2 月，2006 年 10 月被谷歌（Google）公司以 16.5 亿美元的价格收购，这是当时 Google 公司有史以来的最大一笔并购。YouTube 网站搭建了一个在线视频分享平台，让各方面人士把他们喜欢、拍摄的视频放上去，供用户相互分享和收看。它开辟了一种新模式，就是向公众对外播放的不一定非得是专业人士制作的视频，也有可能是网民制作、分享的内容。这既是对传统电视一统天下模式的颠覆，也进一步促进了受众参与视频制作。

第五，目击汇集。所谓目击汇集，就是要形成在现场者所获内容的汇集机制和汇集平台。智能手机的发展使我们迎来了全民摄影、全民摄像的时代。当新闻事件突然发生时，永远不能假定记者在现场，又恰好带着照相机、摄像机，但是却很有可能有观（听）众、读者和网民等在现场，而且正好带着有拍照、摄影功能的手机。

事实上，在很多重大突发事件的传播中，都可以看到人们用手机拍摄的视频和照片，比如上文提到的沈阳的大雪事件。对于传媒集团来说，问题是怎样建立平台把这样的内容收集起来。过去，有一些报纸会搭建平台，让人们通过手机发送彩信的方式把拍摄的照片发过来，以备采用。今天，可开发手机应用以建立这样的汇集机制。关键是要让公众知道有这种汇集机制和汇集平台，并且愿意在突发事件发生后第一时间将内容通过手机应用发上来。否则，媒体只能到网民使用的各种社交平台上去观看、寻找、使用这些内容。

第六，公民观点。很多报纸已经越来越多地使用老百姓写的时评。时评版已经成为媒体获得影响力的重要手段。

第七，报道摘选。在尊重版权规则的前提下，一个传媒可以把所有媒体视为自己的信息源，把其他媒体报道中有用的东西摘选出来。例如，面对转播权管理严格的奥运会等全球性重大赛事，地方报纸、广播、电视、网站等媒体所能做的事情之一，就是把所有传媒关于奥运会的报道精选出来，再提供给当地受众。在那个时间段，每天有如此多的传媒报道，一般的受众一定会眼花缭乱，这时更需要专业传媒替他们做选择。如果在这个时候，地方媒体的奥运新闻，选择更精一些，就可能更受欢迎。能做的事情之二，是对与本地更有关联的运动员、运动项目、人们关心的故事，给出更多的背景和分析。从方法论的角度说，这两件事体现的是选择。

3. 强化选择创意

新媒体时代的采编模式，其基本理念应当是选择优先，在保持内容采集系统活力的同时，要体现选择的价值。用更直白的表达方式说，它的核心是选择。编辑工作、编导工作，重点不在于技术加工，而在于做出恰当选择，在选择中体现专业性和独家见识。在大一些的城市，传媒之间竞争激烈。因此，传媒竞争更多时候不是体现在独家新闻上，而是体现在独家分析、判断和见识上。

4. 统筹传播载体

考虑到事件时效、手段优势、传播影响的差异，应当在指挥、采访、编辑决策等环节，统筹考虑如何运用自有的平面媒体、电子媒体、网络媒体等传播手段。这样做的前提是决策环节前伸。

什么叫决策环节前伸？假设遇到一个突发事件或者重大事件，所要做的工作是在指挥采访的时候，就告诉记者要把获得的信息在第一时间发给移动端、网络端，赶快交给广播、电视先使用；之后，再把进一步采访获得的内容综合起来放到报纸上。即便是报社记者，派出去以后也一定要让他发挥多种功能，而不应该几种媒体的记者各自分离式操作。不能是电台部分的人只管广播播出，报社的人只管上版。而应是在电台工作的人采集、制作的音频，在报纸工作的人写作的文字稿件，都可以被一个传媒集团或一个共享机制下的其他媒体、新媒体终端使用。实际上，统筹多种传播载体进行协同传播，对于提升传媒集团的竞争力更为有效。反之，如果仅仅沿用原有体制、以各家媒体为各自单一传播载体服务的方式进行传播，可能就浪费了资源。

5. 灵动生产单元

从“5·12”汶川地震的报道可以看出，日常建立相互协同合作的灵活工作单元是很重要的。比如，报道汶川地震这种复杂的大型事件，一般来说每个媒体都要派出一组记者，报纸至少有文字记者和摄影记者，如果这组记者平常有合作经验，工作起来可能就比较高效；如果平时没有合作过，就要经过一个磨合过程。从北京到地震灾区采访的一些记者带了海事卫星，他们的工作方式很可能是文字记者一边提问一边记录，写成稿件后赶快通过海事卫星发出去；摄影记者则可以趁文字记者在采访、写稿时先把拍到的照片通过海事卫星发出去。只有一个海事卫星终端时，两人的协同配合非常重要。

媒体的最佳管理方式是复合型的。目前的媒体管理包括日常行政管理和业务管理，比如，不同类型的记者在行政管理时同按记者管理，但在实际工作时又分别在编辑部的不同岗位工作。为应对新媒体竞争，适应全媒体内容产品生产，完成突发事件报道，还应当构建一种虚拟的合作系统和管理机制。对传媒集团来说，一种方式很可能是将广播记者和摄影记者组合起来。广播记者同样可以给报纸写稿件，摄影记者也可以完成视频稿甚至是广播稿。这样的合作效果可能会更好一些，一旦碰到突发新闻事件，可以使人力资源得到更合理的使用。

6. 专业分析储备

新媒体时代所要面对的又一重要变化是财经信息需求大众化。面对人们的财经信息需求和资本市场的剧烈波动，仅仅告诉人们发生了什么是不够的，还必须告诉人们发生的原因是什么。这样的专业分析仅仅靠记者、编导可能是不够的，还需要借助外界力量。因此，媒体需要高水平专业分析者的支持，需要早做专业储备，建立合作机制，以便有需要时可以及时获得支持。

7. 报道同步反馈

对于传媒或者传媒集团来说，应当想办法安排一定力量对自己的报道内容和外部同行进行同步比较，迅速反馈，并借以调整采编系统的运作。

8. 产品多重加工

对已经制作出来的文字、影像等内容产品，在报道之后要进行多重加工。按照传统理念，今天的新闻就是明天的历史，因此不太注意对已经做出来的内容产品做进一步开发和加工。但在数字技术支撑下，可以利用多种传媒手段、多种工具对初级内容产品进行深加工，以发挥产品的更大价值。

（二）努力构建新媒体采编模式

1. 采编系统结构性调整

构建新媒体采编模式有几个条件。

一是多媒体内容采集处理能力，即媒体要有文字、摄影、音频、视频内容的采集和处理能力。

二是多媒体内容传播手段。在数字技术支撑下，媒体已经拥有包括新媒体手段在内的多种传播手段，已经拥有微信公众号等多种新媒体账号。因此，最为关键的是能够统筹利用各种传统媒体、新媒体传播手段，而不是分离式利用。

三是多媒体运作理念和运作思维。传统上，人们习惯了独立运作一种传媒，很多传统媒体建立了新媒体部门，但基本思维模式是在主体之外另建一个实体。这样的新媒体部门与主体之间的运作协同性相对较弱。因此，一个多媒体新闻集团的核心素质是多媒体的传媒运作理念和运作思维。而这种运作理念和思维，就包括统筹考虑决策环节和产品展示环节。此外，还要基于多媒体运作理念，从适应新媒体竞争出发，对采编系统的结构做其他调整。

2. 内容处理流程和决策方式调整

应在决策环节、决策周期、决策响应、决策执行等方面都做调整。前面讨论过的决策环节前伸就是一种调整。比如，不同形态媒体之间的编前会如何协同，采访、编辑的指挥是在一个点还是在多个点上完成？这种指挥是只考虑单一传媒，还是统筹考虑集团内各种形态传媒？决策周期是报纸式、以天为周期考虑的，还是电视式、以小时为周期考虑的，抑或网络式、按照几分钟之内做出反应的模式考虑的？这些都会影响报道结果和竞争能力。

3. 报道理念调整

报道理念调整应当在很多方面体现出来。

第一，时效观。突发事件的报道越快越好，人们对此是有共识的。但非突发事件的时效观如何确定、如何体现？传统媒体在运作时，尤其是在报道工作性新闻时，是不太考虑时效问题的。如果要把非事件新闻事件化、新闻化，就可以寻找一个最新发生的事件，把它和其他内容串起来体现新闻性、增强吸引力。这仅仅是初级手法。总体来看，非事件新闻的时效观应当大为加强。

第二，读者分布与报道视野。若以报纸为例，就要考虑读者的类别、身份和地域分布。如果是电视运作，则要考虑观众的收视时间分布。城市主流观众一般晚上 9 点半以后才有时间看电视，因此，将希望影响这类观众的栏目放在什么时段、如何处理，需要根据观众习惯的收视时间分布来权衡确定。

此外，越是区域性传媒，越要扩大报道视野。地方媒体面临的共同问题是因过于被传统的贴近性所束缚，而主要关注本区域的事件，将报道视野局限于本区域，对外界事物关心不够。

在当今世界，要想真正理解中国经济，必须从世界层面看；要想更好地把握世界经济，必须坚持中国立场。比如，锡是中国拥有定价话语权的小品种有色金属，关心中国有色金属行业发展、关心有色金属行业资本市场表现的人们，肯定会关心类似云铜、云锡这样的企业，进而会关注个旧市。从全国乃至世界范围看，已经没有纯粹的地方新闻、地方媒体和地方宣传了。在统筹对内和对外报道、统筹国内和国际新闻宣传的要求方面，地方传媒在实际工作中也应当有所体现，不能觉得外界发生的事情离本地比较远就不去关心。这是每一个编辑部门主管者应当负起的责任。

4. 多元定位与非均衡结构

一个传媒所制作、提供的内容，其结构一定是非均衡结构，而不是均衡结构。

所谓均衡结构，其潜台词是单一元素式的思维在决定媒体整个内容结构。办报人经常讲定位，就是讲自己的报纸是专门给住在什么地方的什么样的人看的，其中的一句潜台词就是报纸头版到最末一版都是面向同一群体进行定位的。在新媒体时代，这样定位的传播效果并不好。

所谓非均衡结构，是指一张报纸不同部分的定位指向不同，所以不同部分的内容处理方式和功能也可以不同。如新闻版可以面对初中以上文化程度的读者，满足他们快速阅读的要求；而后面的专题版面对的是大专文化程度以上的读者，满足的是他们深度阅读的要求。这体现的是延长报纸在人们手中的停留时间的竞争策略。

广播频率、电视频道的多元定位与非均衡结构，表现在时间资源的使用与时间对位策略上。比如，中央电视台综合频道的时段划分：19 点前后是信息版块，针对面最广；20 点到 21 点 45 分的电视剧版块，面向的是相对来说文化程度不那么高、希望休闲娱乐的人们；22 点前后的信息和深度内容版块，针对的是那会儿才有时间看电视的人群。其晚间时段新闻的选择与编排，与整点新闻时段、其他时段新闻节目的选择与编排有很大不同。晚间国际新闻的经济分量、科技分量要重得多。

面对新媒体时代受众需求，应当多元定位，采用非均衡内容结构。讨论不同时间段、不同类别节目如何处理，就体现了一种非均衡内容结构的理念。

5. 知识新闻化与新闻知识化

今天，衡量报纸竞争力的基本标准之一是读者的阅读时间，即报纸在读者手中停留的时间。在新媒体的冲击下，报纸不同部分在受众手中停留时间的变化也不同。如新闻版部分在读者手中停留的时间越来越短；而具有一定知识性、方法性、有用性内容的版面在读者手中停留的时间越来越长。增强报纸竞争力的手段之一，恰恰是应努力使后面那部分版面在读者手中停留的时间更长一些。因此，采取的必要手段就是“知识新闻化”和“新闻知识化”。

互联网时代发生的最重要的变化是越来越多的受众把互联网当作信息渠道，把电视、广播当作娱乐平台，把报纸当作思想、知识来源。受众对不同媒体、不同传播渠道的潜意识分工，对媒体定位与内容结构产生重要影响。因此，知识新闻化和新闻知识化，就是报道理念的相应调整。

知识新闻化和新闻知识化是两个部分。前者是把少部分人知道的东西精选出来放到传媒上，让大部分人知道；后者是针对一个事件，把相关的背景放进去，把相关知识点加进去。

新闻知识化，就是报道一个事件时，一定要注意为它提供相关背景介绍，提高这一报道的知识含量。其实，知识存在于很多方面。比如，从昆明市到个旧市的路上有个县叫建水，“建水”这个名称有什么来历？建水原来叫临安府，为什么改成了建水？建水为什么“七里有塔、八里有庙”呢？它一定是有原因、有来历的。对这类问题的关心是读者常有的。新闻媒体把其知识性部分介绍出来，增加知识含量，这比简单告诉人们这里发生了什么事情要有意思得多。

新闻知识化有什么必要呢？比如，个旧市 48 万人中有 15 万人是云锡的职工和家属，由此可知这个城市的人口和锡行业的关联度有多高。云锡的资源控制范围已接近全省。但是，这个城市的居民中知道中国对锡有定价话语权的未必有 48 万人，甚至未必有 15 万人。因此，有色金属行业的发展，特别是中国锡行业在世界上的地位、发展前景、发展战略等，对于一部分人依然具有一定的新闻性，依然可能有他们不知道的知识。

（三）赋予媒体平台多功能

如果用更简略的语言对今天传媒的地位做概括，我认为它是四个平台。

1. 专业提供平台

所谓专业提供平台，是指媒体是一个专业信息的提供者，其提供的信息不一定是媒体采集制作的，可能是媒体选择来的，但是要体现媒体的价值观和专业水准。否则，媒体提供的信息，与老百姓用摄像机拍的东西、网上播客做的东西、博客写的稿件，有什么区别呢？因此，媒体提供的信息必须体现媒体的专业水准和专业色彩。

2. 互动汇集平台

把受众掌握的信息汇聚到媒体平台上来，需要构建互动汇集平台。在数字技术支撑下，互动汇集平台可以有多种形态和呈现方式。

3. 信息对接平台

今天，传媒能够也应当给受众提供更多服务，并尽可能提供更好的服务。服务方式之一就是信息对接。广告特别是分类广告是信息对接的一种方式。从提供更好的服务这个角度说，媒体还可以做更多事，提供其他服务。

比如，“5·12”汶川地震一下子迫使很多人离开了原住地，可能孩子找不到妈妈，妈妈也一时找不到孩子。很多人就会求助，会通过各种公共服务、应急服务电话查询。那时候寻亲的服务需求量太大了。这时候，传媒该做什么？传统媒体是否无能为力，只能报道有很多人在关心，很多人在寻亲？这时，有网站就做了一个信息对接平台，让寻亲的人把信息都发到这个信息对接平台上来，网站后台对信息进行人工处理后再将其放到信息对接平台上，帮助人们寻找亲人。

在我的理念中，传媒都应当承担信息对接功能，虽然互联网的承担方式要更有效一些。

4. 公益展示平台

传媒应当承担社会责任，把自己作为公益展示平台，为推动中国发展、塑造中国形象做出更多努力，为促进地方发展、塑造地方良好形象做出更多贡献。

第三节　资源重组：以整合需求、主动干预激发内在活力

一、整合需求：激发内在活力和外部空间的运作方法

（一）改版的方法论价值

追溯《中国之声》的前身可以发现，早新闻、晚联播（即中央人民广播电台每天早晨6点30分开始播出的《新闻和报纸摘要》和傍晚18点30分开始播出的《全国新闻联播》）早已经是公众熟知、经久不衰、在中国政治经济生活具重要影响力的老品牌节目了[①]。许多人从小是听着“小喇叭开始广播了”的音乐声长大的。可以说，以早新闻、晚联播等为代表的广播传媒活动，记录了一个民族的脚印，记录了一个时代变迁的轨迹，影响甚至塑造了那个时代人们的思想。我们不能认为思

---

① 《首都报纸摘要》是中央人民广播电台每天6点30分播出的一档早间新闻节目，于1950年4月10日开播，1955年7月更名为《新闻和报纸摘要》。《全国新闻联播》是中央人民广播电台每天18点30分播出的一档重点新闻节目，始创于1951年5月1日，时称《全国各地人民广播电台联播》，1995年更名为《全国新闻联播》。中央电视台每天19点播出新闻节目《新闻联播》。中央电视台的前身北京电视台1958年9月2日开播《电视新闻》节目。1976年7月1日，根据全国省级电视台共同协商的意见，北京电视台第一次试播《全国电视台新闻联播》节目，播出时长10 ~ 15分钟。1978年1月1日19点，《新闻联播》开播，播出时长20分钟，但没有播音员和字幕。这次《新闻联播》开播启用了第一版黑白片头，但没有片头音乐。1978年5月1日，经中共中央批准，北京电视台更名为中央电视台，中央电视台第一套节目（CCTV-1）开播。1978年12月，《新闻联播》主播首次出镜面对观众。1982年1月1日，《新闻联播》启用第一版彩色片头，并启用第一版片头音乐。

想是我们内心自生的东西，思想一定是基于所获取的信息而形成的。毕竟，在那个年代人们没有那么多信息来源，晚上的《新闻联播》、早上的《新闻和报纸摘要》就是中国公众的重要信息源，也许一定程度上还是思想源。现在，当这样的信息源与思想源在新的时代、以新的理念和手段进行整合的时候，要更准确地评价其整合的成效，可能还要再过一些年回过头来看。那时，《中国之声》就是一个有活力的、正在崛起的中华民族的重要代言人，在这个国家的思想、社会、经济发展等诸多层面的变化史中做出过不可磨灭的贡献。

从这个意义上评价《中国之声》的改版，可以总结为三句话，即价值在于变革，价值在于对接，价值在于总结。

1. 价值在于变革

所谓价值在于变革，是说寻求变革本身，就证明这个集体是努力向上的。只要其坐标系、出发点不是仅仅着眼于提高多少市场占有率、增加多少广告营业额，而是继续保持作为中华民族信息源与思想源的地位，那便是真正的“中国之声”。毕竟，“中国之声”这个名字本身就蕴含着多层含义。

2. 价值在于对接

所谓价值在于对接，是说最好的变革一定包括且体现对接。因为，变革一定包含两部分，即继承和变化。从延安陕北新华广播电台发展到今天，人民广播事业积累起巨大的政治资源、影响力资源。面对新时代，在寻求变革的同时，要处理好传统资源与新东西的对接，更要努力激发传统资源的内在活力。

3. 价值在于总结

所谓价值在于总结，是希望在推进变革的同时，在每一个适当的时候都应该站在更高处看一看，在总结中获得更深刻的认识。这种总结的过程就是新的统一思想的过程。最好的领导行为一定贯穿在思想沟通当中。从辩证唯物论的层面说，实践是人类塑造自己和肯定自己的方式。人们在实践的同时也是在塑造自己，而在认识过程中又会在新的层面肯定自己。总结就是要让所有的实践者获得更深的认识。

（二）外部环境与挑战分析

如何评价广播媒体所面对的外部环境？简单地说，可以概括为四个方面。

1. 无所不在的信息环境

从某种意义上说，信息全球流动是经济全球化的先导、过程、结果和标志，它的产生基于现代科技发明和应用，也基于人们更为多样化的需求和要求。因为信息全球流动，所以人们处在信息高密度覆盖的环境中，信息的易得性成为时代的重要标志。而传统媒体就要面对多重冲击。在这种挑战面前，一个地位特殊的媒体想发展就要寻求特殊策略。

2. 移动接收的个性需求

可以说，目前已经进入个性化移动接收时代，因为数字技术正在重塑媒体环境并整合媒体形态，人们的信息消费行为、心理与模式在发生明显变化。基于数字媒体观，把广播、电视、互联网、数据库、短信视为不同媒体的传统认识方式应当改变。广播、电视、互联网、数据库、短信都建立在数字技术基础上，是数字媒体的不同传播方式。除了上述电子媒体，纸质媒体的内容在出版前也已处理成数字内容。因此，基于数字媒体观，所有的传播形态、传播手段，都已具备在更高水平上共享信息的基础。这提供了提高信息复用指数的条件，提供了促进传媒整合的内在动力，更提供了传媒生产方式、运行方式变革的基础。以这种眼光来看媒体，对于什么是媒体，什么是竞争，什么是联合，什么是资源整合，一定会有新的思路和认识，对人与传媒的对接方式也会有新的认识。短信业务迅速发展是因为现代技术与人们的心理和信息消费需要相吻合，今后，人们会从手机中获取他们所需要的新闻与信息，也会要求新的传媒运作方式。从人们的信息消费行为、心理、模式看，人们的信息消费地点，除办公地点、家庭之外，已明显增加了路途中。这更要求传媒向便于在路途中移动接收信息方向发展。当然，如果以易得性为标准，以满足人们个性化信息需求为坐标，广播就应思考如何更有效地发挥优势。

3. 双重约束下的运作方式

在今天的中国，主流媒体的运作必须在履行职责与市场竞争的双重约束下进行，只谈适应市场是不够的。因为，主流媒体在国家政治生活与人民心目中占有重要地位，所以必须履行好职责。

4. 凸显个性的外现型选择

所谓外现型选择，是从特定角度对以频率、频道为单元的电子传媒进行资源整合的解读。这样的整合必须把自己的特征外现出来、统一起来、标准起来。

（三）对策选择与思维方式

面对新的挑战，设计、选择、确定什么样的对策？以什么样的思维方式设计、选择、确定对策？就此，可以提出以下几个问题。

1. 什么因素决定人们的媒体选择

从人们提出广播是否已成为弱势媒体，到其中某些专业频率成为人均利润率最高的媒体，只经历了很短的时间。是什么因素使它产生了这样巨大的变化？是其经营者经营才能超群？也许是，但绝不完全是。这里要讨论的也不是经营谋略本身，而是经营谋略形成的相关因素。

那么，是什么样的因素导致了这样的变化？是城市化，是人们信息消费需求的变化，是人们信息消费地点的变化，是人们生活方式的变化。过去，人们的信息消费地点在办公室，因而，公费订阅成为纸质传媒的重要特征。改革开放以后，人们的信息消费地点发生变化，家庭成为主要的信息消费地。报纸进入家庭，于是，广告经营额前 50 名的中国报纸，其中大多数都是由家庭订阅的。电视也因为进入家庭而成为强势媒体。随着人们生活方式的变化，在途中成为第三个重要信息消费地点。交通堵塞象征经济繁荣，也在一定程度上造就了交通广播的繁荣。信息消费地点的变化决定了信息消费方式的变化，也决定了对信息源的选择。

从另一角度说，技术进步与成本下降也是广播成为热门选择的重要原因。21 世纪初，广播记者采访要拿一个大大的专业录音机，现在音频节目制作工具已经变得更为便携、普及，这为广播媒体成为更有影响力的媒体奠定了基础。

当然，成为热门选择的原因还有很多，比如同类频率的聚集。在北京，都市型频率将近 10 个，聚集效应也为广播成为热门选择奠定了基础。

2. 什么力量帮助凸显媒体影响力

有一些力量是广播人必须特别注意的。

首先就是口语的力量。口语是最有感染力的。口语之后才产生了书面语，这既可以说是一种新的创造延伸了人们口语的传达范围，使人们要传递的信息与思想可以超越时空距离和阻隔，又可以说把说者和接受者分离了，在一定程度上物质条件限制了口语感染力的发挥。现在，借助现代科技，口语传播条件更好了。广播大大拓展了口语的影响空间并提升了其影响力度，使口语发挥新的作用。口语是人类最本质的交流工具，更便于人们在交流中感受人性，更便于体现出人本。现在，一些广播新闻稿是书面语。这不仅是语言形式的问题，更是力量错位的问题。其次是以科技进步为特征的时代变化，这个变化的推动力是非常强劲的。再者是在一定经济水平之上人们的信息需求。

更重要的是，传媒舆论场与人们口头舆论场的重合度。在今天的中国国情条件下，这是最能决定广播能否成为有影响力传媒的关键因素之一。广播在说话，老百姓也在说话。广播所说的与老百姓街谈巷议的不可能完全吻合，但其重合度越高，广播的影响力越大。如何提高这种重合度，是人们必须研究的课题。对广播来说，这不仅仅是表现方式的问题。

3. 什么因素制约核心竞争力提升

广播核心竞争力的提升显然应基于以下几个因素。

一是规则体系。当一个传媒把自己的调整努力与调整成果都能够规范为规则体系的时候，这个规则体系尽管可能有漏洞，但仍是推动其成为强势媒体的最重要力量之一。这样的规则体系及流程安排等，有助于实现人们所期望的大生产、大流程。

二是思维方式。怎样把影响力资源与今天人们的需要对接起来？对媒体人来说，可怕的不是年轻人不与我们一起讨论广播的未来，而是年轻人不听我们的广播，不听我们说什么。从展望未来这个角度看，广播要想走向强势，广播人还得具有特殊的思维方式。这样的思维方式不仅要求广播人必须具有世界眼光、战略思维，还要求广播人必须有自己的特殊思维，有自己这个媒体、频率所必须有的特殊思维。传媒所能获得的新闻素材大多是同源的，一个媒体为什么能够在竞争中胜出？那是因为不同编辑团队处理新闻素材的模式是不一样的，判断结果也是不一样的。决定如何有所区别的关键因素就包括思维方式。所谓对接，在这里包括利用传统影响力资源，形成新的思维方式。

三是利用水平。传媒运作的核心问题是资源利用效率与信息共享水平。这个核心问题也会反映在传媒对外部资源的利用方面，包括对外部人力资源的利用。在这方面，包括广播在内的传统媒体都还有新的空间，广播媒体的运行特点决定了其对社会人力资源的利用比电视更容易一些。如既然是新闻频率或者是新闻综合频率，权威的《中国之声》就应该有一个在线专家群，各种类型的专家实时为听众分析新闻背后的东西。由不受控的热线电话，变为受控的在线专家体系。

对于房地产业来说，位置决定一切；而对于广播，则可能是态度决定一切，速度决定一切，最终是思维方式决定一切。

4. 激发内在活力的突破口在哪里

下一步激发广播内在活力的突破口在哪里？人们可以从管理学角度提出一些案例、想法，也会找到好多“药方”，这些“药方”大多会集中于组织扁平化、系统开放化、运作流程化，等等。但仅此显然不能解决全部问题，还应从更开阔处着想。

激发内在活力的突破口之一，就是更有效率地利用人们在移动中的信息消费需求。基于此，要拓展《中国之声》的影响空间，就可以选择提供适应广区域需求特点的公共信息。中央电视台的《新闻 30 分》每天提供一些出行信息，根据调查，收听率、收视率最高的是天气预报，这就说明体现“服务”性的公共信息最利于传媒拓展影响空间。因此，广播人就可以思考公共信息领域还有哪一块是《中国之声》这样的全国性广播频率可以发掘的，还有哪些公共信息既能够拓展广播的影响空间，又能适应人们的信息消费特点。

激发内在活力的突破口之二，也许是充分利用广播音响的优势和现代科技条件，提供纯声音节目。现在，广播所能利用的技术条件比过去更好了，这为广播节目形态的演变与创新提供了新的可能。从节目形态说，人们已经能够听到新闻节目、谈话节目、对象性节目、专题节目。这个序列里还缺少纯声音节目。“中国之声”应该包括中国的各种声音，例如自然之声、鸟鸣之声等，制作一些不用或很少用人物语言而主要以各种声音为表达手段的节目，一定有受众。无电视时代，广播可以用声音再现、塑造现实与历史；今天，创造纯声音栏目，是对传统优势的一种更高水平的回归，是与电视和新媒体以别开“声”面的方式竞争。电视尚可以有纯音乐节目，广播怎么就不能另辟蹊径呢？

其实，激发内在活力的突破口，一定是研究不同收视群体的新需求，比如今天新一代农民更愿意听什么；研究什么是可以借重的外部资源，如节目、声音；研究什么是我们能够更好提供的，等等。有了这样的研究，就能够进一步激发内在活力。

有了这样的努力，我们就可以期望《中国之声》成为有活力的、正在崛起的中国的代言人，成为能够代表今天和未来年轻的、有活力群体的声音。如果是这样，它就战而能胜，就能雄踞核心位置，就能真正俯视天下。

二、主动干预：从报道平台到动员媒介的角色定位

2006年，天津电台和天津市文明办联合天津日报社、今晚报社、天津电视台、北方网等媒体共同主办的“知荣辱，树新风，感动津城十佳文明市民评选活动”，在天津精神文明建设史上留下了浓重的一笔。这次活动的举办，既体现了“三贴近”[①]的原则，更是对建设和谐文化的贡献。这次活动也充分展示了广播的特殊魅力和影响力。

如何评判这次活动的价值？如何从方法论层面总结这次活动？从中可以获得什么启示？

（一）价值：彰显平凡中的崇高

我们可以从三个角度来讨论这次活动的价值。

1. 从感动个人到感动津城

“我爱我选”活动本身，体现了传媒在精神文明建设中的功能和作用。对于一个民族，文明体现在其成员拥有共同价值观。但是，共同价值观的形成，首先是一个共同参与的过程。在现代社会交流渠道众多的背景下，能够用什么样的手段，把人们参与的欲望、参与的行动、价值的体现、价值的融合整合在一起？广播应该是一种非常好的形式和手段。在构建共同价值观的过程中，传媒可以发挥很大作用。但是与其他媒体形态和手段相比，广播有其特殊的功能和影响。它符合人们最原始的沟通方式，即人际交流，以说话的方式进行沟通更为直接、更为贴近、更为平实，也更有震撼力。

2. 从感动津城到感动中国

一个城市的发现和共识，可以在更大层面产生影响。我担任过几届中央电视台《感动中国》节目的推选委员。“感动中国2006年度人物”之一是天津港的孔祥瑞。我的推荐词是：“不管什么时代，劳动者

① “三贴近”是指贴近实际、贴近生活、贴近群众。

都是社会的中坚。但我们这个社会里，更值得尊敬的还应是那些不仅贡献汗水还贡献智慧的人。”这个社会需要有知识、有智慧的工人群体，这是时代的需要。我想中央电视台《感动中国》的评选，其基础一定是天津市的评选。天津的发现上升为全国的代表，不仅彰显了个人价值和工人阶级的形象，还展现了一个城市的魅力和形象。

3. 从宣传文明到塑造文明

这正是社会主义精神文明建设中，媒体可以发挥的特殊作用，或者说是持续发挥影响力之所在。文明创建活动、文明评选活动就是文明建设的体现，对媒体来说，过程就是目的，而非评选结果才是目的。这与文明建设主管部门有明显不同。张扬这种个性或者抓住这个过程，既体现影响力，也可以促进文明创建活动、文明评选活动。因而，要从结果思维转变到过程思维，从注重结果到注重更多人参与，在参与中、在过程中使所有人受到启发和教育，从而形成共同价值观。对于媒体来说，延续这样的过程，扩大这个过程的影响就是履行职责、体现社会影响力的一种方式。就此而言，值得传媒在今后更好地、更有力度地、更有创造性地做好这项工作。

（二）方法：主题式参与及过程放大

这次活动的成功给我们提出了一系列值得思考的问题，可以从方法论层面加以总结。

1. 从报道平台到动员媒介：主题式参与凸显影响力

传统上，人们把传媒视为一种报道平台。而“主题式参与”作为一种特殊的动员手法，可以使媒体从一般的报道平台成长为或者转变为一种动员平台，或者说从报道平台转变为动员媒介，“参与”体现了传媒特殊的影响力。

但是在现代社会，人们的民主诉求、利益诉求在彰显，并越来越强烈地依赖媒体宣传。交流沟通渠道众多、新技术发展使得人们观察社会、联系社会的方式发生变化，传媒应该从简单的报道平台，变成动员媒介。对于党和政府来说，将传媒作为一种动员媒介，或者说运用好传媒的力量是执政能力的体现。从传媒角度来讲，成为动员媒介才能更好地发挥作为执政能力有机部分所应起到的作用。

担当好动员平台，有很多方法。通常，人们仅仅习惯于把党和政府确定的政策方针讲清楚、解释清楚，把实施的过程描述清楚。在新的条件下，面对新的需求，主题式参与是一种有效的方法。主题式参与是一种特殊的交流方法。它和主题宣传是一脉相承的，也是围绕一个主题、突出一个主题、彰显一个主题。但它与以往我们习惯的主题宣传又有所不同，虽然它依然注重过程，但不仅仅是把收集到的事实报道出来，而是同时将收集、加工、整理过程展现在公众面前，和公众一起来做。这种参与式的处理手法，这种公众参与收集、加工、整理过程的办法，既是动员的手段，也是发挥影响的过程。

特别是对于广播这样的媒体，其发挥社会动员作用有着独特的优势。因为语言交流、口耳相传是人类最基本的沟通方式，人们最习惯这样的方式，这是社会动员的有效方式，它可以跨越一切诸如文字、空间、场合、时间的障碍，这是广播的特殊优越性所在。所以，广播更有条件成为一种动员媒介。

2. 从长于放大到长于共识：把认同的东西展示出来

文明是一种共同价值观。从人的角度来说，文明是一种认同，文明也是一种证明。人们认同某一种东西，或者说传媒把人们认同的东西展示出来，本身就是强化。其实，文明成长的过程就是在不断强化的过程。如何使能够成为人们共同价值观的基本、核心、细节的东西，成为人们共同追求、认同、信奉的东西，就要通过某些办法来放大它。传媒担当这个角色义不容辞。所以对传媒来说，要善于发现、善于报道，在报道中基于事实和价值来放大、强化。任何评选活动的报道，都可能是传媒对其认同东西的放大，而这种放大就是彰显和强化。

（三）启示：运作方式与渗透方式

从传媒发展的角度看，近些年来的广播实践，可以让我们获得很多有益启示。

1. 重新审视渗透方式：发现与新受众的恰当连接点

对广播媒体来讲，如今是一个没有麻袋的时代。我们已经不可能收到成麻袋寄来的听众来信了。但这不代表听众没有意见，不代表听众没有参与，因为现在表达意见的渠道很多，其中包括网络。根据社会学的调查，一般来说，媒体收到的来信往往来源于受众群体的特殊部分，受众群体的主体部分往往只是接受但并不表达意见。现在又有了其他表达和反映意见的渠道，所以，广播在今天的条件下如何渗透、如何介入人们的精神生活，这是值得我们研究的问题。

以天津为例。天津电台有一个非常特殊的优势，就是天津所管辖的郊县地域相对较小，在省级台中，天津电台基本上可以作为城市广播来运作，可以借鉴都市广播和其他都市型媒体的运作理念和运作方式。

广播是工业文明的产物，是城市型的传播工具，伴随工业化和城市化进程而发展。但广播在发展过程中，人们忘记或忽略了广播和城市之间的联系。城市的发展、城市的变化、城市对信息流通的影响、城市对人心理的影响等许多问题都需要我们从城市发展的角度来重新看待。其实每个城市都有它的特征，看看世界地图就会发现，世界上著名的港口城市往往是河口型的城市，因为有了广阔的腹地，有了货源和交通条件，海港才可以成长起来。今天，在中国的北方，水资源条件在变化，基本格局也在变化。在这样的城市办广播，就应该从世界范围观察自己所在城市的性格，从城市发展的角度观察这个城市的核心需求。在这样的城市里，广播的渗透方式就可能与其他城市有明显不同。这真的值得研究。

如果研究人们与广播的接触方式、研究人们的接收方式，就要建立一个基本理念，即人们今天与广播的接触方式在发生质的变化。在今天，人们听广播，但绝不是只使用收音机听广播，而可能是在日常生活的某个环节，在从事其他活动时，利用许多当初不太被人们重视的东西听广播。交通广播的崛起，让人们放弃或者批评广播是弱势媒体的说法。但更重要的是标志一种历史性变化，即人们不再主要利用传统的收音机来收听广播。广播要发展，就要注意适应城市需求的变化，适应人们生活方式的变化，适应城市人新的活动方式。只有认真观察生活的细节，观察可以和广播连接的部分，才能使广播这种伴随性媒体和人们新的生活方式找到恰当的连接点。

2. 重新谋划运作方式：让广播成为“行走的广播”

今天的广播应该如何运作？我的基本理念是，广播从室内广播，演变成“行走的广播”。交通频率的崛起已经证明广播演变成“行走的广播”会更有影响力。

但广播要演变成“行走的广播”，不仅要适应人们在途中时间的增加、交通方式的变化，还要适应整个生活方式的变化。应当说，媒体移动化是大趋势。就平面媒体而言，风靡于世界的瘦报化、小型化、便携化浪潮，使得报纸开始适应人们在移动空间中阅读的趋势发生变化，报纸因而从“桌上的报纸”演变成“行走的报纸”，演变成便于携带的报纸。这都证实了媒体移动化的发展趋势。

对广播来说，收听媒介的多元化、收听地点的移动空间化、收听时间的缝隙化，就是媒体移动化趋势在广播领域的反映。我们很难想象，现代人群主体会用闲暇的时间听广播。现在的听众主体更多是把广播作为伴随性的东西，不是用大块时间听广播，而是在某种生活状态过程中、在时间的缝隙中听广播；往往不是端坐在客厅中听广播，而是在一个移动空间里听广播，如行驶的汽车中。广播人应该了解并理解人们生活方式和与广播接触方式的重大变化。收听广播的地点和方式变了，相应的节目形态就要有变化。那就要研究最有效率、最有影响的广播节目形态是什么样的，多长时间比较适应人们的生活节奏和心理阈值。以前连续 2 小时播出，现在这样做效果好吗？从现代城市人生活节奏来看，是 10 分钟打一个隔断好还是 5 分钟打一个隔断好？这些都值得研究。

3. 创新探索运用方式：与现代科技更紧密结合

广播如何与现代通信技术发展趋势紧密结合，特别是与移动通信的发展相呼应？比如，是否可以和手机生产商合作，在手机应用中嵌入电台的频率，让购买手机的人一打开应用就可以听到广播。重要的是，要主动与传统上不被认为是广播接收工具的各种终端结合，与各种接收终端结合，主动介入移动通信领域，扩大广播的影响。

就此而言，我更想说的是，广播人要树立一种观念，即广播就是新媒体。400 多年前报纸是新媒体，100 多年前广播就是新媒体。广播在今天也要不断发展，广播人心里对新媒体不要产生天然的拒斥感。今天的广播或者说今后的广播，一定是与新媒体整合如一、有机合作的广播。广播的节目形态在演变，本身也在演变，新媒体同时也在不断成长。如果拉开看传媒形态的演变过程，确立广播就是新媒体的理念，可以促使广播在终端和全流程与新媒体更好地结合，使广播获得更强的竞争力。

三、纵向开拓：发挥专业资源优势拓展发展空间

任何一个新闻媒体，不仅需要站在更高层面估量其所做出的贡献，更需要站在过去、现在与未来的交会点来预测、谋划、拓展发展空间。

（一）把握现在与未来、履行职能与适应竞争的结合点

媒体在传媒市场激烈竞争中靠什么取胜？过去人们常说靠独家新闻。现在则应当说能赖以赢得竞争的，一定是独特的处理加工模式，包括选择标准、处理标准、生产流程和细节处理，甚至包括一整套形容词使用规则；一定是独家判断、独家分析和见识。新闻媒体的操作模式过去往往存在于团队每个人的脑中，每个离开者都可能带走一部分经验和方法，而新加入者则需要以口耳相传的方式培养。师徒相传是东方文化、东方知识传授体系的重要特征，但其缺陷在于难以工业化地、大规

模地、规则化地、系统化地来传授已有知识，所以传授过程相对慢一些，新人成长相对慢一些。如果有员工手册，有代表操作风格的版面汇集、作品汇集，有一整套规则体系、一整套经过整理的知识，无论对内还是对外，对增强影响力、锻造战斗力，都会有巨大作用。这就需要系统总结提炼新闻媒体多年形成的一整套操作规则、操作办法。能看到这样的操作手册、写作规范、代表性作品，不论是新加入团队的成员还是外部的管理者、研究者、公众，都会对其传统与价值的认识更为深刻。这样的东西，不仅对于一个新闻媒体的历史资源、知识资源、信息资源的整理非常重要，而且对于拓展影响也极为重要。因此，媒体人有责任、有必要做这件事情。

（二）从更高层面认识专业媒体所处位置和作用

越是不确定性增加、竞争激烈之时，新闻媒体越需要从更高层面认识自己在经济格局、市场格局、传播格局、社会需求格局中的位置和所能发挥的作用。

随着国家宏观经济管理方式的转变，有一些行业报、产业报认为在行业领域、产业领域难以继续发展而改变定位，转为都市报。有些报纸的调整历程告诉人们，调整不太成功，其原因有市场判断、需求判断方面的问题，也有对都市报本身特性判断方面的问题。重要的一条是任何改革都会放弃部分传统资源。假使放弃的恰恰是具有竞争力的东西，那么所做出的改革举措可能使自己加速走向衰亡。在互联网时代，专业内容、专业传播可以创造超专业影响力。产业报、行业报这样有一定专业属性的媒体怎么走强？首先要对所依托行业有清晰冷静的判断。以铁路为例，尽管中国宏观经济调控方式与运行方式发生了根本性转变，但铁路依然是一个集中度较高的产业，依然是与社会联系越来越紧密的产业。铁路对信息的需求依然强烈，同时又制造海量信息。因为铁路产生海量信息且与社会生活高度关联，人们对其的依赖度非常高。而后一点，恰好是专业性媒体发展的新空间，可以借此重新找到产业报面向市场、赢得市场的途径。

过去，人们对铁路的意见之一是打电话难以搞清楚列车的信息。提供类似信息的有很多网站，但做得最好的网站当时恰恰不是铁路的。这说明铁路系统集中度很高，当时对外界提供信息的欲望和与外界的贴近度还有待加强。它的内部信息流通可能是很好的，但系统内和系统外的信息交换比较弱。而我们都很清楚，与人的生命一样，任何一个系统只有和外界不断地交换信息、能量，才有生命。这个工作由谁来做？可以参与的人很多，但是，依托铁路系统的专业媒体应该谋求作为信息的主渠道、主出口，以多种方式利用信息源、展示形象。当然，这种问题的解决方式最好是互联网式的，而不是传统纸媒式的。12306 网站诞生后访问量飙升，12306 客户端每增加一项新功能都引起社会关注，这就印证了这种需求的强劲。

在我看来，传媒竞争日趋激烈。而专业媒体的长处与优势恰恰在于纵向细分，在于纵向把握一个领域。这是《华尔街日报》成为美国发行量最大日报的原因之一。20 多年前，很多人觉得都市报更有前途，但其实都市报更适于在一个区域市场里运作，可以在一个区域市场中占较大份额，很难在广区域市场或全国市场中得到类似位置。专业媒体、产业经济媒体的出路恰恰在于守住它赖以生存的纵向细分的产业经济领域，守住核心的东西；同时尽可能地延伸这个细分领域，延长产业链长度。

这需要做两件事：一是重新分析专业媒体的内容构成，维护、体现、强化它纵向细分的特色，而不要像本地报纸一样包括横向信息；二是要尽可能和所依存行业、产业的其他媒体、传播主体组成联合体，加大信息共享的频率、深度，较好地利用这个行业、产业所产生的海量信息。实际上，传媒运作的核心问题无非就是提高资源利用效率和信息共享水平。以市场化的方式与其他媒体形成新型共同体，一个专业媒体的影响就会更大。

（三）谋划开发新内容产品和服务产品

基于数字科技引发的变革，我们已经进入个性化移动接收信息时代。在主要依赖固定电话的时代，人们觉得凭一个号码在全球任何地方随时找到一个人是梦想。有了移动通信，这就成为现实。利用多种传媒工具和形态，包括手机在内，人们可以在任何地方接收到所需要的那一部分新闻信息和服务。对依托铁路的专业媒体而言，21 世纪初的转型机会与巨大发展空间在其所管辖的遍布全国的火车上。每一节火车车厢或每一个包厢里如果都挂上显示屏，播送专门为乘客制作的新闻节目、娱乐节目并提供相关服务，就会有新空间、新收益。其所使用的内容，既可以是图像信息也可以是图文信息，因为途中已经是重要信息消费地点。这就是以新思维方式创造新的内容产品和服务产品。

（四）重新审视社会对公共信息的需求

一个有影响力的专业媒体要把其所依托领域内的信息翻译给业外的人们看。新闻学的核心无非就是选择、还原、翻译，更重要的是把人们希望获得却不一定理解的东西翻译出来。以铁路为例，铁路已成为人民群众关注非常高、与社会生活运行关联非常强的行业，人们不仅需要知道出行信息、供求情况、所能得到的服务品级，还需要知道更多的东西。而铁路系统所传递的信息有些是条令化、规范化的，像运行图一样简略。那么，依托铁路行业的专业媒体就可以把它们翻译得让社会公众便于接受，这样就会有更多的社会公众关注专业媒体，且不是出于某种挚爱，而是出于现实需要。

21 世纪初，中央电视台一个节目开始播送出行信息，今天哪里增加一个航班，明天哪里增开一对火车，这些消息受到了人们的欢迎。后来，许多网站、自媒体以各种方式提供出行信息、出行体验、出行攻略。这些例子其实透露出一个重要信息，那就是最受欢迎的内容之一恰恰是公共信息。天气预报是全中国乃至全世界收视率、阅读率最高的，天气预报前后的广告时段是价格最贵的时段之一。现代社会生活水平不断提升，美好生活的标准也在不断提升，其中就包括人们希望获得更多与其生活品质和切身利益相关的公共信息。有心的专业媒体应当开发所在行业所拥有的信息，从中发掘出人们关注的公共信息。行业领导关心的运行信息，公众也需要知道一部分。一个专业媒体所拥有的信息源，可能就是未来赖以竞争、赖以生存的东西。如果媒体能够提供这样的公共信息和服务，那么该媒体在受众手中停留的时间就长了，价值就提升了。

（五）增强自信心、敏锐性、判断力

无论是面临竞争还是开拓发展，都需要整个编辑团队、经营团队增强自信心，增强敏锐性，增强判断力。这是一个长远的要求。

自信心是非常重要的。当一个团队特别是其中的年轻成员自信心不足时，出现一些问题是自然而然的。但更重要的是要敏锐地感知社会需要自己做什么，未来需要自己做什么，国际竞争需要自己做什么；敏锐地感知现代科技发明及其应用可能引发的影响；敏锐地感知社会心理和流行文化的变化对人们的信息需求、服务需求产生的影响。有了敏锐性作为基础，判断力就会增强，判断水平就会提高，就会发现更多可以报道、运作、开拓的东西。这样就会继续保持影响力，继续张扬魅力，继续保持和更广泛受众的关系，继续提升竞争力。

第四节　策略重设：从把握需求结构入手优化竞争策略

一、谁是竞争者：竞争环境特征

谁是电视频道的竞争者？

无论是地面电视频道，还是卫视频道，其竞争者都不仅仅是其他频道，还有新媒体，因为新媒体改变了媒体环境。

（一）传媒竞争环境的五个特征

我们所面临的传媒环境正在发生什么样的变化？从探讨电视频道竞争策略这样一个视角切入，可以用五个关键词概括，即移动化、分享化、精准化、社区化和单元化。这五个关键词也许可以从电视的角度概括传媒环境发生的变化。

1. 移动化

如果用一个词来概括传媒环境所发生的最大变化，那么应当是移动化。

传媒移动化，是为了适应数字化变革与生活方式变革。它既包括接收地点的移动化（摆脱传统的在固定地点消费新闻信息、观看电视节目、读报等的模式），又包括接收工具的移动化。

应当看到，接收地点的多元化已经在改变电视，改变人与电视的关系模式。如果概括地描述新媒体时代的电视，可以说电视已经发生深刻的变化。从人与电视的关系角度说，电视已经是个人化的电视、偶遇式的电视、移动着的电视。

所谓个人化的电视，是说电视越来越脱离其家庭共同信息终端和娱乐工具的传统特征，变成个人化的接收工具。看电视越来越成为个人行为而不是家庭行为。而在 20 世纪 80 年代，电视大规模进入家庭，看电视更多的是家庭行为，是家人共同的选择与共同生活的重要部分，是家庭聚会、家庭娱乐等家庭生活的主要部分，甚至是家庭生活的象征之一。今天，人们看不看电视、什么时间看电视，已经成为个人的选择、个人生活的一部分，很多时候与家庭生活不甚相关。所以，才会出现城市家庭每人一台电视、独对屏幕喜怒哀乐的现象。

所谓偶遇式的电视，是说看电视越来越不是家庭生活的主体，而只是日常生活的一部分。人们可能在任何地点接触电视，注意到电视在播放，注意到电视提供的内容。人们接触什么节目，更多地出于随机性，出于搜索过程中的偶然性，而不是固定生活模式，不像电视人期望的那样对某些频道有品牌忠诚。

电视更可以称为移动着的电视。所谓移动着的电视，是说电视已经从客厅走到了广场、电梯、手机上，已经不再像以往那样是静止的。从电视形态上看，电视一直在寻找观众和观众最可能选择电视的场景。这些都深刻地改变了人们的收视行为与节目形态。

2. 分享化

所谓分享化，是为满足人们表达个人意愿和互动的需求而给平台增加分享功能。

互联网上最引人注目的视频分享平台是 YouTube。YouTube 允许人们上传视频，并允许交换、欣赏和评论。YouTube 正以一种前所未有的方式改变着新一代人的观赏和生活习惯，并日趋成为主流的传播方式。2006 年 10 月，谷歌公司以 16.5 亿美元的价格收购了这个诞生仅仅一年多的互联网公司。

这个案例最具价值和启迪意义的并不是所谓的象征视频时代的到来，而是作为一种核心运作方式与物质载体的分享平台，在网络视频越来越具吸引力的时代，体现出其特殊价值。毕竟，一个分享的理念与一个足够强劲的网上平台，就造就了一种汇聚天下视频资源的机制，从而可以使一个网站以几乎免费的方式，获取曾经被传统眼光视为可以为王的内容资源，并以这种内容资源吸引足够的分享者、足够的网民，从而产生不容忽视的影响。

这个案例告诉电视人，电视不再是人们视觉享受的唯一渠道。20 世纪 80 年代以来，电视的节目形态、运作方式发生了多次代际更替，变化多端，最终不断迁移，而与网络、手机终端等融合。在电视还处于强势的时候，传统电视人并不惧怕网络视频。网络视频时代一定会到来吗？让传统电视人迷惑不解的是，老百姓为什么一定要到网上看电视呢？他们对网络电视讨论了很多，但是没有回答这样的问题。从某种意义上说，YouTube 回答了这个问题，那就是可以分享，分享比单纯收看更有魅力，更体现人的价值。因为可以分享，所以人们可以到这个平台上看普通人拍摄的东西，也因如此这个平台汇聚了比专业作品更具新鲜感的东西。数码相机和数码摄像机给普通人创造视频内容提供了可能，大家需要的就是分享机制和物理平台而已。传统电视台不能提供这样的机会，YouTube 这样的分享平台提供了这种可能。所以，YouTube 虽创办一年多，却被视为拥有这样的价值。我们不必判定网上分享平台是否会颠覆传统电视人心目中的内容为王的观念，但至少应当感受到冲击。

分享平台满足了在技术进步与信息消费方式变化背景下人们复杂的心理需求与信息需求。实际上，分享平台既是一种运作方式，又是一种机制，首先满足的就是人们的心理需求，即我看到了、在分享着，其次才是得到了什么信息。

纵览中国电视或者世界电视在 1980—2020 年节目形态的变化，最鲜明的特征之一就是作为节目元素，“分享”越来越重要，具有越来越大的影响力，一步步地成为节目的核心元素。最初，人们只是把分享元素的进入视为人们习以为常的互动。其实，互动只是表象，背后是分享。而分享一旦作为节目的核心元素，节目的基本逻辑就发生了变化，进而促使节目形态发生根本性变化。最引人注目的就是参与式节目越来越成为主流，如益智类节目、选秀类节目。这类节目的核心元素就是分享。

3. 精准化

所谓精准化，是为了适应受众需求细分与传播渠道多元。

需求细分与渠道多元是一种现实，电视频道的定位策略因此发生明显变化，从定位于人群，到定位于共同需求，即不同身份、不同年龄、不同地域人的需求的最大公约数，进而到盯住人们生活方式的某个环节。其实，楼宇电视诞生及成功的最大原因，在于它定位于人们生活中的一个小小环节，仅仅是等电梯的那个时间碎片。填补这个时间碎片，造就了一个行业。因而，可以说精准定位已经成为人们的共同选择。

电视定位于人们的共同需求，与人们生活方式的某个环节紧密联系在一起，最明显的表征就是早晨人们已经从看电视转为听电视。早间的电视节目形态，以电视新闻杂志为代表。而《东方时空》十周年时的改版很快就放弃了电视新闻杂志形态，这提示人们在早间专注于提供更多视觉享受的栏目定位，已经与人们的生活方式与收视需求有了很大差异。人们的生活节奏已经变快，在早间人们在处理生活琐事时，希望边做事边获得信息，没有多少时间坐下来获得视觉享受。因此，从那个时候开始，主要电视频道的早间节目渐次悄悄演变成以读报节目为核心的综合信息版块。那时，人们与电视的接触方式，不再是看电视，而演变成了听电视。但是，恰恰是听电视拓展了早间电视节目的新空间。

4. 社区化

所谓社区化，是创造条件把人们的共同兴趣集聚在一起，形成影响力。在今天，有特色的媒体频道或者节目，越来越成为共同爱好者的社区和聚集地。打造特色鲜明的社区，成为媒体新的竞争策略与新的生存选择。很多人酷爱体育节目，在相当长的一段时间里有很多人关注姚明，关注美国职业篮球赛。围绕篮球节目，聚集了多少爱好者都难以尽数，而足球更是吸引了无数的球迷和观众。每一个有特色的节目，其观众都自然形成一个社区。如果我们以这样的眼光来观察，一些类型化的电视剧也催生了社区。百度就曾经为电视剧《士兵突击》中的许三多，专门创建了一个人物周刊，在 2007 年记者节那一天上线。虽然很快消失，但仍然显示出这种社区的聚集力。为什么要为一个热门电视剧设置专门的论坛、专门的社区？它就是在提示我们，这样做能适应人们的心理变化、满足人们的需求，从而赢得竞争。今天，媒体环境正在发生变化，人们的收视心理也在变化。人们收看电视、寻找类型化的电视节目，在很大程度上不是单纯地为了获得信息、获得享受、获得娱乐，而是一种心理认同、身份认同、文化认同、时尚认同。很多类别化的播放策略取得了成功，《亮剑》能够在一个卫视台播出 30 多遍，就是一个典型案例，这已经告诉我们，社区化的竞争环境在催生社区化的竞争策略。

应该说，社区是一种力量的结果，而不是开始。社区就是聚集到一起的共同需求。借助传播平台的互动，这一类共同需求自己聚集到了一起。这比传统媒体通过磨合与需求对接显得更有效率，显得更强劲，但更需要媒体相应运作，以形成现实效益。

5. 单元化

所谓单元化，是为了适应人们生活节奏的变化与行为方式的要求。我们可以从以下几个方面讨论单元化的存在基础和合理性。

一是受众需求心理发生变化，希望集中获得同类信息和娱乐，避免选择疲劳；二是受众生活节奏发生变化，希望在特定时间获得所需内容；三是传媒传播心理发生变化，希望以足够容量黏住读者；四是传媒传播技巧发生变化，波段传播，形成节奏；五是竞争单元发生变化，竞争单元变得更大。这些都促使单元化趋势的形成。

对普通观众来说，从 50 个频道增加到 100 个频道，频道数量增加了一倍，但观众所获得的愉悦和满意并没有同步增加一倍，反而他们会感到增加选择的麻烦，要付出更多精力进行搜索。人们希望传媒更多地尽到选择的责任，提供精选的结果。同时，人们的生活节奏与活动方式发生变化，希望传媒能在特定的时间提供最需要的东西。而电视台为了争取观众收视，减少观众流失，也采取集中播放的方式“黏”住观众，以减少换台，形成波段传播模式。人们可以观察到越来越多的频道选择了连续播放多集电视剧（之后根据有关部门的要求改成晚上黄金时间播放两集，其他时间仍可连续播放多集电视剧），然后再集中播放一些适宜另外一个观众群体收看的节目。比如，晚间十点前后播放知识性较强的节目，满足另一类需求。这样，一个频道形成了一个个单元，各个单元分布在不同时间段，形成波段竞争。

受众结构与收视偏好的变化，必然带来单元化的结果，也促使传播心理发生变化。能否以足够容量“黏”住受众，是目前电视要回答的问题。能黏住观众，就能获得收视率和广告费。解决办法之一，显然就是单元化的节目编排方式，波段式的传播技巧，以波段传播形成有竞争力的传播节奏。

这与 20 世纪末到 21 世纪初传媒竞争单元上移、竞争单元变大有直接关系。20 年前，是节目与节目竞争；10 年前，是栏目与栏目竞争。后来，人们说已进入频道与频道竞争的时代。实际上，21 世纪初是一个个时间单元与节目单元的竞争，是一个时段和一个时段的竞争，是波段传播策略的竞争。

（二）新竞争者：媒体化的手机与移动互联影响

电视移动化是传媒移动化的最重要表征。与之最为相关的，是手机媒体化与终端移动化，是移动互联。这将带来超乎想象的变化。

有一些数据是耐人寻味的。全世界的电视连续剧时长基本上是 45 分钟左右，而全世界的中小学每节课时长也是 45 分钟左右。其中有什么天然联系？也许就是人们注意力集中时间的公约数。在这样的时间段内，传播效果最好。但更重要的是，这两个数据告诉我们的是人们在比较安静地坐着的情况下注意力可以较好集中的时间。虽然心理学观察结果证明，人的注意力集中的阈值，小学生可能是 20 分钟，中学生可能是 30 分钟，大学生可能是 40 分钟。试想一下，当电视已经从客厅转移到手机上时，人们通过手机适宜观看多长时间的电视节目呢？或者说，手机电视的节目容量多长时间合适？是 45 分钟，还是 10 分钟呢？手机电视的节目形态、传播节奏、内容结构和表述方式应当是什么样的？与传统电视有什么不同？业界实践已经给出了有启发性的答案。楼宇电视这个业态和行业的诞生，就是因为发现了人们在等电梯时有大约两分钟的碎片时间，这也界定了人们在那个状态下的注意力集中时间。人们在移动状态下，愿意或适宜观看的电视节目长度也是有限的，一定远远短于静坐状态下适宜观看电视节目的长度。一两分钟就是一种合适的选择。

21 世纪最初几年，手机媒体化和移动终端的媒体化，是世界范围内移动通信行业热烈讨论的主题。一些主要移动通信运营商纷纷以此为题在各种各样的论坛讨论。与传媒移动化最为相关的，还包括移动互联，即互联网的移动化。移动通信为什么能够如此迅速地发展，不仅仅因为技术进步，更因为人们强烈追求自由的意愿在强力推动。移动通信与固定电话相比，就是话机上少了一根线，但借此可以实现在全球任何地点、任何时间找到任何一个人。这在之前甚至被认为是梦想。移动通信给了人们更大的自由。

而互联网呢？人们很尊崇互联网，但是传统互联网主要还是有线互联网，接入互联网还要通过一根网线，它束缚了人们在任何时间、任何地点获取信息的自由。其实，驱动人类社会发展的最大动力之一，是人希望最大限度地摆脱束缚、实现自由。这同样会驱动互联网加速向无线化、移动化发展。

1. 互联网发展的三个趋势

互联网的发展趋势至少表现出以下三点。

一是内容与服务提供方式越来越丰富，可满足人们的细分需求与想象力，为此，要求速度越来越快，技术手段越来越丰富。

二是越来越迅速深刻地改变政治、军事、经济、文化、社会的运行方式，使得电子政务、网络政治越来越成为基本政治运作因素，经济越来越基于网络运行完成基本生产流程和交易流程，战争形态与军事变革越来越充分挖掘网络资源与利用网络实施，网络存在、网络活动与网络力量越来越成为文化流变、传承的基本因素，网络力量越来越成为文化力量的主流。同时，整个社会的运行也越来越基于网络运行，使得越来越多的国家在成为“汽车轮子上的国家”的同时，越来越快地先成为“网络上的国家”。

三是互联网使用越来越便利。这既包括体现经济一般规律的使用费用随着使用人数的增长而大幅度降低，使用效率随着人数增长而成倍提高，也包括使用方式越来越符合人的天性和人的最基本需求。这在一定程度上体现为，人们希望能够随时随地以自己选择的方式接入互联网，无障碍地使用互联网上的所有资源。这样的要求，实际上包括多组变革要求，但又集中地体现为互联网移动化。

2. 互联网移动化在三个环节的体现

一是登录方式移动化。移动上网、移动登录，摆脱电话线、网线的束缚，真正实现人与世界的随时、随地、随意网络连接。21 世纪第一个 10 年，人们已经通过无线网卡、无线局域网、手机之类的移动通信工具和其他移动终端实现移动上网。虽然速率不尽如人意，但其便利性足以让人们愿意选择。移动上网的巨大机会人们看得很清楚。“中美两国无线局域网标准之争”就清楚地说明了这一点。

二是通过互联网向移动状态的使用者传递内容和提供服务。这里，处在移动状态的使用者所使用的工具，可能是手机这样的智能终端，可能是镶嵌了相应模块的便携电子设备，如游戏机，也可能是实现了无线上网的计算机。处在移动状态的使用者通过即时通信工具获取信息，也以自己的方式实现了移动化。因此，通过互联网向处于移动状态的使用者提供信息和服务，其方式和途径可以是多种多样的。

第三，依赖新的技术（如新的格式转换技术）和功能增强了的移动通信工具，实现了移动通信工具与现有互联网资源的无缝对接，使移动通信工具可以使用互联网上的信息资源。最初，手机只能登录专门的 WAP 网站。这形成了技术障碍，它与上网费用一起，阻碍了移动通信工具与互联网的深层对接。这类问题的解决，既需要以各种套餐等形式大幅降低手机上网费用，刺激消费增长，更需要新的发明。技术障碍就是市场机会，这一点已经多次被证明。

二、从哪里寻找熟悉的受众：受众分化与演化

今天的受众与以往有什么不同？

新媒体时代，受众的收视偏好有什么样的变化？问题的关键在于搞清楚今天的受众与以往有什么不同。虽然他们同样是坐在电视机面前，但是今天的他们与五年前、十年前的他们，与往日的观众主体有很大不同，显然已经发生了深刻的变化。

（一）新媒体时代的受众分化与演化

在新媒体时代，受众在变化，电视观众同样在变化。我们面对的已经不是往日的观众。

说到底电视是为受众服务的。虽然诸多收视率数据已经描述了受众的收视行为与收视取舍结果，但依然只是给了电视人无数个特征性碎片，而没能真切地告诉电视人，受众的偏好到底发生了什么样的变化?

今天的受众是否还是当年的受众？这样的问题不仅需要回答，更需要不断思考和探索。电视仍在，但电视已不能说“风景依旧”，它已不是往日的电视，这是因为受众早已不是往日的受众。尽管，他们一直在看电视。

受众在变化。这是因为电视教会了观众如何挑选电视节目；更是因为电视帮助观众改变了生活方式，从而使观众对电视节目本身更加挑剔。更重要的是，在新媒体时代，受众的收视心理、收视习惯、收视偏好都在变化。

受众在变化。还因为在新媒体时代，受众的信息渠道、娱乐渠道更加多样化。他们需要更高层次的满足感，而不是一般层面上的娱乐。

（二）传媒移动化与受众移动化的互动

所谓受众移动化，既是对受众构成特征的描述，又是对受众行为特征的描述，更是对受众需求特征的描述。因而，其对传媒格局、运作理念与运作方式的影响也是多方面的。

受众移动化是一个渐进的演变过程，已经显露出鲜明的特征，并已对传媒形态、运作理念、服务方式产生深刻影响。

受众移动化具有几个重要特征。一是受众主体移动化，即主要的传媒消费群体作为社会主流人群，更多地处在移动状态中，同时有强烈的信息和娱乐需求。二是接触状态伴随化，即人们更多是在活动状态下接触传媒，而不再只是在安静状态下接触传媒；更多是在边处理其他事务边接触传媒，而不是专门从传媒获取信息；更多是在时间缝隙、时间碎片中从传媒获取信息。三是接收载体便携化，即信息接收载体和处理工具的便携化、小型化，它们既适应人们生活方式的变化，也推动人们生活方式的变化。四是信息需求实时化。正是因为人们在移动状态下、在时间缝隙中获取信息，所以人们对时效性、简洁性、针对性的要求达到了空前的高度。五是接受心理便利化。受众移动化对传媒提出的要求，最强烈的是便利性要求。因而，便利成了人们选择的第一门槛。人们希望在移动状态下便利地获取信息，导致传媒形态发生一系列变化。它促使世界著名大报放弃对开版型，演变为四开大小的“紧凑型大报”。它促使人们牺牲一部分对音质、声场、视觉享受的要求，选择了车载广播、移动电视和智能手机之类的移动信息接收工具作为获取信息的工具。它促使人们更多地选择移动上网，推动互联网加快与移动通信的融合。便利性的要求还促使传媒的运作方式发生变化。

正是受众移动化和传媒移动化的互动，重塑了传媒的形态与格局，重塑了传媒和人的关系，促使传媒提出新的应对策略。而新的参与者参与竞争，使得受众移动化和传媒移动化愈演愈烈。

21 世纪第一个十年，世界主要移动通信运营商在各种场合、论坛上讨论“手机媒体化”，希望看到人们都将手机作为媒体信息终端。那个阶段，我曾经在文章中做过预测，在我看来，手机所能承载的功能、手机与人们生活的关系、手机所具有的价值，还会有更超越想象的变化。可以说，手机与互联网移动化结合起来，会使手机成为人联系外部世界的门户和窗口。

（三）新媒体时代受众偏好的变化

在新媒体时代，受众的收视偏好有什么特征呢？我们可以用这样几个关键词来描述。

一是收视指向短期化，即受众口味、受众的收视偏好变化迅速，有一种收视躁动。

二是收视行为随机化。今天，电视观众在同一节目上的稳定停留兴趣和时间都显得不足，人们习惯在搜索中游动。这是人们看电视时的常见行为模式。

三是收视心理分享化。今天的观众不再像以往一样纯粹第三者式地观赏，而是希望在多种层面上参与。这包括热情评论剧中人物与剧情，也许这也是家庭剧流行的原因；也包括互动式参与、受众直接参与。剖析一些电视节目为何会吸引人，很大程度上就是因为受众有机会参与。

四是收视选择类型化。今天受众选择电视节目、电视剧，可以说类型化的要求更明显，选择性更强，更集中地指向类型节目和类型剧。《亮剑》的热播，深刻体现出流行文化中的主流倾向和社会心理。值得关注的是，不是多个电视台都播放这一个剧，而是一个类型化的电视剧反复被播放，仍有较高的收视率。

五是收视过程伴随化。人们更多是边做事情边看电视，这是受众移动化带来的变化，对节目的结构与节奏提出了更高的要求。

六是收视时段多元化。人们的社会角色与年龄不同，习惯于观看电视的时间段也明显不同。不同群体在不同时间段看电视，从而形成不同类型的收视高峰和不同特征的收视时间。比如说，股评节目在较晚时间播出仍有较高的收视率，是因为聚集了特定的观众群体。不同类型的收视高峰，实际上形成了珍贵的不同类型的黄金时间。

三、竞争策略：从把握需求结构入手赢得竞争

在新媒体时代，如何确定一个电视频道的竞争策略？可以从几个角度讨论。

（一）关于竞争策略的几组问题

在新媒体时代，如何确定一个电视频道的竞争策略？有几组问题是不能回避的，必须做出适当的选择。而随着媒体环境、受众心理、技术条件等的变化，必须做出适应时代和变革要求的选择。

1. 更本地化还是更专业化

区域性的电视频道是应该更加本地化，着力于横向切割市场，还是应该更加专业化，精准定位，着力于纵向切割市场呢？

更趋向横向细分还是纵向细分，这是电视人确定频道竞争策略时难以回避的问题。体现本地特色，可以赢得一定观众，但不一定能够赢得市场。显然更精准的定位，可以更好地达到竞争目标。

2. 更多元还是更集中

诉求点多元，则吸引点多元；有多个特色栏目，做什锦菜，可能包容性更强，适应不同口味的观众群，这是电视人传统的竞争理念。于是电视人也习惯提供多种选择套餐来适应不同品位、不同口味、不同需求的人群。比如，传统电视频道的编排方式习惯一个频道安排多种类型的栏目和电视剧。

但是诉求点简单，主打几个集中的领域，在竞争中可以实现吸引点更集中，吸引力更强大，而拥有稳固的观众群和收视需求。以杂志为例，发行量在世界或在中国排名前十位的杂志，往往诉求点都非常简单。比如，美国的《读者文摘》《国家地理》，中国的《读者》。诉求点简单，受众群就可能非常大。例如《读者》的读者，从八岁到八十岁都有，读者量稳固排名第一位。

3. 更娱乐还是更实用

财经信息需求大众化，使得股评、理财、收藏类节目能够重新吸引观众。一时间，人们更偏于实用。更娱乐还是更实用，哪一个更能够黏住观众，是电视人面临的两难问题。中央电视台《今日说法》成为年度最佳栏目，给人们以深刻的启示，可视性存在于更有价值的实用性之中。解剖《今日说法》我们就会发现，它的最主要特征是提供与维护个人利益相关的法律案例。

4. 靠变化还是靠清晰

在新媒体时代，中国的媒体人同样缺乏自信，在新媒体的压力下，他们在不断地改变自己。在中国，能够几十年不变的电视栏目是很少的，电视人每年都在积极地不断改版。但是值得思考的是，那些几十年长盛不衰的电视节目成功的真正秘诀是什么呢？比如脱口秀节目，它长盛不衰的秘诀是什么呢？梳理一段时间奥普拉的脱口秀节目，我们会发现，它成功的秘诀之一，也许就是模式清晰、诉求点集中、看起来简单。

有经济学家以当地货币的不变价格衡量其国内生产总值增长率，然后对比分析，认为美国一年的变化只相当于中国两三个月的变化，而中国的一年相当于非洲津巴布韦的三十年。这个结论有一点趣味性，但是至少可以说明中国变化快。中国变化快是否就一定要求电视节目的形态、电视栏目的定位与诉求模式快速变化，而不是相对稳定？答案是很难得出这样的结论。

5. 靠策划还是重行动

电视人习惯于靠创意，习惯于相对静态地策划制作节目。但如果顺应今天的观众喜好和竞争趋势，则不仅需要好的创意，更需要好的实施方案；不仅需要依循原有习惯静态策划，更需要围绕一个有吸引力的主题采用更具动感和冲击力的节目形态，以及更适应新媒体条件、新媒体受众需求特点的传播行动。

（二）确定竞争策略的几个思路

以博弈的眼光看，竞争策略是个动态组合。如何博弈，如何确定竞争策略？最重要的是思维方式。

1. 需求结构与吻合策略

在今天这个时代，确定电视频道竞争策略的核心是什么？我认为就是要研究受众需求的结构，相应确定电视频道的竞争策略。可以把这个竞争策略称为吻合策略，即所提供内容的结构、方式、节奏等，都应当与受众需求的结构相吻合。吻合度越高，竞争策略越有效。因而，应该结构化地把握受众的需求，而不是散点化、情绪化、概念化、碎片化地认识受众需求。

受众需求是有结构的，它由指向、分量、强弱等不同部分需求构成，体现了需求的多样性，但形成的结构却是特征性很强的，往往体现了个性。类似的个性需求结构集中概括起来，就形成了观众群需求的结构。结构化地认识观众的需求，有助于更清晰地把握需求。结构化地把握受众需求，就可以掌握所面对的这一类共同需求中，某一类需求占多大的比例，某一类收视心理占多大的比重。这样定性、定量判断相结合，才是相对准确、科学的。

一般的收视率调查不能代替需求结构分析。最好的需求结构分析一定是定性和定量相结合的。只有清晰地把握受众的需求结构，才有可能制定有效的竞争策略或吻合策略。

2. 用户体验研究与内容选择

谁在研究电视观众的收视体验？其实很少有学者研究这个题目。而互联网平台对用户体验的研究，给我们以深刻启迪。

要注重用户体验研究与相应节目选择。大家都在关注互联网的发展，互联网平台对用户体验的研究，是进行得比较充分、比较有成效的。一个著名的社交平台，通过体验研究，发现在即时通信工具的主页面上，同一按钮放在不同位置，点击量就会有变化。有的按钮在不同位置点击量依旧，说明这个按钮的功能设计和用户体验良好。但是有的按钮如果挪动了位置，点击量就会发生明显变化，说明这个按钮的功能设计和用户体验有问题，需要改进。这样去研究用户如何使用自己的互联网产品和服务，有什么样的体验，需要如何改进，显然可以提高竞争力。

3. 体验吸引与影响手段精细化

网络媒体特别注重体验吸引与影响手段精细化，以优化用户体验作为吸引手段。而传统媒体的影响手段、吸引手段相对而言是比较粗放的，特别是服务水平更是相对较低的。这不是管理问题，首先是观念问题。要不要提供服务，提供什么样的服务，如何提供服务，这些恰恰是传统媒体需要向网络、向新媒体学习的。

4. 网络视频与频道运营

网络视频的发展值得高度关注。高速发展演变中的网络视频，在改变年轻受众群，也必将改变传统电视的形态和运营方式。

第三章　见识制胜

第一节　体现见识：在经济波动中体现解释力

财经媒体在中国的发展几乎是与改革开放进程同步的。尽管人们可以用多种方式描述财经媒体的发展，但财经媒体对市场、财经的把握，对自身的理解等，也体现为一个不断学习、不断变化、不断进步的过程，这是一个不争的事实。因而，在全球经济波动中讨论中国财经媒体的发展，直觉的判断就是财经媒体面临见识大考。

经济波动期，远不如经济涨潮期那样容易描述事件、分析现象、把握趋势；经济波动中，业界、读者与同行对财经媒体的发现、分析、见识会给予更高的期待和提出更严格的要求；经济波动中，涌动的资金也会推动许多暗流和潜流，试图影响财经媒体的舆论指向与流量。经济波动，更需要财经媒体给出可以为事件发展所证明的解释、分析和展望，更需要财经媒体体现出远见卓识。在这样一个资讯、数据、观点、预测翻涌的时代，见识水平就决定了财经媒体的市场竞争力。

一、媒体力量在于体现见识与解释力

（一）专业化定位与经济波动中的受众需求

在经济波动中，究竟财经媒体的力量何在？

显然，我们已经看到，财经媒体正在经受一些考验。比如，当资本市场风起云涌、暗流涌动时，究竟以多少篇幅关注资本市场？当市场波动时，虽然普通读者仍然有强烈要求，但媒体是否要承担更多的风险，为投资者提供具体的理财建议？当广告商正以各种各样的方式干预财经媒体的报道构成与报道趋向时，是否要更多地关注广告潜力大而阅读需求不一定同步的题材和领域？财经媒体的力量何在？财经媒体的力量首先就在于能够经受这样的考验。

1. 专业名词的“流动性过剩”与财经媒体的困惑

财经媒体也在面对一些困惑。比如，很多专业术语，由于资本市场潮涌潮落的助推，公众已经耳熟能详，公众的财经知识储备看起来已经与前些年不可同日而语。一些财经媒体拿到的调查报告显示，现在的投资者是新一代的投资者，有更高的经济素养。比如，“流动性过剩”，这样一个专业性很强的术语成为一些投资者解释投资冲动的重要依据，引领他们在证券市场中坐“过山车”。什么是流动性过剩？普通的公众可能不求甚解，财经媒体不断拿它作为分析工具，于是“羊群效应”不断出现，以往在专业领域讨论的东西，成为公众进入证券市场的“常识”。报章市场、社交媒体与舆论场上，专业名词已是“流动性过剩”，一些财经媒体人以为可以借此保持或提高其内容定位，让专业人士或专家可以纵横其间，财经报道已经专业得像学术论文，财经媒体的专业程度堪比财经高峰论坛的对话。但实际上，这样的媒体与受众的间隔越来越大，专业名词的“流动性过剩”实际上制造了一定的阅读障碍。

2. 耐读性与报纸在读者手中的停留时间

从竞争力评估角度说，我们可以拿阅读时间来权衡一张报纸的内容定位及其与受众需求的匹配度，来权衡一张报纸的耐读性。一般来说，在与电子媒体、新媒体的竞争中，报纸赖以取胜的不是一般意义上的提供信息，而是提供独家发现和见识，是提供新闻化的知识。这也符合报纸读者平均年龄增长的现实。因此，报纸要提供更多可以让读者“深阅读”的东西。而从需求侧观察，这就体现为一张报纸在读者手中的停留时间。报纸在读者手中停留时间越长，从某一层面上显示了读者对这张报纸的接受程度越高，报纸满足需求水平更高，耐读性更好。且从区域市场观察，这几年先退出市场的往往是内容定位过低、耐读性不高、在读者手中停留时间过短的报纸。因此，耐读性成为报纸竞争力的一个折射性指标。

但调整内容定位、提高内容厚度与耐读性，不等于一味地提高报道内容的财经专业化程度，不等于定位于为那些具备足够财经素养、知识背景和专业解读能力的读者服务，不等于通过事实上存在的知识差所形成的阅读间隔来延长阅读时间。特别是不能假定财经媒体的读者群已经普遍具有这样的水准。而且，内容定位的过分专业化，内容结构的过分均衡化，以周报式深度报道作为主体报道样式，等等，并不利于每日出版的财经媒体或新媒体终端稳固及拓展读者群。

财经媒体是大众媒体还是小众媒体？有观点认为财经媒体是小众媒体，这倒像是一种批评。财经媒体不仅是财经信息传播平台，在中国一些财经媒体还被视为财商教育平台、财经知识传播平台。不可否认，这是 20 世纪末到 21 世纪初新财经媒体赖以成功的依托之一。但在资本市场进一步发展的今天，在经济波动正需要财经媒体与公众共同面对并提供有信服力的分析、解释和见识的时候，一些财经媒体却戴上了专业化的面具，让公众觉得有太大的距离感，这真是一种遗憾。

（二）媒体竞争焦点在第一解释权

1. 财经媒体的根基：公正、克制与见识

财经媒体的力量根基之一，在于其自制力。财经媒体上一些专家的

发言，被公众视为隐性代表某一方利益。专家发言的公正性是一个问题，但人们更想问的是，财经媒体对公正性是如何把握的。财经媒体上的一些专业分析被公众视为缺少价值的分析。有些投资者以为财经媒体不必做这样的专业分析，只告诉人们如何投资就可以。这样的要求，在证券市场潮涌时更是强烈。因此，在资本市场风起云涌的时候，财经媒体要战胜自我，有所克制。报道与行动是基于事实的，更应是谨慎的；是及时反应的，也应是严谨的。而在资本市场云谲波诡时，更需要财经媒体积极地体现见识与解释力。这样才能够真正体现其力量所在。从某种意义上说，财经媒体影响力消减的原因，首先就在于放纵使用自己拥有的话语权和影响力。面对复杂的经济现象和利益要求，一个财经媒体的力量就在于它的科学、专业，秉持客观、真实、公正的价值观。一个有力的财经媒体，一定是克制的。虽然，财经媒体有很多机会和领域体现它的信息获取能力、事实还原能力、问题发现能力、趋势判断能力、现象分析能力，但是，最终需要体现的是它的见识，是它的综合解释能力。

财经报纸缩短周期的选择，源于更快地提供新闻和信息的要求，源于期望更有力地与电子媒体与新媒体竞争。如果说在以印刷媒体为主的时代，人们期望的第一时间是以天为单位，昨天发生的就是新闻；那么，在广播和电视兴起后，人们期望的第一时间变为以小时为单位；而在卫星和互联网提供了更多传播可能的时代，人们期望的第一时间是以分钟为单位，甚至是与新闻同步。于是，谁能够更快，谁能够不断地同步报道新闻，谁就可能成为重大突发事件发生时的第一选择、第一依赖、第一信息源。

2. 传媒竞争的实质是第一解释权竞争

传媒发挥影响力，在于以最快的速度告诉人们发生了什么事，更在于告诉人们是怎么回事；不仅要报道，还要解释。传媒的深层影响，体现在对新闻事件关键信息的提供，更体现在对事件原因、意义、影响的解析，对现场隐含信息的分析，对重大措施的价值与影响的阐释上。这种解析、分析、阐释，总体上是传媒解释能力的集中体现。体现好解释能力，才能更好地挖掘现场、事件、措施等信息的价值。谁解释与挖掘得更好，就等于谁对新闻事件的真正内涵与价值更有解释权，谁对舆论与人心更有影响力。媒体应当更有力地体现这种解释与挖掘的能力，这是被报道领域的复杂性所决定的。

掌握了第一解释权，就更有力地掌握了话语权、主导权。

二、发展空间在于财经信息需求大众化

从需求端观察，中国财经媒体市场发生的重要变化是财经信息需求大众化，带来财经信息提供渠道与方式的多元化，也带来财经媒体格局与运作方式的深刻变化。财经信息需求大众化，实质上是财经媒体存在与发展的依托所在。

（一）受众角色变化与财经信息需求大众化

30 年来，读者角色发生的最重要变化，就是由单纯的读者变为同时也是消费者，更进一步演变为同时还是投资者。尽管目前经济波动剧烈，但不可否认的事实是，中国城市居民家庭的一半以上通过国债、基金、证券、贷款等与资本市场有了密切联系。如果考虑汇率、利率的波动对利息收入的影响以及人们在不同币种、投资品种间的选择，居民存款已经更多的是一种投资行为，已经与资本市场波动有了一定联系。正因为与资本市场有了联系，人们相应地对财经信息有了进一步的需求。财经信息需求大众化的特征逐步形成。

同时是消费者、投资者的读者，对财经新闻、财经信息、财经分析的需求，显然与只是消费者的读者有了质的区别。他们对政策变动、市场波动、企业异动的关注重点、范围、方式等都显然与以往不同。这就要求财经媒体的理念与运作方式发生重要变化，也驱使其他类报纸、电视传媒、网络媒体的理念、内容结构安排、版面资源分配、内容处理方

式等发生变化。

更值得注意的是，在新的传媒格局中，网络媒体、移动终端、社交平台、分发平台逐渐成为满足大众财经信息需求的主要渠道。其内容选择标准和处理方式，在某种意义上放大或改变了财经信息及分析对投资者和资本市场的影响。这一轮证券市场潮起潮涌与20多年前的最大不同是网络、移动终端成为主角。这不仅指证券市场行情信息开始主要通过网络、移动终端实时免费传播，还指投资者更多地通过网络、移动终端获取信息，分享其他投资者的观点与动向。这带来的结果就是，博客专栏、客户端、专业账号成为财经信息的加工者和提供者，产生超乎它们自己所料的影响。尽管，上海证券交易所、深圳证券交易所的会员获得的授权是，可在其证券经纪业务中于其合法营业场所现场公布证券交易所证券信息，但事实上信息提供方式已经变成主要通过互联网上各家券商的行情和交易系统获得，网络、移动终端成为实时获取行情信息的主渠道。这与中国香港市场以及许多境外市场都不同。这无形中给网络财经媒体带来了特殊影响力，相应地，对于选择、提供什么样的财经信息和分析，它们就有了特殊的话语权。而纸质财经媒体，在这一链条中，不过是低端的信息提供者。这当然也令人扼腕唏嘘。

（二）财经媒体的应对之策

财经信息需求大众化、财经信息提供渠道与方式多元化，特别是网络传媒成为主导者之一的格局，必然驱使纸质媒体的理念与运作方式发生变化，它们必须采取一些新的对策。目前看来，它们可采取的对策至少包括以下两种。

1. 有效满足大众对财经信息与分析的需求

满足而不是漠视大众对财经信息的需求，是财经媒体的不二选择。正是因为大众对财经信息的需求强劲，所以即使在证券市场低迷时，这种需求依然能强烈地表现出来，这就要求财经媒体重新认识专业化的内涵。其实，专业化一定是与市场基础相联系的。国内商业银行纷纷开办私人银行业务，并一再调低进入门槛，不断推出理财产品，并尽可能地用通俗的语言吸引普通投资者，这些都是重新认识专业化的表现。而国外商业银行中间业务占总收入的比例远远高出中国商业银行几十个百分点的事实，也说明面对普通公众的专业化非常符合市场需求。

有效满足公众的财经信息需求，应当对媒体的内容处理模式做什么样的调整？不同的媒体可以有不同的答案。事实上，不同的证券类节目、栏目、版面，也给出了自己的理解。但从方法论的层面说，也许有效的方法之一是耐心地看看网站和移动端的财经频道从纸质财经媒体上选取了些什么内容，是如何重新做提要和标题的，是如何重新组合的，这样就可以猜度出移动互联网时代纸质财经媒体应当给大众提供什么。这种对位研究是必要的，却很少有人做。

还可以做的工作是，研究一下耐读性与易读性对内容结构的不同要求。新闻版是要求易读的，阅读的便利性决定了传播的有效性。做提要、分几行列标题、加图示等，都是为了提高易读性。甚至新闻的基本写作模式，也是为了提高易读性而形成的内容处理模式和表达模式。因此，新闻部分为体现易读性，其内容门槛就应当是相对较低的。而提高耐读性是希望延长报纸在读者手中的停留时间，对应的是对报道题材的专业化解读、深度式信息组织和专题式表达，是增加更加体现知识新闻化的背景和分析，所以其内容门槛就应当是相对较高的。这从客观上要求纸质媒介的不同部分定位应不同。如一张市场适应性较好的报纸，在定位和版面资源分配上一定都是非均衡的。它的新闻部分，内容门槛较低，满足快速阅读、浅阅读要求，满足易读性要求；它的专题部分，内容门槛较高，满足持续阅读、深阅读要求，满足耐读性要求。媒体人分析自己的需求时，就会发现这样的非均衡需求在自己身上同样存在。越是利益多元化的社会，这种非均衡越会多样化存在。媒体必须适应这样的现实。实际上，在今天这个时代，任一媒体都难以说自己是以独家新闻取胜的，因为一家媒体所报道的很多新闻与其他媒体是同源的。媒体只能靠独家的判断、独家的分析、独家的解释立于不败之地。这样的独家不仅包括分析与见识，还包括对受众需求非均衡分布情况的把握、理解和采取的应对措施。这是有效地使用自己的信息、分析、版面等资源的基础，同样也是竞争焦点所在。

2. 努力实现提供渠道与方式多元化

网络和新媒体的影响力已为人们所重视。如何把它们很好地结合并运用起来，在今后可见的时间内，可能是讨论与争论的主题。

按技术载体来区分，新媒体大致有四类：基于互联网的，如网站、搜索引擎、即时通信工具；基于通信技术的，如手机短信、流媒体式手机电视；基于广播电视的，如广播式手机电视；基于卫星的，如直播卫星。这四类中，前两类的影响人们已经深刻地体会到了。它们拥有强大的内容聚集能力和用户聚集能力，因而也获得了较强的经济实力。实际上，大约 40 年前卫星用于电视转播，就开辟了电视的影响空间。2008 年汶川发生地震，北斗卫星导航终端所具有的发报文功能进入实用，已经让人们看到了新的空间，看到了多年前手机短信的影子。

但在金融信息服务领域，最有效率的传播工具是在线数据库。这种在线数据库最初是基于有线通信专线的，现在逐渐转向基于互联网和卫星。从信息传播效率来看，当今世界最有影响力的传媒形态之一是在线数据库，或者说是基于互联网实时更新、在线分享的数据库。这样的数据库基于对人们信息需求与使用习惯的分析设置多种使用场景，但区别于传统的专业型数据库；这种数据库更注重满足人们对最新信息的需求，更注重知识管理，更注重通过对零散信息的有效编组提高其可用性、满足弹性与多重价值。这种数据库作为传播形态比其他大众传媒在某种程度上更具影响力，能够更有效地影响重要政治经济决策，影响人们的思维与行为。未来通讯社还会销售通讯社产品库的浏览权、下载使用权、分享权。要把在线数据库作为一种传媒形态发展好，需要做三件事：一是需要转变观念，不再把数据库当成仓库，而是将其作为一种传媒形态；二是需要对人们的信息需求、心理需求进行综合分析，从而更好地构建和运作在线数据库；三是需要把数据库与网络等技术传播手段和形式有效地结合起来。

在提供渠道与提供方式方面，财经信息市场的多元化体现得最为充分：既有传统的纸质工具，又有高效的在线数据库工具；既有通俗的证券类节目，又有专业的理财分析。但对一个纸质财经媒体来说，其还是要考虑如何利用网络等新媒体工具和传播形式。成功结合的关键之一，是就纸质媒体与新媒体在整个传播格局中的不同功能进行清晰定位。2007 年新闻集团提出并购道琼斯集团时，有报道称《华尔街日报》付费电子版的年发行量为 92 万份。但即便如此，《华尔街日报》给其电子版的定位，仍然是 24 小时黏住读者，使其在满足需要的同时，愿意阅读纸质版《华尔街日报》，这其实就是平衡运用多种传媒工具。《财经》杂志在把出版周期缩为半个月之后，大力发展财经网，使其在“向读者提供新闻资讯、事件报道及深度分析”的同时，成为一个信息集散平台。它们的发展模式，简单地说就是一种异步策略，逐步分离，让财经网发挥更多的功能，同时又弥补半月刊时效的缺陷。

三、竞争关键在于争夺金融信息市场主导权

从世界范围看，财经传媒集团的竞争焦点是金融信息服务市场的主导权，它既反映在一系列重要并购上，也反映在一些新的金融信息提供者参与到竞争中来。这样的竞争会对财经媒体的竞争格局产生深刻的影响。

（一）信息流与金融信息市场

人们在讨论财经媒体时，常常只讨论纸质财经媒体或一些财经频道和节目。这更多是从公众接触度的角度习惯地选择分析对象。事实上，更有影响的财经媒体是金融信息市场的信息提供者。

在金融信息服务市场，通过在线数据库为专业投资者提供服务是金融信息服务提供者或内容供应商所采用的主要传播形式。这种在线数据

库同时也是一种基于数据库的网上交易平台。彭博社、汤森路透集团的服务对象是“客户”，即商业机构、企业组织以及专业的投资人士，所提供的服务被视为财经信息；一般财经媒体提供的则被视为财经新闻，服务对象是“受众”，即社会大众，包括商业机构、企业组织，也包括所有有需求或兴趣的个体。但这两种财经内容提供者正在不约而同地走向有共同特征的新发展模式。汤姆森公司与路透集团的合并、新闻集团并购道琼斯集团，更显示出信息全球流动时代掌握金融信息市场主导权的重要性和竞争程度。

金融信息服务提供者与普通信息提供者的最大不同就在于，其能够通过在线数据库或称综合信息系统，不间断地提供所获得的最新资讯和分析，所形成的信息流更新迅速，丰富多样，指向清晰。相比之下，一般财经媒体所提供的则只能被称为信息组合。从打造信息组合到打造信息流，不仅仅是工具与产品形态的变化，更是信息观和价值挖掘方式的变化。信息流对人的影响，远远大于信息组合对人的影响。

信息流不仅指信息的集合，更强调信息的传递方式，即信息在计算机系统和通信网络中的流动，可以以在线实时或随时调用的方式被使用。在现实经济活动中，信息流是在空间和时间上向同一方向运动的一组信息，它有共同的提供平台——信息系统和分散的信息接收者。信息流的运动方式，使得信息产品不需要脱离所有者的控制就可以被交换、交易和使用，使得使用者数量增加时并不相应同比例增加成本，使得信息产品的独立性更强。

换个角度说，这种信息流是信息市场中比较成熟及市场估值较高的产品形态与服务方式之一。彭博社、汤森路透集团通过综合信息服务系统提供信息流产品，获得了远远高于一般财经媒体的收益，并通过综合信息服务系统所形成的技术和市场壁垒，获得了一定的竞争优势和垄断优势。人们一旦使用这种综合信息服务系统就会形成习惯性依赖。因此，可以说这样的信息服务更易成为能带来实际物质财富的稀缺资源。而市场之所以能够接受其高价格，是因为对其使用价值的认同。通过信息市场，信息服务在提供者与消费者身上从不同角度体现出其财产价值。

信息产品和服务不断增长的实际市场价值，促使人们对“数据库和信息产品”的投入不断加大，这更进一步增强了对完整保护的需求。“在 1991 年到 1997 年期间，数据库的数量从 7 637 个增长到了 10 338 个，而且私营部门所占份额从 1991 年的 22% 增长到 1997 年的 78%。”[①] 汤姆森公司（Thomson Corporation）1998 年年度报告中说，该公司已经战略性地把自身转变为一个信息公司，而且把与信息无关的权益剥离出去。过去 5 年，这个公司在信息业务方式投入了 61 亿美元，其中 1998 年就在 70 个新的信息业务上花费了 8.3 亿美元。这使该公司在 1998 年前的 5 年中信息收入增长了 24 亿美元，“几乎相当于创建一家《财富》500 强的公司”[②]。同时，在线服务的方式进一步促进信息产业的发展，也深刻地改变着财经信息市场的运行规则和格局。

（二）两起并购与争夺金融信息市场主导权

财经媒体的发展取向如何？总体来看，在未来一定是综合运用多种传播手段，特别是在线数据库。谁能够在这个市场有所作为，谁就能在未来中国的财经媒体市场，乃至世界财经媒体市场有更大作为。

人们已经关注到两起重要的并购。2007 年 5 月 1 日，新闻集团提出以 50 亿美元的价格收购道琼斯集团；5 月 8 日，汤姆森公司以 88.7 亿英镑的报价提出并购路透集团。这两起并购案提供了一系列重要的信息，集中到一点可以说，两起影响深远的并购的核心是争夺金融信息服务市场的主导权。

已经拥有报纸、电视等诸多传媒形态的新闻集团，为什么要并购道琼斯集团？不能仅仅解释为是为获取财经信息和分析资源，更是为福克

① 马克·戴维森：《数据库的法律保护》，朱理译，北京大学出版社，2007，第 274 页。

② 同①，第 275 页。

斯财经频道提供支持；不能看作仅仅是为了道琼斯集团这样一笔资产，更重要的是要进入高端金融信息服务领域。一般公众可以不必过多关注金融信息市场，但对财经媒体的从业者而言，关注并研究其动向，应当是必修课。在线数据库或者基于互联网的综合信息系统，是最有影响力的传媒形态之一。综合信息系统不仅是信息传输工具，而且是对世界政治、经济运行有重要影响的平台和力量。综合信息系统的内容处理和运作方式，实际上会传导到其他财经媒体中。许多财经媒体也依赖国内外这类综合信息系统进行日常报道和深度分析。数据库本来就是财经媒体的重要资源和支撑。谁能够在运用平面媒体、广播、电视、互联网等传媒工具的同时，有效地运用在线数据库，谁就能够在财经媒体竞争中有更多优势。也因如此，金融信息市场主导权的竞争就成为财经媒体发展的重要影响因素。

分别位列金融信息服务市场第二、第三的路透集团和汤姆森公司实现合并，就可以在金融信息服务市场拥有更大的主导权和话语权。

在并购之前，彭博社在金融信息服务市场中排第一位。创立于 1981 年的彭博资讯（一译布隆伯格财经新闻社）每天 24 小时通过双屏终端滚动播出的集新闻、数据和分析于一体的多媒体资讯，包括全球所有主要金融市场的即时信息以及 20 000 多个分析工具。其主要面向掌握 20 亿美元的机构和个人客户，每个终端每月都须交纳 1 350 美元。

20 世纪 70 年代起，注册于加拿大的汤姆森公司一步步剥离了传统业务，将其主业集中于金融信息服务领域，实现了快速发展。汤姆森公司在 1998 年年度报告中把自己、里德 - 爱思唯尔集团、威科集团认定为主要的全球性信息企业。威科集团 1998 年年度报告显示，预计在线产品的迅速发展能够促进有机增长进一步发展。集团已经开发了许多网络服务，而且正在继续做下去。1998 年之后十年的事实证明，在线产品成为金融信息产业的主要产品并高速增长。在 2007 年，全球金融信息服务业的规模高达 1 725 亿元人民币，这个数字相当于 16 个网络广告市场或 13 个网游市场的规模。2007 年中国金融信息市场份额尚不到全球市场的 2%。按市场占有率，全球金融信息服务业三巨头已经变为彭博社、路透集团和汤姆森公司，它们共占据着全球大约 50% 的市场份额。2008 年 4 月 17 日，汤姆森公司和路透集团正式合并为汤森路透集团，在伦敦、多伦多和纽约三地同步上市，汤森路透、彭博和里德 - 爱思唯尔新三足鼎立的格局形成。2018 年，彭博集团总营收达 100 亿美元[①]。2022 年，汤森路透集团总收入 66.27 亿美元，归属净利润 13.9 亿美元[②]。

汤姆森公司与路透集团的合并，可以说是双赢，造就了一个在电子信息服务、金融交易服务和新闻媒体领域全球领先的传媒集团。原路透集团新闻部分的收入仅占总收入的 5% 左右，但它拥有全球新闻采集网，和汤姆森公司在收入结构、人员结构、产品结构上正好形成互补。业务整合使集团的收入结构更加合理，而营销渠道的整合可以实现对用户和市场的全方位覆盖。仅仅以美国市场和欧洲市场为例，二者收入的区域分布正好形成互补结构。路透集团 2006 年收入的 54% 来自欧洲市场，28% 来自美国市场；而汤姆森公司 2006 年收入的 81% 来自美国市场，只有 14% 来自欧洲市场。通过人力和品牌资源的整合可以大幅提高业务和产品的竞争力。

这两起并购的另一启示是，一个传媒集团如果没有财经信息提供能力，就缺少核心竞争力。今后，财经媒体会成为大型传媒集团不可或缺的资产配置，综合信息系统会成为传媒集团和财经媒体更为重视并重点投资的传媒产品。从目前中国财经信息的市场需求看，相对于汤森路透、彭博这样的财经信息市场领先者来说，小型专业的综合信息系统有足够的生存空间和发展空间。目前，国内已经发展起来一批有竞争力的使用综合信息系统的信息服务商。其中之一是万得资讯，它的特长是通

---

① 此数据来源于 Business Insider 的报道。《彭博 2018 年营收达 100 亿美元》，https://baijiahao.baidu.com/s?id=1622245754186285532&wfr=spider&for=pc，访问日期：2023 年 9 月 30 日。

② 此数据来源于百度股市通。

过深层分析，从数据中挖掘更有价值的数据，从资讯中发掘有价值的信息。它最初同一些财经媒体合作，免费提供终端，媒体可以免费使用其资讯。几年后，这些财经媒体发现，它们已经习惯于运用这个综合信息系统作为辅助报道手段，使用这样的资讯，媒体提供的分析更有说服力。可以说，在财经媒体领域，人们对这种小型的专业信息系统还没有给予足够的重视，一些财经媒体不把这种专业信息服务商视为重要的竞争者。而资本市场的参与者对这种信息服务的需求却一年比一年旺盛。这样的反差，会给财经媒体带来更多的竞争者。

第二节　增进共识：在社会变革中发挥凝聚力

一、围绕利益契合点，体现眼光、认知和判断

凝聚共识，是媒体提升传播力、影响力的落脚点和题中应有之义。关键是要解决大思路和大理念问题。

（一）报道对象内涵和关注点变化

专业财经媒体和大众媒体报道对象究竟发生了什么样的变化？多年前，人们讲的经济报道多是一场一点一站式的报道，没有把企业当作市场经济最有活力、最具有生命力的细胞。今天，经济报道对象和受众关注点都在变化。

一是经济报道、企业报道所面对的工人队伍构成在变化。首先，工人队伍不仅指蓝领工人和制造业工人，大量农民也进入工人队伍，农民工进了工会，农民工代表成为全国党代会的代表。所以工人队伍这一报道对象发生了变化。其次，今天的工人已经同时是智力劳动者。再者，今天面对的工人队伍是有种种利益诉求、现实需求的。因为他们在一定岗位，所以他们是工人队伍的一分子；但同时，他们也是经济人。经济人并不只是经济学上抽象出来的理性经济人，还是市场经济条件下有各

种现实需求、利益诉求的人，有收入（包括工作收入，第二、第三职业收入等），有消费（包括自家消费支出、理财、投资等），有现实需求（包括生存、生活、生育等）。仅从就业角度看，就业、职业发展、职业流动，这些都提供和创造了故事及报道题材。

二是作为报道对象的企业也在发生巨大变化。今天的企业已经是复杂供应链、价值链、市场体系的竞争主体，而不仅是从车间、工厂向公司转化。政府政策重心不仅是促进经济发展，还包括注重创造就业机会。如何更有效地发挥企业创造财富、提供就业、提供税收、带动相关产业的四大功能？在复杂的竞争和博弈中，企业的运作方式在发生哪些重要变化？

三是作为报道对象的市场也在发生巨大变化。市场正在从原来分割的局部市场演变为全国统一大市场，变成国际国内联动又相互补充的复杂市场。媒体也从一般面对某市场，变成面对供应链体系和某个产品生态内的特定市场。换一种眼光看，实体市场是注重日常消费品、房子、汽车等具体产品的市场，媒体经常予以高度关注。相对而言，媒体对服务贸易市场的关注度就小得多，对金融市场中的期货市场还缺少关注。而期货价格剧烈波动，对行业、企业影响巨大。比如，全世界因用玉米作为燃料油导致期货玉米价格暴涨，导致现货市场和综合运营价格暴涨，进而导致整个行业的粮食供求关系变化，甚至影响居民消费价格指数。客观地看，媒体对信息市场也缺乏关注。信息是现代经济运行的重要因素，而媒体对信息交易、信息成本关注较少。通常，媒体对国内市场、国际市场的报道容易停留在感性层面，对国际市场的了解和理解还不够深刻。从国内来看，政府的经济政策是重要的报道对象。政府的政策不仅注重促进经济发展，更注重促进就业，媒体有没有从多个角度来分析、回答人们提出的一些问题？报道对象和过去相比已经发生了重要变化，而从报道构成看，新增部分的报道量显然有可提高的余地，报道切入点也可以变化。

（二）报道竞争度变化：三个分析视角

1. 以市场紧密度为视角

第一个分析视角，是看其经济报道与资本市场的关联度、紧密度。若把资本市场缩小为证券市场，谁的报道与证券市场的关联度最大？显然是三大证券报，它们总体上主要是给机构投资者看的；还有一些媒体和网站，它们主要面向散户等中小投资者，这就是第一圈。第二圈是一些新财经媒体。一个经济媒体最有价值的不仅是其提供的信息，还包括其对相关信息、趋势、变化的看法。但因其与资本市场关联度相对小一些，依靠它们做投资决策有点难，因为它们提供的并不是狭义上的财经信息。第三圈是经济专业类报纸，我称之为泛财经类报纸，它们有助于判断大势，但其与具体的证券市场关联度可能更小一些。第四圈是所谓综合性媒体，有些对证券市场有关注，有些没有。这种分析不是给这些媒体划分等级，而是提供一种观察视角。

2. 以政策宣导为中心

换一种视角，以政策宣导为中心观察，哪家媒体在政策宣导方面做得最好，最有权威？是否综合性大报在经济政策宣导、解读方面就是最权威的？我认为不能这样简单等同。有些财经媒体对经济领域重大决策和政策走向的分析更专业、更系统。以经济建设为中心，就应当对重大经济决策、重大措施、重要政策等的变化非常敏感。

3. 以经济人为切入点

“经济人”是媒体报道水平与影响的必要观察视角。媒体是否把读者视为“经济人”并以此为切入点安排、处理经济报道？人们对经济发展和自身收入等的预期，会深刻影响人们的心理和行为。如何有效地稳定人们的预期，从而促使经济健康发展，就是今后一段时间媒体施展才能之处。

如果将受众个体这个“人”，视为有经济需求的人，而不仅是经济学上有经济理性的人，将受众个体视为一个依据各种变量做出投资决策、特别是有可能受群体跟从效应影响的人，就会发现他们太需要引导，太需要媒体提供信息、知识、方法、观点以维护权益、创造价值。过去，经济报道较多集中在政治经济、产业经济等方面，而以经济人为切入点来认识、处理经济报道还显得不足。以民为本的理念，应当全方位体现到报道中来。具体到经济报道，就包括“民有经济需求”。这应该成为经济报道的着眼点。

以“经济人”为切入点，还要善于从需求者角度选择、处理内容，提升经济报道的质量、品质，善于解读经济现象，回答人们心中的问题。比如，2007 年 4 月 20 日《第一财经日报》头版有篇报道标题是《货币财税政策静候繁荣下的风险》，实际上是对前一天发布的经济数据的评论性、解释性报道，是从国际化的视野来关注的。虽然阅读这篇报道所需要的知识门槛比较高，一般读者读起来会有些费劲，但“繁荣下的风险”的表述非常引人关注。对于从事经济报道的综合类媒体来说，其可以关注网站、移动终端如何选择、转发综合媒体、专业财经媒体的报道。选了什么内容？为什么这样选？选的东西放在什么位置？哪类内容挂在什么位置多长时间才拿掉？其点击率和关注度如何？其题材、切入角度与传统媒体有什么区别？转发到自己所在媒体进行报道时是否重新做了标题？如何提高其附加值？通过这些分析，就会悟出许多值得借鉴、优化的东西。

（三）报道理念的变化

有没有必要对流行的经济报道理念做系统梳理？有没有必要更新原有定位或提出些新的东西？

以民为本，以人为本，就应当关注个体的利益和需求、个体的感受和认知。那么，“人”的视角的经济报道、“人”的需求的经济报道、“人”的本位的经济报道应该怎么样做呢？以人为本，民生经济新闻的报道理念和切入方式还有调整的必要。“从社会的视角看经济、从经济的视角看社会”的理念，体现了经济与社会的结合，但还不太够。那更多是 20 世纪 80 年代新闻界在百姓不太懂经济、对市场还陌生的情况下运用的。现在，市场在资源配置中所起的作用越来越大，经济新闻就要相应升级换代。

面对今天的经济运行和市场竞争，如果再简单地以经济的眼光看社会，就可能损失相关内容的经济属性，可能忽视人们的价值追求和价值理念，以及作为“经济人”的人们对价值创造的关注。也许，“从经济的视角看社会”的理念依然可以秉持，“从社会的视角看经济”的理念则需要优化。

仔细看看整个世界，经济报道理念都在变化，简单地概括就是越来越专业化，越来越关注金融市场，包括金融衍生品在内的资本市场，越来越关注现代经济运行。当年看的几篇报道很有意思，股指仿真交易在周二暴跌，周四股票市场暴跌，银行间债市周三暴跌，但为什么没有人把几件事串起来分析呢？包括专业证券报在内都把它们放在了不同版面。这一连串事件是否揭示了现阶段中国资本市场的运作规律？是否可以从中看出中国市场的重大变化甚至从中看到重大变化的端倪？

世纪之交时，我有机会探访青海铝厂。在厂部办公小楼二楼楼梯口对面墙上挂着一个小黑板，上面写着三行数字：今日伦交所电解铝价格、今日沪交所电解铝价格、本厂现货价格。这说明青海铝厂已经把其现货定价与国际期货市场价格联系起来，说明中国有色金属率先进入了定价机制的国际化。现在，中国一些企业已进入期货市场，股市的参与者众多，股市暴跌成为社会关注的重要问题。这就要求新闻记者对经济的了解、分析、报道更加专业化，民生经济新闻内涵和切入方式也需要变化。

如何报道企业呢？过去人们习惯从企业视角说企业。在市场经济条件下，应该从市场视角看企业，从市场视角说企业，站在公平、公正、公开的观察者、评判者、维护者的角度说企业。这样，就可以站在比一般企业更高的位置来观察企业运行中的问题。如“杭萧钢构事件”，不管最后有没有揭露出信息披露是否违规、是否有人事先获得消息等问题，它在资本市场都是个标志性事件：从政府角度看，应加强监管；从市场角度看，应加强维护力量，利用媒体公开信息来监督市场。美国证券市场揭露的一些舞弊案是媒体首先报道的。中国的监管机构也希望媒体从市场视角报道企业动向。监管人员再多，也赶不上有成千上万个观察者。也就是说，政策层面、市场层面、人心层面都要求媒体从市场视角说企业。媒体是公开、公平、公正的维护者，是市场交易规则的维护者。媒体应站在公开、公正的角度看问题，依法依规、实事求是，开展舆论监督。此外，跨国公司应当是监督重点；对中小企业，可以从关心爱护角度关注。

（四）一张大报应该追求什么

首先，大报一定要有大报的眼光和选择。新闻运作的核心问题之一是选择和分类。从采编流程上讲，记者采集，编辑策划、加工、做标题等，传统上是采集优先。现阶段，传媒运作理念可以转为同时注重选择，把所有媒体、所有新闻来源都作为信息源，在选择时体现眼光、见识和判断。

主流媒体要具有博大胸怀，以“中国已经是全球经济重要组成部分”的眼光来看待具体经济问题，站在负责任大国最有影响力大报之一的高度来看待、处理经济报道。大眼光、大气魄、大判断，一定要在主流媒体中有所体现。

1. 关注涉及中国经济和世界经济的重大问题

一张大报必须关注涉及中国经济和世界经济的重大问题，不被具体某位读者是否喜欢而左右。这样的重大问题，是一个大报必须关注、报道的。大报在每一个重要历史关头都要发言，站在正确立场、依靠集体智慧做出判断。例如，为什么中国媒体必须关注印度的发展，因为在发展过程中，中印既有合作，又有博弈；为什么要关注欧盟，因为欧盟是未来最有影响力的经济政治实体之一。中国真正研究欧盟的人还是太少。现代主权国家的理念产生于欧洲，为什么在第二次世界大战之后不久要建立欧共体，在让渡一部分国家主权基础上建立欧盟？这至少体现出国际政治经济运行方式发生了变化，经历了千年残酷战争的欧洲国家意识到要联合起来。

作为负责任大国最有影响力的大报之一，可否拉个问题单子？在单子中列出哪些问题是必须报道、必须每月关注的。让这个问题单子潜藏在编辑部成员的脑海里，以使他们随时抓住机会。

2. 关注就业等人民群众的切身利益

一张报纸的特色和追求应该是做人民群众利益的维护者，而不仅是权益的维护者，应当关注就业等与人民群众切身利益相关的重大问题。当前各方集中力量干的事情之一就是创造就业机会、维护就业岗位。通过努力，使全社会就业岗位总量有所增加。

可以从不同的维度认识作为“经济人”的人民群众。一是他们必须有收入，以保证必要支出；二是从支出结构上讲，他们会把收入和积蓄按重要性分为三部分，即消费（用于生活、养家、医疗）、理财（使积蓄保值）、投资。过去投资占一小部分，前两项会占到人们支出的 80% 到 95%，这部分内容也应该占到媒体报道总量的 80% 以上。关注资本市场，不是说把报道资源全部投入资本市场，而是要点明趋势、办法和观点。

再换个维度，就是生存、生活、生育。人最起码要生存，也要提高生活品位和质量。而生育，无论对个人、对家庭、对社会、对民族、对国家，都是大事。

另一个维度是就业、职业选择和职业发展。我认为抓住就业、抓住人民群众生存需求，就能体现出最大的社会效益，而关注理财、投资等体现的是市场要求。

从报道切入点上说，要永远抓住就业，将其作为基本互动和权衡的视角。人们常把媒体的经济报道分为产经、政经、财经等，更现实的是要考虑具体操作的切入方式。一个时期、一个阶段，依据新闻事件，依然可以突出强化一些主题。媒体面对的受众分布在社会经济体系各领域，包括制造业和其他领域，媒体要高度关注就业情况，创造就业岗位，关注就业等与人民群众切身利益相关的重大问题。只有这样，报道才有核心竞争力。

就业是与人民群众切身利益相关的重大问题。无论从政治学还是经济学上看，“劳动”一词都有丰富的含义。对劳动者来说，劳动是他们职业生涯的重要部分，贯穿他们和社会经济联系的重要阶段。“劳动”一词也蕴藏着许多故事、利益、冲突、要求、机会。媒体应当发挥自己的优势为促进就业提供帮助。比如，可以搭建一个报网平台，把能搜集到的就业政策、就业需求、求职信息放到这个平台上，免费为普通劳动者，尤其低收入者、再就业者及农民工等提供求职信息。可以根据获取的信息设计并发布就业需求指数，包括岗位需求和求职需求强度以及区域求职强度。这样做是为千百万人谋福祉。从求职强度，可以看出不同区域、领域经济运行的质量。比如这个月的社会求职强度大于上个月，既能说明经济运行有变化，又能反映就业需求发生变化。当然，这只是我的设想，但我认为，关注民生问题可以为媒体带来重要资源。

二、抓住问题关键处：推进法律文化深层化

促进共识的重要一环，是努力使尊法、学法、守法、用法在全社会蔚然成风。法律要发挥作用，需要全社会信仰法律，把尊法放在第一位。只有内心尊崇法治，才能在行为上遵守法律。只有铭刻在人们心中的法治，才是真正牢不可破的法治。这不仅需要积极助力推进法治建设，宣传、解读法律、法规，还需要借助新闻媒体对一系列法治事件进行大规模报道、讨论和评论，使法治精神、法治文化、法治原则在普通民众间进一步普及，使民众对法律的尊崇得到进一步加强，使法律文化深层化。

（一）推进法律文化深层化的五个关键

1. 在增进共识中推进对法律的尊崇

对一系列法治事件做出选择或者排序是比较困难的事情，这是因为从法治这个视角、从有利于推进法律文化深层化这种价值观权衡，这是一个长长的榜单。可以说，今天的新闻媒体已经习惯于在报道新闻事件时从法治视角切入、评判，从而给许多看起来简单普通的新闻事件，赋予了有利于推进法律文化深层化的意义。可以说，法治事件已经不只是引人注目的事件，其演变过程或发展进程也是在包括新闻媒体在内的各方努力下寻求、促进共识的过程，这本身就是一种动员、一种彰显。

回顾历史，2007 年最重要的法治事件，就是《物权法》的讨论、通过及颁布。《物权法》引起的关注，《物权法》广泛征求意见的过程本身，等等，都使物权这个舶来的概念走出了殿堂，与中国老百姓与生俱来并正在觉醒的财产权意识结合在一起。重读新闻媒体关于《物权法》的报道是很有意味的，可以看出发展进步的过程。从不适应，直接引用《物权法》的专业法律条文，只是转述专家介绍与意见，到专业而又通俗地解读、辨析关键条文、概括争论焦点，再到把一些引人关注的新闻事件与《物权法》的讨论和制定紧紧地关联起来，可以说，传媒在推进共识的同时，也在着力推进对法律的尊崇，并且在这种推进中传媒自己也一步步地走向成熟。

中国的现代化进程从某种意义上说表现为法律的现代化。经济发展与社会进步的要求，人们破除旧思想与体制束缚的成果，最终都要以法律形式固定下来。从某种意义上说，梳理中国宪法与部门法制定、修改的历史，特别是《民法典》制定颁布的进程，就可以把握中国现代化进程的关键环节。

但从另外的角度观察，中国现代化进程又表现为法律文化的深层化过程，表现为法律规则以及依法行事意识成为人们意识深层决定性因素的过程。一般，可以将法律文化分为物化的、制度的与观念的三个层面。法律意识是法律文化最内在的深层次因素。而利用各种契机，努力推进法律文化的深层化，强化人们的法律意识，应当是新闻媒体义不容辞的责任。

2005 年 9 月 27 日，全国人民代表大会常务委员会（以下简称“全国人大常委会”）首次举行立法听证会，就《个人所得税法修正案（草案）》有关工薪所得减除费用标准听取意见；2005 年 10 月 22 日，全国人大常委会会议审议吸纳了许多意见的《物权法（草案）》“社会征求意见稿”，2007 年 3 月《物权法》终获高票通过。这一系列引人关注的事件，既显示了中国民主立法的进程，也给新闻媒体提出了如何借此推进法律文化深层化的新课题。

2. 在维护利益中维护平衡利益的法律规则

人们对法律文化的认知往往缘于自己的利益需求，但法律文化的深层化，在今天则必须借助传媒力量，而不仅是法律活动本身。历史地看，中国的民事案件数量有明显增长。2013 年至 2020 年 6 月，全国法院受理民事案件 9 202 万件，审结 8 920.3 万件[①]。尽管如此，人们对法律规则、文化、精神的感受，仍主要来自新闻媒体的报道与介绍，而不是来自与自己有关的法律活动本身。

从这个角度来观察，人们就会发现一系列新闻事件之所以被冠上法治事件的名称，恰恰是因为通过新闻媒体的报道、介绍与评论，人们感受到法律规则、文化、精神，从而推进了法律文化深层化进程，进而推进了法治进程。

法律终究是需要遵守、尊崇的，既需要强力者执行，又需要最普通的人遵守、尊崇。回顾历史，2007 年引人注目的法治事件之一，是重庆钉子户事件。虽然，这个事件延续了两年多，但因为在 2007 年成为新闻事件，所以当事人被称为《物权法》维权第一人。这桩事件的价值，其实更在于解决的过程。那就是在一个有新闻活动参与其中的事件解决

① 蒲晓磊：《全国法院 7 年半受理民事案件 9 202 万件 立足司法职能促进解决国家治理难点》，https://baijiahao.baidu.com/s?id=1680651202960272825&wfr=spider&for=pc，访问日期：2023 年 9 月 30 日。

过程中，各方都有节制地运用自己的力量，都尊重《物权法》确立的规则。而新闻媒体的报道，也适时地从追踪一个新闻事件，渐渐深入到挖掘事件解决过程的价值，回归到在维护利益中维护法律这个平衡利益的规则。

同样起到类似作用的是某公司员工的成规模辞职事件。从 2007 年 9 月底开始，某公司 7 000 多名工作满 8 年、包括老总在内的老员工，相继向公司提出“辞职”，而这次大规模的“辞职”是由公司组织安排的，“辞职”员工随后可以竞聘上岗，职位和待遇基本不变，唯一变化的就是再次签订劳动合同。这桩事件不仅引起舆论的广泛关注，还因为舆论关注而引起全国总工会和全国人大常委会法工委等做出反应。虽然有舆论认为，此举是在规避即将正式施行的新劳动法。但今天回头来看，恰恰是这个事件以及对这个事件的报道过程，宣传普及了于 2008 年 1 月 1 日起施行的《劳动合同法》，使得普通劳动者和许多没有经过法律训练的管理者，知晓了这部新的重要法律的基本规则和维护自身利益的办法。这也许是当事人和报道者都始料未及的。

《劳动合同法》引起社会的广泛关注，是一件大好事。毕竟劳动是每个劳动者最重要的权益和活动，《劳动合同法》在平衡劳动者和雇佣者利益的同时，也在维护劳动者的利益。回想 20 世纪 80 年代，当时邀请了联邦德国的专家来华参与研究劳动法。这些专家就中国公众对劳动法关注程度比较低而感叹，因为在欧洲，劳动法条文哪怕有微小的变动都会引起社会广泛关注，这当然与 20 世纪 80 年代我国的用工制度有关。《劳动合同法》借助一个事件迅速普及，普及的速度也许超过了其他许多法律，这无疑是一种进步，更说明了各个方面在劳动合同问题上的利益要求。比如，如何理解关于无固定期限合同的规定，就是一例。这同样给新闻媒体如何跟进报道提出了新的课题和要求。

3. 在维护法律规则中维护法治精神

也有一些法治事件给新闻媒体如何开展报道出了许多不好解的题目。其中就包括在法律制度成文规则与人之常理、生活推论间如何平衡取舍，也包括如何维护社会的道德底线和良知。

同时，现实生活也给新闻媒体如何维护良知提出了无尽的课题。可以视为文明之耻的“黑砖窑”事件[①]，是因为新闻媒体的报道而得以解决的。但不可以推论所有传媒都只是在这时才获知类似现象的存在。为什么以往没有看到对此类现象的零星报道和大规模呼应呢？

彭宇案[②]引发新闻媒体追问的是法律与做好事的规则，是做人的规则。这些复杂的问题，也许是一纸判决书包容不了的，但它引发了人们对现实的深深思考。其实，缘于新闻媒体的报道，人们对这一类复杂事件的判断方式与思考方向，已经与以往有很大的不同。这也许是报道这一类事件的特殊意义。

4. 在改进报道中改进普法方式

通过梳理新闻媒体对一系列法治事件的报道，我们会发现一个明显的特征：报道更善于选择、更善于梳理、更善于翻译。这使得复杂的法律规则能够迅速成为生活规则。应当说，这是中国新闻媒体所做出的重要贡献。

如何评估新闻媒体在法律文化深层化进程中所起的作用？当然，人们对此有共识，即中国新闻媒体在法律文化深层化进程中发挥了重要的、巨大的作用；或者还应当说起到了关键性作用。没有新闻媒体作为平台，没有新闻媒体作为发现者、选择者、翻译者，没有新闻媒体的传

① “黑砖窑”事件是指发生在 2007 年前后的严重违法犯罪案件，一些砖窑窑厂非法拘禁并强迫农民工从事危重劳动、非法收买和使用被拐骗儿童、恶意拖欠工资和侵占他人财产，剥夺劳动者人身权利并强制劳动者每天劳动长达 14 ~ 16 小时，不给任何劳动报酬。2007 年 7 月 17 日下午，山西省高级人民法院就“黑砖窑”事件相关案件审理情况举行新闻发布会，会上通报了临汾市中级人民法院审判的衡庭汉、赵延兵、王兵兵等 5 人故意伤害、非法拘禁案具体情况。《山西黑砖窑案：赵延兵被判死刑衡庭汉被判无期》，https://www.chinacourt.org/article/detail/2007/07/id/257960.shtml，访问日期：2023 年 7 月 17 日。

② 彭宇案是指 2006 年一起引起广泛关注的民事诉讼案。舒悦：《十年前彭宇案的真相是什么？》，http://opinion.people.com.cn/n1/2017/0615/c1003-29340731.html，访问日期：2023 年 7 月 17 日。

播与放大作用，法律规则不可能如此深入中国文化与中国普通百姓的意识形态和行为规范。

中央电视台《今日说法》栏目受不同层次观众的欢迎。究其原因，一是内容具有故事性与吸引力，所提供案例往往让人拍案惊奇；二是故事性背后更具有知识性，让人们在受故事感染的同时获得维护自己权益的知识和方法，同时栏目具有益智类节目特征；三是具有接近性，所选择案例与法律主要属于民商法范畴，主要涉及调整人身关系与财产关系，与观众个人利益最接近；四是节目形态简单，就是案例与法律分析，模式清楚，便于人们把握；五是内容细分，指向清楚，因而使得观众群宽容度特别大，在从 8 岁到 80 岁的人群中都有忠实观众。这一系列原因使得这个在午间播出的栏目获得观众、专家和主管者的最大肯定。

《今日说法》在普通百姓中产生重要影响的启示在于，法律文化的深层化必须有效利用信息消费轻松化的变化趋向，有效利用中国人习惯于以事说理、以情动人的思维方式。应当说，成文法的严谨律条同普通百姓的知识背景与思维方式还是有很大距离的，与中国“教化民众”的传统表达方式也是有距离的。新闻媒体的力量正在于可以运用自己发现的案例以及对法律的翻译和解释，使法律成为人们的生活规则，而不是停留于社会规则。

这种法律文化深层化的方式，虽与院校法律训练方式以及法学研究者的思维方式有诸多不同，但在中国，它们都是法律文化深层化进程中需要的。没有后者，就没有法律的现代化；没有前者，法律文化就难以真正深入中国文化的底层，难以深入社会运行规则体系的底层。

可以说，信息消费轻松化作为一种趋势性存在，对人们习惯的新闻传播方式提出了严峻的挑战和考验，但也给新闻媒体推进法律文化深层化提供了新的机会。

5. 在法律文化深层化进程中强化自律

一个国家的新闻媒体总是要在一定规则下活动，中国也不例外。不可否认，新闻媒体在促进法治进步、促进司法公正等方面，都起到了重要的作用。但有时这种力量也不可避免地影响着法官心理与审判活动本身，有时还会出现类似“媒体审判”的现象。因而，新闻媒体在法律文化深层化进程中需要进一步地自律与他律。

新闻媒体的自律不仅仅应体现在法律层面，更应体现在道德层面。新闻媒体的功能、地位、影响，要求新闻媒体必须比一般的社会组织坚守更高的道德标准。媒体人也一样。否则，即使不受法律的制裁，也会受良知的制裁。纸馅包子假新闻事件值得让媒体人自省的，是还有没有类似的事故隐患没有引起足够重视。

从更理性的层面说，新闻媒体在法律文化深层化进程中的自律问题，需要法学学者与传媒学学者共同合作研究。

新闻媒体在法律文化深层化进程中所担任的“角色”有时被认为是有些越界的，如果真的出现这种现象，既可能是因为新闻媒体从业者自身法律素养不够高，又可能是因为新闻媒体从业者勇于担当社会责任、伸张正义而触及规则边界。

新闻媒体在报道中会遇到大量法理、事理、情理的冲突。其中，新闻媒体如何扮演适当角色是需要认真思量的。法律规定滞后于社会现实时，法律规定出现明显缺陷时，新闻媒体如何处理？基于何种授权与法理基础做出判断？在一些与公众利益相关的案件中，新闻媒体所提供的事实能否成为审判活动中“众所周知的事实”而成为证据？如果可以，新闻媒体是否在影响审判活动？如果不可以，法学与司法实践又如何看待作为现代社会信息中枢的新闻媒体活动？

诸如此类的问题，需要法学界与传媒界合作，才能有更接近真理与正义的认识。

（二）把握信息环境对司法运行的影响

人是什么？哲学家已经给予了多种解释。但法律意义上的人，是一系列条件的集合，享有相应的权利、义务。对法律意义上的人，信息的占有是人之为人的必要条件。因为，首先，自由还决定于信息占有。同时，信息占有对人的其他权利的实现有深远的实在影响。

而信息环境对人的影响，同样是一步步增强的，虽然人们不一定很强烈地感觉到，但已经不自觉地对其加以利用，包括在司法实践中。这样的运用行为没有经过成文法的授权。

司法与传媒的关系之所以引人关注，是因为远非确立几条规则就可以解决，就可以形成理想中的司法与传媒的良性互动与平衡机制。毕竟经受过严格法律训练的司法人与媒体人的思维与行为，都同样会受到外界信息环境的影响。从信息对人的影响视角观察，对终审前案件的报道固然会对法官的审判行为产生影响，传媒报道构成的传媒信息环境、舆论氛围和价值观，同样会对法官的审判行为产生影响。这也是一种信息博弈。何况，随着技术和社会条件的变化，随着新媒体时代的到来，信息环境对人的影响更加复杂而有力。因此，要保证司法权的良性运行，就有必要研究信息环境与司法权运行的关系，进而寻找出相应对策，做出相应调整。

1. 信息环境对司法行为的影响

信息环境对司法权运行的影响，首先体现为对司法行为的影响，而根基在于信息环境对法律关系中人的影响。在现实条件下，传媒案件报道形成的舆论氛围对司法的影响特别为人所关注，但实际上传媒的非案件报道所形成的信息环境对司法行为的影响更为深层。不仅影响立法者，还影响司法者；不仅影响当事人，还影响法官；不仅影响法官个人，还影响法官群体及法官背后的集体。

（1）现代信息产品的影响

信息环境对司法行为的影响，首先体现为现代信息产品对人的思维、行为，甚至对人的存在方式的影响力越来越大。

人们普遍认同人类社会已经进入信息社会。信息社会的重要特征之一是，数字科技的发展引发了信息革命，产生了大量系统化的信息和科学技术知识。信息成为人类生产的原料与产品，人们对自然状态下的原生信息进行多种选择和结构化处理，进行多重分析和再加工，从而产生更具价值的信息产品。这样的信息产品中，更具冲击力与影响力的是选择后形成的信息组合和信息流，其对人们思维和行动的影响，是以往离散状态下的原生信息所难以比拟的。

新闻媒体，不过是专职搜集、选择、整理、加工、提供信息的组织形式和实体。人们不自觉地把信息搜集、处理、加工、传播活动，委托于传媒这样的组织形式与实体来完成。传媒也许可以称为自然形成的特殊社会组织形式。但这样的委托实施后，传媒及其活动自然就呈现出自己的特性与发展要求，不可避免地会对个体与群体产生影响，对社会运行产生影响。

新闻媒体对社会与人的影响，体现在两个方面，一是其活动本身，二是其活动所形成的信息产品。无论传媒提供的产品是借助什么载体，比如报纸、电视或网络，其都从这两个方面产生影响。但随着网络化社会的到来，电子媒体、网络媒体、新媒体的影响越来越大。究其原因，并不仅仅在于其形式，而在于电子化的手段使得所提供的信息形成信息组合和信息流。而信息组合和信息流对人的影响，远远超过信息碎片。对记者来说，这也是今天为什么单一稿件对人的影响，远远不如成组报道对人的影响大的原因。对公众而言，就是相关信息铺天盖地而来，使人不能不相信的原因。

（2）信息环境与传媒干预

人们在讨论传媒与司法的关系时，对两对冲突更为关注：一是媒体对司法行为的评论与法庭威信；二是传媒对终审前案情的报道、评论与被告能否享有公平审判的权利。这两对冲突成为人们关注的重点，自有其道理，毕竟这两类报道可能更为直接地影响裁判心理、裁判行为和裁判结果。这两类报道的共同点在于都直接涉及司法行为，涉及司法权的运行，在于传媒的活动与报道自觉或不自觉地表现出干预的特点。

值得提出的问题是，信息环境及其变化对司法行为会产生什么样的影响？对司法权的运行会产生什么样的影响？

应当说，传媒的上述两类报道对司法行为所产生的影响是显而易见的。但正因为其显而易见，所以也可以说是有限的。因为在长期的互动过程中，无论是法学理论还是司法实践都能预见这两类报道的影响并做出适当的反应，形成了一定的套路和规范。司法行为的相关人对这两类报道的影响，多少会形成一定预判并有相关的应对措施。

实际上，对司法行为影响更为深远的是信息组合和信息流，是由传媒活动构成的信息环境，是传媒活动与网络空间活动形成的复杂舆论场。面对这样的复杂信息和舆论环境，司法行为相关人的心理、选择与行动会不可避免地受到影响而不自知。人们以为是依据自己的法律训练与认知做出的判断，实际上，人们的价值观与认识已经被重塑，因而，人们的行为已经发生了变化。可以说，在这样的信息环境下，由人组成的法庭，其思维、行为与选择结果，不仅受法律制度、规则、程序的影响，还受信息环境的影响。

这样的变化在媒体与司法中都可能存在。比如，通过对比就会发现，媒体关于反倾销案的报道经历了几个阶段，报道越来越专业、越来越冷静、越来越深入。而对比同类案件在不同时期、不同地域的判决结果，同样会发现信息和舆论环境的影响。比如，不同时期关于知识产权的诉讼的判决结果，就表现出耐人寻味的变化。

在一般情况下，人们会欣喜地认识进步带来的变化。但信息环境的影响，使得人们对司法的解释和裁量尺度发生变化，对关注司法公平的人来说，这仍是值得研究的问题。

2. 信息力量与司法活动

司法活动中信息的力量是不可忽视的。换一种眼光看，现行法律制度设计，不管是大陆法系还是英美法系，不管是条文与还是程序设计，不管是质证还是辩护，注重的都是对信息力量的运用。可以说，在司法活动中，信息占有水平在某种意义上决定着结果。证据传递的是一种不容置疑的信息；质证，更多是对其中蕴含信息的发掘和解读。在法庭上，同样是认识信息，就发现了力量；占有信息，就拥有了权力；整合信息，就增强了能力；传播信息，就施展了力量；形成信息流，就形成更强的支配力。

传媒对信息环境的形成起着重要作用，因而，人们常常关注媒体报道行为与司法活动关系问题。实际上，新媒体发挥的作用越来越大，信息环境越来越呈现出新特点。网络、新媒体对司法活动的影响，并不仅仅体现在提出了一些新问题，更体现在促使人们换一种思维观察如何促进传媒与司法的良性互动，包括提高法院的信息利用能力、优化其信息发布机制，通过有效提供信息去主动影响舆论与信息环境。

（三）助力提升司法与传媒良性互动水平

司法和传媒良性互动的核心是要面对两种不同的思维，即裁判思维与传播思维。

1. 所面临的四个转变

以传播思维观察，法院系统面临四个重要转变：一是要从习惯面对专业媒体转向面对大众媒体，法院系统的思路要非常清晰，面对社会、影响公众、左右舆论焦点的是大众媒体，不只是专业媒体；二是要从习惯面对传统媒体转向面对新媒体；三是要从习惯与媒体打交道转向把握新媒体条件下舆论形成规律；四是要从习惯于新闻宣传、直接传播，转向既要善于直接传播，也要善于驱动传播。虽然在传统媒体方面，21 世纪初全国有 2 000 多家报纸、10 000 多家杂志、2 000 多个电视频道、2 000 多个广播频率，但是新媒体的覆盖面在迅速扩大、影响力在迅速增长，传统媒体的议题设置很大程度上受新媒体舆论场舆论焦点的影响，新媒体正在成为传播格局的决定性力量。

2. 提升司法与传媒良性互动水平

如何实现司法和传媒的良性互动？至少包括以下几点。

第一，良性互动的前提是要形成新的理念，即借助传媒和新媒体的传播来增强司法公信。最高人民法院原院长周强强调司法公正、司法公开、司法公信时，特别提到：“法官的一言一行、法官与当事人的每次接触，都可能因各种因素成为舆论关注的焦点。”其落脚点和核心恰恰在于司法公信，要借助传媒和自媒体的力量来确立和强化司法公信。不然，即便是法官把案子判了，判决书下了，两审终审和申诉都依法结束了，舆论依然可能议论纷纷。没有司法公信，就没有法律权威，就守不住最后一道防线。在中国熟人社会、亲情文化的环境中，规则最后裁定的真正落实，一定要借助社会共识。没有社会共识，再好的裁决也可能只是纸面上的裁决。

第二，良性互动的基础是司法公正、司法公开。信息缺失和阻碍会激发人们的探索欲望和传播欲望。你越拦阻，人们越要传播；你越不让他走进去，他越要把信息弄出来；越是信息缺失，越会引起人们的重视，越促使人们要把事情搞明白。在今天，感觉、情绪与行动之间的距离很短，转换时间很短，可能几秒钟就转换了。所以，良性互动的基础是司法公正和司法公开。

第三，良性互动的核心是顺应规律、利用规律。不是双方建立完成伦理和规则才能实现良性互动。要适应老的传播规律，也要适应、利用新的规律。传统媒体采用大喇叭传播，传播路径像个树冠，控制住树干就能控制信息传播。新媒体的传播方式是关系链传播，一个人接一个人如人链般传播，像沿着无数蜘蛛网一样传播开去。顺应关系链传播规律，至少有“十个同样重要”，比如，事实传播和观点传播同样重要，直接传播和驱动传播同样重要，随时传播与定时传播同样重要，等等。这“十个同样重要”，是法院系统的新闻发言人、中层以上领导干部和重要法庭法官都要知道并会运用的。在今天，适应新媒体，绝不只是开了几个微博，有一些粉丝和互动，有一些转发和评论，而是要适应传播规律，特别是新的传播规律。

第四，良性互动的途径是协同合作。司法与传媒寻求良性互动，应当首先考虑协同合作。传媒也应该学会协同。针对法院和传媒关系而言，在采访这个环节，法院是强势的，传媒是弱势的。但是，在审后环节，法院是弱势的，传媒是强势的。因此，指导思想、机制设计、传播策略等的着眼点都应是协同合作。

第五，良性互动的重点是社会沟通。面对新的社会环境，要适应新特点、新规律，要学会运用多种方式、多种渠道与社会沟通。社会沟通也有其规律、技巧和方法，比如从原来习惯面对群体传播转向善于面对个人传播，要善于运用传播要素实现社会沟通。在新媒体时代，传播要素可以帮助扩大传播影响力，有效驱动传播。公平、正义、公益、关切等就是这样的传播要素。而这些词又天然地与法院审判工作紧密相连，这就更要善于与社会沟通，与公众沟通。

第六，良性互动的目标是提升司法公信，强化司法权威，推进法律文化，彰显法治影响（或者说是彰显司法影响）。这包括长期战略、短期目标、应急策略等的结合。

第七，良性互动的保障是建立规则体系（包括一系列规则、指引、底线）以有效地提升人们的互动、沟通能力。规则体系当然应当包括底线的确立，这是当务之急。底线包括以下几方面：第一方面是在强化司法公信、促进良性互动的新形势下法官必须遵守的底线，在“判决以外，法官无语”的司法伦理约束之外，法官可以说什么，底线在哪里；第二方面是法院对外传播的底线；第三方面是传媒从事法院报道的底线。

第八，良性互动的持续发展靠的是制度建设。把推动良性互动通过制度建设变成各方面的自觉选择，需要有一系列制度性激励和约束。

第九，进一步促进司法与传媒的良性互动，需要加强理论与对策研究，形成适应中国国情的关于促进司法与传媒良性互动的一整套理论、规则、策略。需要加强培训，通过开展培训使最高人民法院关于新闻传播的新理念、新思路、新要求，变成法院系统与从事法院报道的媒体与记者的共识。要让新闻传播学院的学生有法律思维，让法学院的学生有传播思维、有社会沟通能力。这样可以使得法官队伍具备两种思维、两种能力——既有裁判思维，又有传播思维；既有裁判能力，又有社会沟通能力。还需要研究舆论影响评估方法和指标体系。以简单、易用又有说服力的评估方法和指标体系，帮助各级法院评估所面对的事件可能引发什么样的舆论影响，什么样的案件可能会引发什么样的社会影响。很多时候，一些政府部门、机构、法院的人员没有进行社会沟通的原因，一些案件的新闻传播没有做好的原因，并不是他们不想做好，而是他们的感觉和社会的感觉、公众的情绪与心理是错位的，他们没有评估出这件事可能产生什么样的社会影响，或判断得不到位、不对位。那就应当设计一个简单、易用又有说服力的评估方法和指标体系，帮助人们判断可能引发的舆论影响和社会影响。

第十，进一步促进司法与传媒的良性互动，法院在不违反司法伦理的前提下应尽可能地为传媒提供报道便利。如果法院系统提供适当的报道便利，彰显司法公信这个理念和目标就比较容易实现。从政治传播的角度说，各级法院和法官要善于释放信息，善于把握所释放的信息可能产生的影响。

三、把握价值共振点：分享中影响、选择中引导

举办活动是新闻媒体发挥影响力的常用手段，活动本身也成为重要的新闻事件。在重要主题活动中，如何彰显影响力？关键之一就是要把握价值共振点：在分享中影响，在选择中引导。

（一）有效运用互动手段，在分享中施加影响

媒体举办的主题宣传活动，其影响往往超越行政地域的界线，这是因为在互联网时代，报社、电台、电视台都会运用互联网工具，有效地运用互动传播等手段，其影响就不可能囿于传统上报纸发行、广播电视覆盖的范围，而可以在更大的地域甚至国内外产生影响。实际上，这也是在利用先进手段拓展区域媒体的影响。

在新的历史条件下做主题宣传，更加需要注重互动交流。从群众中来，到群众中去，在互联网时代需要由互动传播手段支撑的互动方式。

中国共产党是先进生产力的代表，就要利用最先进的工具和手段来宣传自己的主张，不断增强自己的影响力。回顾历史，马克思主义最早在中国的传播就利用了当时比较先进的传播手段，其中之一就是报刊。报刊就是那时候的新媒体，是当时最有效率、最能体现工业化传播方式的传播手段。在延安，中国共产党就利用广播向国内外传播自己的主张。那时，广播是新媒体。在那样艰苦的年代，中国共产党的努力成为中国人民广播事业的开端。今天，中国共产党仍然应当有效地利用最先进的手段和形式来宣传自己的主张。今天的主流媒体已拥有更多先进的传播手段，是拥有包括报纸或广播电视在内多种传播手段的集合体。主流媒体有责任也有能力在这方面有所探索、有所贡献。这既是历史传统，也是现实责任。

如何运用各种传播手段组织好这样的主题活动，从方法论层面看，至少可以在五方面有所作为，即在提供中激发、在汇集中聚焦、在分享中影响、在选择中引导、在共享中共赢。

第一，在提供中激发。媒体要有针对性地提供更多内容，激发起群众、网民的参与热情。

第二，在汇集中聚焦。即在主题活动进行过程中，汇集群众的创造力，汇集进展和成效。各种内容的汇集过程就是活动主题的再聚焦过程。

第三，在分享中影响。数字变革促使网站、新媒体终端从一般传播平台演变为分享平台，这是今天传媒运作的核心模式。越来越多的网站正在从以提供内容为主，过渡到构建分享平台。主办活动，重要的是提供更多、更有效的分享可能。

第四，在选择中引导。要得当运用互动中获得的内容。不管是网民互动提供的东西，还是媒体提供的传统意义上的读者反应，并不一定要全部拿到版面和网上去，应当精心选择。在这样的选择中，就赋予了观点。

第五，在共享中共赢。网络、新媒体和报纸、广播、电视相比，优势之一在于可以把历史资料和现实资料、历史数据和现实数据、已积累信息和最新信息等，以一定组合的方式提供给人们，便于人们浏览、检索使用。有更多这样的共享，就便于促进形成更多共识和共同性。

（二）促进互动经常化，构建新影响空间

办好主题活动，要主动在论坛等互动空间中放入媒体想提供、能提供的信息、分析和观点。传统思维方式往往只把互动空间当作网民自己的园地，而把传媒或网站想提供、要提供内容的空间仅仅局限在网站首页、新媒体终端前几条上。20 年前，即时通信工具已不仅仅是社交工具，而已经是一种传播手段、传媒形态，那时打开 MSN（全称为 MSN Messenger，一款即时聊天软件）就会跳出一个信息窗。在新媒体传播时代，有效运用新媒体传播规律、传播手段的重要一步，就是有意识地把有意思的内容、可以引起话题的内容，审时度势地放在各种互动空间中，引发讨论。这样做是主动施加影响，比引发议论后再去发网络评论要好得多。在互动空间里做文章，主流媒体还有很大优化空间，还需要建立新资源观，把网民提出的问题、反馈等变成报道资源，这对于提升竞争力、影响力大有益处。

办好主题活动，要有效整合多种手段运作新媒体。这需要想象力，要突破传统观念、传统运作方式。比如，要更善于运用数据库式信息处理模式，使一些看起来互不相关的数据、信息产生关联，形成新的意义和引导。仅仅从阅读体验看，分类更清楚，效果会更好。

媒体的影响力在于持续产生影响，而不只是对重大事件产生影响。在重大事件上能够有效产生影响，是媒体的里程碑之一，表示其上了一个新台阶。如果能把这样的结果变成常态，效果会更好。这就要使媒体与网民的互动经常化。这会促使从事传统媒体部分工作的人们进一步认识到如何运用网络和新媒体。

第三节　明确标识：在现场直播中彰显解释力

一、媒体融合进程中电视直播的地位与发展

在电视直播时代，如何看待媒体融合的取向与进展？如何判断媒体融合进程中电视直播报道的地位及其演变？

（一）媒体融合进程中电视直播的地位

电视的发展历史，就是它不断与一种种传播手段结合的历史，就是从特定角度体现媒体融合的历史。人们早已因为电视可以实现声音、画面、活动影像、文字在屏幕上以多种方式结合，而把电视称为多媒体的结合体。今天融合了更多新媒体传播理念、传播方式的电视媒体，更呈现为多媒体的融合体。

这种融合，包括常常不被传统媒体研究纳入视野的电视与远距离传输手段、传输方式的结合，是电视成为多媒体融合体的基础和重要部分。电视信号能够借助卫星远距离传播，使电视成为全球性媒体。在美国无线电公司发射了人造通信卫星后，希望把自己的电视信号便利地传输到其他地区的有线电视经营者，开始尝试利用卫星远距离传输，以扩大市场、减少成本。最早借助卫星传输而迅速成长的是家庭影院频道（Home Box Office，HBO）。后来创办了美国有线电视新闻网的特纳，看到了 HBO 的成功，决定把自己花 250 万美元买下后一直亏损的 17 频道也借助这颗卫星实现远距离传输。1976 年 12 月 17 日，17 频道的节目开始通过卫星被传送到 47 个州的 200 多万户家庭，而且用户每月都以增加 5 万户的速度上升。17 频道终于赢利。1980 年 6 月 1 日，特纳创办的有线电视新闻网正式开始 24 小时连续播放新闻。远距离传输、电视与卫星等传输手段的结合，使电视可以在多种现场直播新闻，使电视成为改变传播模式的媒体形态，使电视直播常态化成为可能。

这种融合使电视不仅成为活动影像传播的载体和渠道，还成为多种形态内容产品的载体和传播平台。今天，人们可以从屏幕观看到的，不仅是活动影像，还包括静止图像或静止图像的电视化处理，也可以是静止图像、活动影像与文字的结合。人们对于所要追求的信息，既要求丰富，又要求有深度；既要求快速，又要求准确。在快速、准确、丰富、有深度等多重标准的要求下，不同类传媒因其介质和工具的不同，而走上不同的发展路径。网络越来越代表着丰富与快速，而报纸越来越体现准确与深度。但电视节目形态与运作理念的演变，并没有沿着单一路径发展。传递观点与分析的访谈节目等演播室节目，在新闻和综合频道的地位越来越突出，使得电视新闻也表现出既提供事实与信息、又提供观点和分析的特征。传媒竞争导致的变化是丰富多彩的。电视不仅要传递影像、信息、快乐，还要传递分析、观点和思想。就此而言，文字、图片等传统表达手段，与活动影像一起，充当电视媒体的内容骨架之一。

在媒体融合时代，电视直播就应当是媒体融合的平台，以借助与发挥多种表达手段与传播方式的优势。在今天，电视直播报道正走向多现场、多信息流、多表现手段、多终端的综合运用。在直播状态下，多个、多种信息流同时在直播窗口中呈现，既可以传递现场信息，让观众同步感知事件的进程，等待事件的结果，又可以提供背景、传播分析。电视直播报道越来越呈现为多种内容产品、多种媒体手段、多种传播理念的结合体。

2009 年 10 月 1 日 0 时 0 分至 22 时 30 分，新华社成功完成大型电视直播报道《国庆》。大型电视直播报道《国庆》以六集政论专题片《国之典 民之庆》为骨架，以现场直播报道为血肉，以思想性为灵魂，以现场演播室——天安门广场演播室访谈为特殊表现手段，全方位、多现场、多角度、多信息流、长画卷般地报道了国庆庆典和国内外的相关活动。

此次大型直播报道定位为两种类型直播的结合，一是围绕核心现场（天安门广场）的核心事件的进程进行的直播报道，二是与核心事件、核心现场紧密相关、主线清晰的多现场直播报道。现场直播可以把现场情景实时传达给观众，因而同步展现是现场直播魅力的最重要部分。真正发挥电视现场直播影响力的并不仅仅是展现现场、记录所见，还应当包括体现主观意图，努力能动地反映现场、解释现场。这是多媒体时代的电视现场直播与无记录介质时代的现场直播的重要区别所在，是与录播时代的现场直播的明显区别所在。多媒体融合与竞争给电视现场直播引入了新的因素，其中，就包括能够通过多种手段有效地控制多个现场、报道多个现场。大型电视直播报道《国庆》共有各类拍摄点位 59 个，编为 4 个系统，部分点位布置了多机位，实施了二级切换。总体上，是围绕天安门广场这个国庆庆典发生地的核心现场，将点式、线式、放射式三类布局相结合，形成具有不同价值和意义的多重现场群。点式布局，指在天安门广场内按庆祝大会与联欢晚会的不同报道需要，分别设置了拍摄点，形成 B、C 两个直播系统；线式布局，指在长安街及阅兵与游行队伍行进路线上设置拍摄点，形成 A 系统；放射式布局，指与天安门广场这一核心现场紧密相关的海内外直播点，形成 D 系统。多现场直播比单一现场直播视角更广阔、内容更丰富、反映更全面，但更重要的是多现场直播事实上以超越一般观众信息获取能力的高度和位势，提供了观众即使身在现场也难以获得的多个视角、多个场景，使观众获得了更为丰富的观看体验和感受，冲击力更强。这种多现场同时展示的报道方式，实际上是从多个角度“权威地”解释着事件，解释着现场，也在解释着正在演进的历史，这显然比单一现场说服力更强。

（二）电视直播报道形态的发展

在媒体融合时代，作为一种报道形态，电视直播本身也在不断演变、不断发展。

首先，电视直播报道形态会发生更明显的变化。不仅电视直播报道的结构方式、表达方式、现场处理方式等会明显演变，而且其外在形态与运用模式也会发生变化。不仅电视直播报道正在成为常态化，现场直播也在成为常规报道手段，而且还呈现出大时段化趋势，即以大时段的直播化报道作为新闻频道的基本结构单元和基本报道模式。人们已经看到，著名新闻频道都在以大时段直播化报道、现场直播与演播室访谈的结合来体现反应速度与竞争能力。

其次，基于媒体融合观念，电视直播内容还可以在产品层面进行再开发。直播内容可以通过多种方式实现再利用。借助直播镜头，文字记者可以补充甚至完成一些报道。现场记者、出镜记者在直播镜头背后或面前进行的采访，在后端可以处理为包括文字报道在内的其他形态的产品。可以设想，基于媒体融合的理念，基于直播内容已经被以多种方式再利用的事实，采集环节和加工处理环节可以在一定限度内时空分离，生产方式将发生变化，生产效率将进一步提高。

最后，媒体融合的理念和加工多种内容产品的要求，会促使电视直播的操作理念、操作方式等发生变化。今后的电视直播报道，虽仍然会采用现场二级切换，但不再只传回现场切换后的信号，而是在进行现场二级切换的同时，要求现场的摄像机在拍摄同时挂带记录，即在二级切换前同时保存拍摄的素材，这样就可以获得多个角度、多重视角的现场影像，这些资料可供进一步开发，实现多种用途。大型电视直播报道《国庆》在天安门广场与长安街沿线的各拍摄点位就是按此模式工作，通过光纤、卫星实时传回多路现场信号的同时，也用摄像机内的蓝光盘存储。可以说，这次大型直播报道，新华社派出的前方采访组拍下、记录而没有用于直播的画面资料，远比直播报道展现的多得多。

在媒体融合时代，人们可以看到电视直播报道已失去轰动效应，而成为基本报道手段。但基于媒体融合理念，通过多重开发、多种手段利用、多个窗口呈现、多个终端展示，可使电视直播报道内容进一步增值。因而，媒体融合进程中电视直播内容的产品化开发，成为新的讨论话题。这样的讨论，同样会给关于媒体融合的思考与实践，提供新的素材和启发。

电视，天然为直播而存在。但在媒体融合时代，其也必须融入媒体融合。

二、突发事件的多现场直播报道

突发事件和重大事件的电视现场直播报道，已经成为新华社应对突发事件和重大事件报道的主要手段之一。从世界经验看，突发事件的现场直播报道可以成为一个信息整合平台和媒介融合平台，可以整合文字、图片、新媒体等多种手段和形态的报道，形成多媒体形态交融的信息流，并通过直播平台，同时提供给观众，形成强烈影响；也可以成为一种多媒体融合的新闻采集加工方式，借助直播手段，更高效率地采集新闻信息，在现场或在后方加工成多种形态、可供多种传播终端使用的内容产品。

对新华社而言，更重要的优势是拥有遍布全球的新闻采集网。在实施战略转型的过程中，2010 年大约 90 个海外分社、国内全部分社拥有了电视新闻采集能力，因而，这个采集网正在变成拥有电视新闻采集能力的多媒体新闻采集网。拥有这样的基础，新华社就具有了围绕一个突发事件或重大事件在多个现场进行现场直播报道的能力。多现场直播报道具有远远不同于单一现场直播报道的魅力和说服力。运用多现场直播报道模式或报道形态来应对突发事件或重大事件报道，是新华社的优势所在。以这样的理念来探讨突发事件的现场直播报道，就有了新的空间和基础。

基于此，值得探讨：什么是现场直播报道？如何操作突发事件电视现场直播报道？

（一）什么是电视现场直播报道

人们从不同视角给电视现场直播报道以不同的定义。但从实际操作角度观察，电视现场直播报道是一种借助卫星、光纤等传输手段，将记者在事件现场获得的画面、报道和评说，实时直接地展现给观众的一种报道模式。

电视现场直播报道是一种新闻报道模式，记者对现场直播状态的报道依然是经过记者选择加工的，只不过是把选择、加工、制作、播出的全流程整合在同一时间、同一不间断流程中。它的核心词是报道，因而它不同于对一个事件或晚会进行全程直播的现场直播，也不同于在演播室直播式制作、播出新闻节目或新闻专题节目的演播室直播。

这种报道模式所需要的现场拍摄方式，既可以是安排多机位，在现场进行二级切换，然后将切换后的信号送到直播演播室进行一级切换后播出；也可以是以单机位拍摄报道，将信号送到直播演播室进行一级切换后播出。这种报道模式的现场拍摄、报道，常常与直播演播室里进行的播报和访谈有机地结合在一起，形成现场直播报道有机体。在多现场直播报道中，会有多个现场拍摄报道点同时工作，从多个现场、以不同角度展开报道，给观众带来更丰富、更多角度的信息和分析。

突发事件发生，新华社要在第一时间做出反应。即使在现场只布设一个机位拍摄报道，也是可以接受的，至少可以传递出画面及现场报道，可以解决有与无的问题。但有条件时，至少应当派出两个摄像记者，布设两个机位，提供组合画面，这样画面的表现力会更强。毕竟，展现现场是突发事件现场直播报道的核心内容之一。因此，很多时候现场直播就与多机位、多镜头表现联系在一起。

大型直播报道会有更多拍摄点，其中一些点一定会是多机位的。国庆六十周年大型电视直播报道《国庆》，是新华社第一次主控的超大型直播报道，新华社北京演播室里同时接收、处理、操控 34 路信号。2009 年 5 月 12 日的大型直播报道《重生》，同时使用 6 路现场信号。同时有效控制、利用多个现场的信号，对形成多现场直播报道的特色至关重要；在直播报道时，这种能力为形成并同时提供多个信息流打下了基础。

对直播报道来说，更重要的是要形成信息流。一个有说服力的突发事件现场直播，一个高质量的大型现场直播报道，都应当追求在直播时形成多信息流。第一，不要满足于提供碎片信息，而是要把碎片信息按一定逻辑组织起来。即使是画面，如何选择、组接、提供，也要有叙述逻辑。第二，不仅要提供有说服力的现场画面，特别是实时画面，还要有出镜记者的报道，包括对现场的描述、对已经发生和正在发生事件的分析，以及对直播镜头外采访到内容的转述。第三，还要借助现场访问和演播室访谈，提供背景信息、深度分析和点评。在直播报道中，虽然直播现场画面的说服力常常胜过语言，但依然需要对现场所发生的一切给予解读，依然需要做出分析。在这个竞争第一解释权的时代，媒体不仅需要提供新闻事实，还必须提供相关背景；不仅要提供画面，还要提供分析；不仅要提供信息，还要提供观点。对报纸是如此，对电视现场直播报道同样是如此。这就是新闻事件的现场直播都要同时配以演播室访谈的直接动因。第四，在电视直播报道中，还可以使用文字、图片等表达手段，形成多种形态的信息流，弥补仅仅提供画面的不足。主持人和现场记者都可以使用照片以辅助讲述，现场直播的同时可以飞字幕，还可以在现场直播间插入新闻播报等内容以提供与核心事件、核心现场相关的信息。以媒体融合理念组织多信息流，把电视现场直播报道视为媒体融合的平台，就可以形成结构清晰、内容丰富的多信息流。在直播报道中这样不间断地提供的信息流，可以形成强大的冲击力，这是单一文字和照片，甚至单一电视报道所难以比拟的。

现场直播可以把现场的情景实时传达给观众，因而，同步展现是现场直播魅力的最重要部分。事实、报道与受众感知在时间上的同一性，与在空间上的非同一性交织在一起。观众不在事件现场，却可以同步感受新闻事件发生、发展的进程，这种报道模式的感染力、冲击力是人们难以抵御的。为使这种感染力、冲击力更好得到发挥，可以把直播引入手机电视这种随身媒介。谁能够成为随身媒介，谁就有第一影响力。2009 年，“5・12”汶川地震一周年我们第一次做大型直播报道时，就尝试让人们通过手机电视平台观看直播，利用 2.5G 手机平台提供了一个重大事件的大型直播报道，创造了手机电视发展史上的一个

“第一”。

电视现场直播的影响力基础不仅仅是要展示现场、记录所见，更重要的是努力能动地反映现场、解释现场，体现主观意图。没有一个现场直播是不体现主观意图的；没有一个现场直播不是在有清晰的构想和计划后实施的。现场直播不是纯客观的。电视现场直播的实质是让观众更全面深切地感受、认识现场，更深刻地了解事件进展，从而深受报道的影响。

（二）电视现场直播的种类

虽然电视直播已经成为基本报道形态、报道模式与报道手法，但目前即使是专业电视教学机构，也没有把直播作为主要教学内容或单独教学单元。主持人在走出校门之前并没有经历过直播训练，甚至没有上过一堂直播课。而直播实践则需要主持人把以往学到的零碎知识组合起来，在直播时本能顺畅地体现出来。这需要主持人体悟，更需要训练，既包括适应性训练，又包括养成性训练，让知识变成习惯，让习惯成为本能。所以，直播筹备中，就要按自己的需要重新进行训练。

按照不同的标准和切分方式，可以从多个角度区分不同类别的直播。

1. 现场直播与直播报道

现场直播与直播报道的关键区别在于，究竟是转播还是报道。

转播式现场直播是常见的直播形态，比如直播一场比赛或一场晚会，尽管有清晰的直播计划，但仍然主要是被动地跟着事件走。转播式现场直播已经可以做得很精妙，比如足球世界杯比赛的现场直播，那种多机位的现场展现其实更接近艺术作品。这种现场直播不是直播报道。在本质意义上，这样的现场直播是一种转播，即把现场正在发生的事件场面以直播方式转播给观众。总体上，尽管镜头总是在选择、强化，但这种现场直播的要旨是要完整地直播这个事件的全过程，因而，称之为转播。转播式现场直播的特征是按照时间顺序把一个正在进行中的事件多角度地、完整地展现出来。转播式现场直播也是会体现主观意图的，但其与直播报道的明显区别在于，转播式现场直播不是只选取最具有新闻性的一个点，不是只提取一个关键事实。

现场直播报道本质上是在做报道，按新闻价值权衡、按新闻传播规律加工、注重新闻传播效果等，都在其中起核心作用。现场直播报道是一种核心特征清晰的报道形态，即使减去直播手段，报道也可以进行，报道结果仍然成立。而转播式现场直播，如果减去了直播，就只剩下原始现场和对现场的记录，就只能获得影像资料，这时现场直播就荡然无存了。

2. 仪式直播与事件直播

仪式总在一个现场，因此，仪式直播总体上属于转播式现场直播。仪式直播最重要的作用是以直播为手段扩展仪式空间，让电视观众与现场仪式参与者共同“参与”到仪式中，因此，国外传播学者把仪式直播称为一种仪式。仪式直播总体上要突出仪式本身的价值观与特色，要体现一定的仪式感。

事件直播总体上也属于转播式现场直播，但事件发生、推进的现场并不一定局限于单一现场，可能是变动中的现场，如马拉松比赛，也可能是多个现场。

3. 现场直播报道：突发事件与预知事件

从报道对象是否预知，可以将现场直播报道分为突发事件现场直播报道和预知事件现场直播报道。

需要组织现场直播报道的预知事件，往往是重大新闻事件。不管是时政领域还是体育领域，确是事件重大、众所关注、影响深远，才值得组织现场直播报道，同步报道事件进程，满足受众关注与多方面需求。这类可预知重大新闻事件，又往往发生在一个重要时间节点，显得环节众多、线索众多、现场众多，这既给现场直播报道特别是多现场直播报道提供了施展空间，又给现场直播报道的筹备与实施提出了许多需要注意并解决的问题。2009 年新华社成功实施的“5·12”汶川地震一周年大型直播报道《重生》和《千年奇观日全食》、国庆六十周年大型电视直播报道《国庆》，都属于预知事件现场直播报道。

突发事件现场直播报道更考验一个队伍的直播报道能力。这个直播报道能力是全生产流程一系列环节反应速度、应变能力的结合，包括线索获得速度、直播组到达现场速度、演播室直播系统启动速度等。其核心是能否迅速到达现场，以最短的时间提供直播信号。新华社已经成功实施的康定泥石流现场直播报道等，都属于突发事件现场直播报道，实施报道时，直播系统迅速反应、应急展开，成功完成了直播报道。

4. 演播室直播与现场直播报道

依据直播手段主要使用目的、使用场所与使用性质，电视直播又分为演播室直播与现场直播报道。

演播室直播用于多种电视形态与报道模式，主要表现形式是新闻栏目的直播。在电视实践中，为提高时效新闻栏目常常采用演播室直播方式播出。在这种状态下，直播主要是一种组合呈现手段，新闻栏目中的新闻是事先制作完成的，主持人在演播室以直播方式播出主持词和导语，分别插接已经被导入硬盘播出机或录在磁带上的各条新闻，完成栏目的播出。有时也以直播方式播出刚收到的重要甚至重大新闻稿件和政策。

现场直播报道虽然也使用演播室直播作为连接手段，但这种报道形态的主体是现场直播，主持人在演播室的主持词与访谈是现场直播的连接说明与背景延伸。作为一种报道形态，现场直播报道也要高度重视演播室直播手段，如突发事件发生后，首先要做的往往是打开直播窗口，主持人在演播室直播报道突发事件的相关消息。随后，一定要想办法接入现场画面，最佳方式是直播现场画面，否则对突发事件的应急反应报道就缺少了最基本的报道手段。可以说，没有现场直播的演播室直播，不是现场直播报道。

作为呈现手段的演播室直播与作为报道形态的现场直播报道是有明显区别的。中央电视台的《新闻联播》是以直播方式播出的，比录播至少节约两个小时，时效更好，可以插播一些急稿，如“5・12”汶川地震发生当天的《新闻联播》曾紧急插入时任总理温家宝到达四川后发表的电视讲话，也曾插入现场直播信号。但总体上，《新闻联播》只是演播室直播。而中央电视台延续多天的关于汶川地震的直播，以现场直播为依托，以演播室打开直播窗口为连接形式和手段，就属于现场直播报道。

5. 单一现场直播报道与多现场直播报道

单一现场直播报道，多用于一些线索简单、只涉及一个现场新闻事件的直播报道。多现场直播报道与单一现场直播报道的区别，不仅在于所直播新闻现场数量多寡，更在于选择现场的方式，或以什么标准选择现场，以什么结构把多个现场组织在一个直播报道中。一般而言，多现场直播报道选择现场的标准，只能是这些现场间或新闻事件的核心现场与其他现场间有明显、直接的联系，而多现场直播报道是用一定的思路、主题和结构安排凸显它们之间的联系，同时或接连使用多个现场直播画面和其他信息，多角度、多层次、多方位、多维度地反映核心新闻事件，阐述、强化主题。这样的结构安排使多现场因其内在联系而形成一个有机体。这样，多现场直播报道才不是一盘散沙。

新华社已经完成的国庆六十周年大型电视直播报道《国庆》，以及以往完成的大型直播报道《重生》，因其最大特色是将多个现场按一定的内在联系和结构组织在一起，因而才被称为多现场直播报道。而已经完成的一些突发事件报道，多是单一现场直播报道。

三、电视，天然为现场直播报道而生

“5・12”汶川地震，是一场灾难，也是一个可能对历史进程产生深远影响的标志性事件。这场突然发生的灾难，激发起民族的爱心和潜能，在众志成城、抗震救灾的过程中，全民族实现了更高水平的凝聚；在检验了我们国家的应急动员能力的同时，也检验了我们这个民族的精神实力。这场灾难的应对过程，在民族历史上必然会留下浓重一笔和深远影响。经历了这样一个过程，无论是对人与自然必须和谐发展的认识，还是政策制定与政府运作；无论是区域经济发展、社会建设，还是在进行适当心理干预的同时着力构建人与内心的和谐，等等，都会发生阶段性明显变化。我们可以期待上述各方面都有更大进步和收获。正像恩格斯所言："没有哪一次巨大的历史灾难不是以历史的进步为补偿的。"可以期望，我们这样"一个聪明的民族，从灾难和错误中学到的东西会比平时多得多"。

同样，地震一被感知就迅即启动的抗震救灾报道，不仅在迅速、全面、丰富、深入报道整个进程的同时推进了抗震救灾、恢复重建，从而做出了特殊的贡献，而且也以其自身的创造性举措和突破性变化，在新闻史上留下了不可磨灭的历史记录。特别是中央电视台迅即启动、连续进行的现场直播，在国内外获得很好评价，在多个层面产生良性效应。有舆论甚至把这样的直播，视为中国政治文明建设的标志性举措。而这样的直播，也以非同寻常的方式，增强了电视手段和相应电视机构的竞争力与影响力。可以预见，经历了这样一次报道，人们的报道理念、报道组织等都会发生重要变化；人们对传媒特性与运作规律的认识，同样会更加深化。

（一）"5·12"汶川地震现场直播报道的几点启示

从电视研究的角度观察，中央电视台的汶川地震现场直播报道，在中国电视史上创下了多个第一。这样一个应急启动的长时间、大容量电视现场直播报道，可以给我们许多启示。

1.迅即启动、持续实施检验综合素质与应对能力

一家媒体能够成为人们在重大突发事件发生时的第一选择、第一依赖、第一信息源，是传媒努力的结果，同样也是人们选择的结果。

媒体与现代社会相伴而生。整体而言，媒体发展的过程，就是受众不断选择的过程。人们根据什么选择，首先要看哪个媒体能够在第一时间提供什么，能够不断地提供什么。在卫星和互联网提供了更多传播可

能的时代，人们期望的第一时间以分钟为单位，甚至希望与新闻同步。于是，谁能够更快，谁能够不断地同步报道新闻，谁就可能成为重大突发事件发生时的第一选择、第一依赖、第一信息源。

汶川地震不经意间成为这样一个检验传媒综合素质和应对能力的历史契机。这样一个重大突发事件袭来，无数人在千方百计地追寻信息。谁能成为第一选择、第一依赖、第一信息源？能否迅速、不间断、全面地提供信息，成为影响人们选择的决定性因素。

2008 年 5 月 12 日 14 点 28 分，汶川地震爆发。过了 7 分钟左右，即 14 点 35 分左右，北京始有震感。有震感后 11 分钟，14 点 46 分，新华社发出第一条快讯："12 日 14 时 35 分左右，北京地区明显感觉到有地震发生。"这条消息通过通讯社新闻发布系统传递给媒体用户和非媒体用户的同时，也通过新华网和新华短信，发给了成千上万个受众。14 点 53 分，新华社再次发出快讯："四川汶川发生 7.6 级地震。"而电视媒体中，CCTV 在 15 点整点新闻中第一次播报地震发生的消息后，15 点 20 分即开启了直播窗口，开始了没有预定结束时间的现场直播报道。

虽然，在汶川地震发生后，有一些消息源报告了当地有震感的消息，但新华社发布了包括震中、震级等要素的权威消息，并通过不断发布权威信息、报道各方情况、提供汶川等信息孤岛的信息和照片等，掌握了第一发布权。中央电视台在启动现场直播后，一直进行高强度、高流量的现场直播报道，多点提供信息，成为关注救灾进展的人们的主要信息源之一，从而掌握了重要引导权。

应当说，迅即启动、持续实施现场直播，是对媒体综合素质与应对能力的直接检验。能否迅即启动，既体现新闻素质，又体现政治素质。而在信息缺乏的情况下实施现场直播，则直接检验整个报道系统的应急能力。主持人能够仅凭一张写有震中、震级的纸条就走进直播室，采编系统以把寻找信息的过程展现在直播中的方式进行直播报道，检验的是主持人等的素质，更能显现一个媒体的综合素质和应对能力。

2. 验证把握现场能力与引导舆论水平

这样的电视现场新闻直播会遇到一系列关口。启动直播的开始阶段，缺少信息，但必须支撑住局面。而当记者能够进入现场时，地震灾难的特殊性决定了新闻点的广泛分布，考验的就是采访团队、直播团队的现场把握能力与引导舆论水平，考验的就是电视媒体的系统把握能力：既要真实展开现场报道，又要准确地展现全局；既要提供足够的信息，又不能迷失在现场中。

回顾汶川地震直播报道过程，有许多做法值得总结，甚至可以提炼出一些处理模式。比如，在人心未定的情况下，在直播报道现场情况的同时，每个整点甚至每个半点要报道权威新闻，哪怕是不断重复。这样的信息，在那个时候是最需要也是最有力量的。这既给人们以信心，又能突出在党中央的坚强领导下众志成城抗震救灾的主线。

可以说这次直播，中央电视台在把握现场、引导舆论方面体现出了高水平。

3. 介入救援、提供方法凸显媒体发现与整合功能

在抗震救灾的最初阶段，其他信息渠道相对不畅，直播平台实际上就是关注度最高的信息平台。这样的信息平台理所当然会在救灾中体现更多功能、发挥更大作用。一般的直播，常规做法是请有关专家到演播室直播。从汶川地震最初几天的直播来看，最初确是依习惯模式请了熟悉宏观减灾情况的专家参与直播，他们所提供的信息更适合观众了解与灾情有关的背景和进展，是讲给观众听的。后来，直播做了调整，请一些参加过地震和其他救灾实践的专家，在演播室讲解具体有效的救灾和防疫方法。他们所讲的东西，既能使观众接受，又可以帮助到一线救灾人员和灾区的干部、群众。这样，现场直播报道的模式实际上就有所调整。直播几天后，中央电视台的现场直播所提供信息的重点从宏观转向实用，影响更直接，效果更明显。在直播团队的努力下，在直播中甚至以提供简明口诀的方式，提供救人方法。实际上，这标志着电视现场直播报道的指向发生了变化，不仅是客观报道，还通过发现、提供、整合

信息的方式介入救援。

让信息帮助救命，而不仅是满足知情，这就是在地震这样的突发事件报道中媒体应当有的意识。现场直播不仅是报道平台，更应当凸显媒体的信息发现与整合功能，发挥好信息平台的作用，这就是今后遇到突发事件时媒体应当明确的定位。由此总结，灾难性突发事件的现场直播，特别是最初阶段，媒体必须有以提供有效信息直接介入救援的意识和能力。

4. 坚强应对、不掩动情基调强化媒体的凝聚能力

面对这样的大灾难，参与报道的记者、主持人与全国人民一样悲痛，又一样被震撼、被感动。在直播中，人们不时看到泪眼婆娑的场面，主持人、现场记者与民同泣、不掩动情。这个时候，这样的场景更能打动人心，网民的反应就是一个有说服力的证明。将这样的场景直接播出，反而能强化直播平台的凝聚力。

在对灾难事件的报道中，媒体如何体现坚强？震撼、动情、悲伤、感动不是不坚强，反而能激起更多人心中的力量。因此，坚强应对、不掩动情的基调，可以有效地强化直播平台的感召力。

（二）电视现场直播报道与媒体的影响力

这次抗震救灾报道所实施的长时间、大容量电视现场直播报道，与以往一般的现场直播报道有明显不同。从信息量角度观察，这次报道的流量大、强度高，因而可以称之为高流量的电视现场直播报道模式。这种报道所提供信息的质与量、对受众渴求的满足、对受众心理的冲击、对受众（包括外界救援力量）关注点与行为的引导与支配作用等，是一般现场直播报道难以比拟的。从中可以得出几点规律性的东西。

1. 核心是形成信息流，而不是只提供信息

现场直播报道的核心要素是什么？

这次高流量电视现场直播报道，并不像对一个预知事件的现场直播报道，这次面对的是一个真正突发的事件，没有预知流程安排与背景介

绍，没有准备好的预制报道以给直播团队、主持人提供寻找新内容与调整直播节奏的空隙。这次高流量电视现场直播报道，打破了传统电视现场直播报道的一些运作常规。这样的现场直播报道与一般现场直播报道的更大不同，在于将信息的搜寻、选择、组合等直接展现在传播行为中，与报道同步进行。主持人与直播团队在最初的时间里，与观众一样缺乏信息，因而急切搜寻到的信息就直接被展现在屏幕上。在没有足够外部信息源的情况下，连线等就成了主要手段。观众可以看到如何寻找信息，也可以看到些许失误及不够专业的举止，但恰恰因为这些与观众的心理状态处于同一个节拍，所以反而更有冲击力、感染力，更好地表现了直播的价值与影响力 。

与这种高强度信息流相比，一般报道模式只是提供了信息碎片。尤其是在事件初发、状况不明而人们又急切地想知道的情况下，人们不满足于传媒把一个个信息碎片整合好后再提供给他们，而希望传媒提供尽可能多的信息。虽然也是碎片，甚至是更细碎的信息碎片，只要它以信息流的方式涌出，人们会感到些许“解渴”，也会愿意与寻找信息的进程同步，在接收信息中自己组合、在组合中自己判断。这个时候虽然传媒的基本报道模式是把信息碎片选择、组合后再提供，虽然这样的选择结果有深度，但受众感到等不及了。因此，高流量电视现场直播报道更容易成为人们的第一依赖、第一选择、第一信息源。

应当说，信息即力量，但其力量在于使信息处于流动中。信息流动的范围越大，传播得越迅速，被利用的可能性越大、利用程度越高，就越具有影响力与驱动力。这时信息实际上就有了一定的控制力。不被认识的信息，其价值相当于被掩蔽；不流动的信息有价值，但其本身的影响力会被削弱；不被传播的信息，其影响力可能只与其原始状态下的影响力相当。而只有借助传播，不管是通过传统人际传播，还是通过传媒传播，抑或是网络传播，信息的力量才会得到体现、得到放大。而一旦形成信息流，其力量就更为强劲。信息因比较和组合而更有价值。就此而言，处在零散状态下的信息，其价值显然远远不如组合与比较中的信息，信息碎片的价值与驱动力显然不如信息组合与信息流的。人们不自觉地将信息的搜集、处理、加工、传播活动，委托传媒这样的组织形态与活动方式来完成。传媒的存在及发展，是人类社会最重要的社会现象之一，是人类文明走向现代的最重要特征。但同样是传媒，采用不同的信息处理、传播方式，所获得的效果差异巨大。通过比较就可以发现，谁能够传递高强度的信息流，谁就可以获得影响力。

2. 关键在把握现场、筛选信息，而不是只描述现场

什么是现场直播报道的关键？人们经常论及现场直播报道的现场。对记者来说，在现场不等于抓住了现场；报道了现场，不等于能够帮助人们认识现场。直播现场，不能迷失在现场。只有把握了现场，才能通过或简短或丰富的报道，准确地传达出现场发生事件的真相和现场本身。那么，如何把握现场，关键在于选择。选择出核心信息，通过画面或表述传达给观众。选择水平就体现了传媒的水平。对观众来说，选择水平也许就体现在人们最关心的时点，有相应直播画面出现。对电视传媒来说，选择水平还体现在能够以一定的价值观、处理准则和尺度不着痕迹地筛选。现场直播报道更是需要体现筛选，对比不同电视台的直播，就可以看出在这一点上它们水准的高低。

3. 深层影响在于解释能力，而不是只连续报道

电视现场直播报道，总体来看，恰恰是一个报道与评论相结合的报道模式，从来就不是单纯的报道。其中，选择现场地点、选择连线人物、选择报道主题、选择内容重点等本身，就隐含了价值观与态度，就是在做隐形的评说；而且，在现场直播报道中，主持人与现场出镜记者也会进行点评。很多时候，主持人的问题都带有评价性。对此该如何看待？应当说，现场直播报道的影响力，恰恰在于报道与评论的自然有机结合，在于报道的同时让选择与评论自然得体地流出。回顾现场直播报道过程，可以说这种选择与点评无时不在，观众也能真切地感受到这种直播报道模式中所提供信息的倾向与分量。

电视现场直播报道的深层影响可以说体现在对现场的把握，对人们

关切的现场画面以及事件关键信息的提供上；更可以说体现在对事件原因、意义、影响的解析，对现场隐含信息的分析，对重大措施的价值与影响的阐释上。这种解析、分析、阐释，总体上是传媒解释能力的集中体现。只有更好地体现解释能力，才能更好地挖掘现场、事件、措施等信息的价值。谁解释与挖掘得更好，谁就能对新闻事件的真正内涵与价值更有解释权，对舆论更有影响力。

电视媒体与平面媒体体现解释能力的方式确有不同。平面媒体需要更多地采用分析报道、深度报道、观点报道、评论等方式。而电视现场直播报道融多种因素、手段于一体，以特有的方式体现解释能力。处置唐家山堰塞湖的直播报道，是这次汶川地震直播报道中延续时间最长、涉及现场最多、技术含量最高、关注度最高的。从最开始关注到底发生了什么，堰塞湖是什么，到后来发现是一号危险的次生灾害，人们的关注点成为能否人力干预处置、如何处置；从期望专家和工程人员可以乘直升机上堰塞体，到紧急时刻 1 800 人背炸药连夜爬山；从最初的开挖与爆破两个方案，到后来泄洪道挖成后，四个将军又上去增加处置措施。惊心动魄的 20 多天里，这一连串事件接替变化，中央电视台的现场直播报道，把发生着什么与解释是什么、为什么紧密结合在一起，用图表、解说、现场、专家介绍等方式，不断地说明、解释，既报道了正在解决的进程，也有效地解答了人们心中的疑问。处置唐家山堰塞湖的直播报道过程，其实就是一个应急动员过程。这样的报道，不仅使应急撤离的人们对撤离行动有了更多理解，而且使全国乃至全世界都同步看到了一个奇迹的发生。

可以说，解释力是传媒综合素质中最重要的能力，是传媒在重大报道中必须掌握的权力。在新闻事件发生后，解释力的体现不仅是要在第一时间做出反应，而且其报道、分析、解释、判断的水准应是一流的、具有足够说服力的，更应当是能够让尽可能多的人们信服的。传媒要努力成为全面、权威的报道者，更要努力成为深刻、权威的解释者。也就是说，主流媒体要想发挥主流影响力，必须牢牢掌握住第一解释权。

所谓第一解释权，不是传媒的一种天然权力，而是基于以往业绩获得的一种公认判断，即受众心目中对一个传媒解释、分析、判断能力和水准的评判；也不是传媒的一种固有权力，而是因为一个传媒的解释、分析、判断与事件实质、历史走向相互印证，所以其在人们心中赢得信任。严格地说，第一解释权更像是一种期待和确认，一种威信和位置。当一个传媒总是能够在第一时间对新闻事件与现象的意义与价值做出恰当而令人信服的解释，或者其分析和判断总是被证明高人一筹时，人们就形成一种印象和推论，这个传媒具有这样的素质和能力，能够在适当的时间以恰当的方式做出恰当的判断。久而久之，这个传媒就拥有了这方面的权威与影响力，就好像拥有了对新闻事件与现象的第一解释权。

正因为如此，某个传媒并不因为其历史悠久、地位重要就能自然获得第一解释权，它一定是这个传媒的实践效果使然；某个传媒并不因为曾经拥有这样的解释能力和业绩就永远拥有它，它一定是一种舆论博弈的结果，而且传媒要不断努力才能保持；一个传媒也并不因为一直在努力就新闻事件和现象做出分析、判断就当然地握有它，它一定是因为受众给予认可才能够形成的。可以说第一解释权是一种评价，是受众心目中对传媒解释能力和水准的评价。这种评价实际上就是对这个传媒舆论引导能力的评价。这样的评价可能比其他一般评价更能切中要害和实质。

今天，为什么如此看重第一解释权，就是因为越是渠道多样、信息丰富、事件复杂，人们就越是需要权威的分析、判断和解释。真正对人们的心理、思想和行为产生深刻影响的，并不仅仅是事实，而往往是对事实的解释；并不仅仅是事件本身，而是关于事件的某种描述和分析。就产生的影响而言，解释往往比事实本身更直接、更深刻、更有力、更难以改变。

因此，主流媒体能否不断地在适当时间以恰当的方式，对新闻事件和现象做出恰当判断，就成为衡量其是否能够很好地履行舆论引导职责的标准。在今天的社会环境下，主流媒体的影响力在很大程度上就体现在解释能力与解释效果上。因而，必须握有第一解释权，这不仅是指要在第一时间做出反应，报道、分析、解释、判断的水准也是第一流的，更应是具有足够说服力的，能够让尽可能多的人信服的。

（三）电视现场直播报道与电视竞争力

在电视 90 多年的历史中，现场直播已经从一种艰难实现的技术手段变成了一种常规手法，而且体育比赛等已经把这种手法演变成了一种多机位、高清晰的复杂表现。现场直播报道，更是从一种看起来新颖的、可以获取注意力的报道形态，演变为一种常规手法。但即使如此，在灾难性事件的报道中，现场直播报道依然给电视、给特定电视媒体带来了强劲的竞争力和深远的影响力。

回顾电视发展史就会发现，往往是一场对重大新闻事件的直播报道成就一个媒体的名声与长远的影响力。人们经常举到的例子，是海湾战争与 CNN，是抗击“非典”与中央电视台新闻频道。特别是新闻类频道，一个重大事件发生时所做的成功直播报道，往往就是其成人礼，就是其奠定影响力的基础。而正因为这样的紧密联系，每逢重大历史性事件，连续的现场直播报道、强劲的多媒体信息流，往往会使电视媒体重新吸引受众注意，重现新的影响力。在汶川地震直播的最初 10 天，中央电视台新闻频道的收视率有多至三倍的增长就是证明。相形之下，我曾经调查，刊登相应报道报纸的零售量才增加了原来的三分之一。

电视，天生就是为现场直播报道而生的。为提升电视现场直播报道的影响力，我们还需要做一系列努力，不仅需要在理念、报道模式上做一些总结调整，还需要做一些制度建设。比如，新闻事件的分级与相应的直播报道方式、直播报道中对现场记者的信息回馈与指导等。

电视，天生就是为现场直播报道而生的。只不过人们对这种报道模式还需要不断有新的认识。这也是人们急切地总结汶川地震直播报道的动力所在。

第四节 传递卓识：在提供发现中塑造说服力

一、成为受人民群众欢迎的媒体

面对现实社会环境和网上网下的人民群众，要想有效发挥引导力，履行好职责使命，就要办好媒体，使之成为受人民群众欢迎的媒体，而且必须明确标识，让更广泛的人民群众知道这个努力目标和成效。越是利益多元，越是要整合人心、增进共识；越是竞争激烈，越是要运用多种手段引导群众、服务群众，办成受人民群众欢迎的媒体。

（一）基本思路：办让人民群众满意的机关报

在新媒体浪潮中，办好机关报，就是要办让人民群众满意的机关报。机关报，有其明晰的使命任务、政治性质，通过引导群众、服务群众，让人民群众满意。

研究报纸定位时，人们通常会有以下几种思路：一种设想是增加民生新闻分量，另一种设想是增加财经内容。什么样的思路和内容在政治上、经济上、现实中比较可行？还是要在“机关报”这三个字上做好文章。如何认识机关报？机关报可以发挥新闻工作者的政治水平、政策水平、引导能力，可以发挥其创造力、认识水准和想象力。党中央强调，要“办人民群众满意的教育”，标准是“让人民群众满意”。以同样的思维方式，是不是可以说，应当办好让人民群众满意的机关报，办好让人民群众满意的媒体。办好让人民群众满意的机关报，既要传递好党和政府的声音，又要引导好群众、服务好群众。

1. 善于把引导与服务相结合

办好机关报，特别是面向基层干部、群众的机关报，不仅要传达党委、政府做了什么决定、提了什么要求，还要从基层干部和老百姓的角度解读、分析。“让人民群众满意的机关报”，无非就是说这个媒体比老百姓更了解党委、政府想什么，比一般干部、群众更了解全局情况和本地情况，并能够把全局和局部结合起来，结合老百姓和基层干部的情况和需求做分析，结合区域发展、企业发展等分析党委、政府的政策举措。如果想办一张受人们关注、欢迎的报纸，就应当让这张报纸对他们有帮助，那就要从本地人民群众的关注点切入分析当地的政策、规定、措施；告诉他们，附近的高速公路即将开通，本地物资流向会有什么变化；奥运会即将到来，本地和老百姓有什么机会，可以做哪些配套工作和服务。从经济发展角度说，本地有哪些得天独厚的优势，这些本地的干部、群众不一定都能认识得很清楚，那就可以分析一下。不仅分析本地，还可以从全国、从世界范围选择同类地区分析。比如，分析首都国际机场与顺义区的发展，就可以分析国际上首都或重要城市的机场所在区的经济发展、社会服务、经济服务到底有什么特点。如果提供这样的信息，视野就不是局限在一个区、一个城市范围内，所提供的内容就比其他媒体更透彻、更符合这个区域的特点。

办好机关报，还要研究社情、市情、民情，研究本地与其他地区、城市到底有什么不同，思维方式、社会特点、政务处理方式、群体心理有什么特点。外来者会感受到所到地区的诸多特色。过去人们感叹，改革开放后北京人走路变快了，实际上是生活节奏变快了。不同地区群体心理是有明显不同的。

办好机关报，要更多地关注大、中、小企业需要什么样的服务，党委和政府如何解决企业关注的问题，如何提供公共服务和专项服务；关注城区市场、乡镇市场的差异，不同市场产生什么样的信息，受众会对什么信息感兴趣；还要分析所面对的人民群众希望获得什么内容和服务。

把握住政情、社情、市情、民情，善于在解读中引导，就能够很好地体现机关报的耳目喉舌功能。解读方式可以是多样的，假设党委、政府出台了一项促进经济发展的政策，那么既可以让领导干部解读、让专家解读、让编辑记者解读，也可以让本地企业负责人来解读，让各个领域的人解读对促进发展、改进服务有什么好处。如果让在这个区域生活的人们解读相应政策，效果更好。这些解读和媒体自己的解读加起来，就提供了多种视角，更多企业会感兴趣。这样做，党委、政府也会欢迎，因为解读可以帮助人们理解、推动落实政策。

2. 在服务中更有力引导

办让人民群众满意的机关报，要善于传达党的方针政策，也要善于多角度解读，还要善于提供服务，从而在服务中更有力引导。传达党的方针政策，大家都在做，但水平还是有高低之分的，有的更善于把核心信息提炼出来，凸显出来。政策出台后，不仅要报道其在实际生活中会产生什么样的影响，报道所带来的变化，还要去发现常人看来微不足道却能够反映大势的东西。把党委、政府的政策、举措、行动以多种方式反映出来，机关报的功能就得到了体现。

关注普通干部、群众的需要，是机关报要做到位的。这个群体具有共同生活基础、共同心灵记忆，机关报要做的是通过各种方式强化与他们的联系，为他们做好服务，用各种各样的方法与他们联系得更紧一些，将特色体现得更清楚一些。这有点像社区报的做法。社区报并不意味着只报道生活中琐碎的事情。所谓社区报，应把它理解成为在一个区域里生活、工作的人们提供信息和思想服务的报纸。可以把社区报的特色与机关报的本色结合起来。机关报所面对的普通干部、群众有共同需求，这个地方的生活环境、社会环境、自然环境如何变化一定是他们非常关心的，因为他们生活在同一环境中，他们是一个群体，有很多共同点。这个共同需求与机关报的职能是吻合的，因为机关报是为生活、工作在这个区域的人们服务的。机关报所做的就是在服务中更有力引导。

（二）联动运作：办人们愿意带走的机关报

新媒体时代如何办好一张受人民群众欢迎的报纸？其中一条，就是多媒体化操作平面媒体，多个媒体联动操作。

虽然相当多的人讲过纸质传媒将来会消亡，但这个判断并没有足够的科学依据，只能算是一种猜想，而不是科学论断。人的习惯是最难改变的。只要人们的阅读习惯还存在，就需要纸质媒体。过去曾有人预测，有了计算机以后，纸张消耗量会降低，实际上纸张消耗量仍在加大，人们还是要打印出来阅读或作为依据，这是人们的习惯或自然、生理特点决定的。只要阅读习惯还存在，纸质传媒包括报纸、书籍就不会消亡。但是，纸质传媒的生存状况还是有重大变化的。

办一张受人民群众欢迎的报纸，就要办成人们愿意带走的报纸。报纸实际上有三个市场。第一个是传统阅读市场或者说固定阅读市场。第二个是移动阅读市场，这个是必须抓住的。人们的流动性在加大，要以路过的眼光看所面对的读者是谁。居住在这个区域的人们更多时间是在流动中，不管以什么方式路过这个区域，他们都会有相当多的时间在移动的空间中。从世界范围看，小开本的报纸便于人们在移动空间阅读。所以英国几种报纸从对开大报改成四开小报，以满足人们拿走阅读的需求。阅读便利性决定了传播的有效性，就像收看便利性决定了电视传播有效性一样。纸质传媒必须抢夺移动市场。因此，机关报不仅要体现使命任务、功能要求，还要成为人们愿意拿走的、愿意携带的报纸。既然人们经常在移动空间，媒体形态、运作理念就要相应变化。实际上电视也是这样的。第三个是外部阅读市场，包括把报纸上的内容放到网络上，把电视上的内容放到报纸上。数字技术的应用，使不同媒体之间的资源共享变得更容易实现。这样，就要考虑联动操作，多种传媒共享内容，多媒体化操作平面媒体，把最新的内容先放到广播、电视、网络和新媒体上，把广播、电视、网络和新媒体的内容整合、精选、提炼后晚些时间放到报纸上。这样，几种媒体的内容都得到多重利用。这样，就占住了第三个市场。

因此，多媒体化操作平面媒体，从理念上要面对三个阅读市场，操作上要共享多种媒体形态资源、互换产品形态。这样，成本就降低了，效益相应就会好得多。办一张让人们愿意带走的机关报，还要注意品位，不能简单地借用一般都市类报纸的做法。

探讨纸质传媒的出路，结论也非常简单，就是要多媒体化操作平面媒体，办成一张好看的、让人愿意带走的、让人愿意在其他移动空间中阅读的报纸，办一张可以便利地与其他媒体形态共享资源的报纸。这实际上是把纸质传媒作为数字媒体的载体之一，体现了“数字媒体观”。

在新媒体时代办机关报，要优化经营模式，但不要办成免费报纸，那会影响机关报的权威性和影响力。可以考虑的一种发行方式是数据库式发行。所谓数据库式发行就是把目标读者、扩展读者、自然读者等放到数据库中，精确发行到“想让他读、他想要读”的读者手中，这样可以很清楚地知道读者是谁，也可以做一些结构分析、数据挖掘，还可以把平面媒体的经营与其他媒体整合起来，协同提供更多服务。

二、以提供发现实现深层影响

人们评价一个媒体的实力，往往用楼有多高、广告营业额有多大等指标。但真正代表一个新闻媒体实力的是其远见卓识，是其能否以提供发现实现深层影响；真正代表一个新闻媒体发展潜力的是其研究自己历史与未来的愿望、习惯和能力。一个不愿研究自己过去、现在和未来的集体是没有前途的。一个媒体应当是一个学习型集体。

（一）深度报道的影响机理和走向

如何评价一个深度报道栏目的成效与探索？如何把握一个深度报道栏目的发展走向？如何理解深度报道的影响机理？这实际上涉及一系列重要理论和实践问题。一个深度报道栏目的倾向性、注意力是塑造形象还是提供发现，是维持力度还是提供方法，是保持风格还是形成模式？这牵涉一系列重要选择。

1. 吸引力在于信息提炼

纸质媒体在20世纪末至21世纪初这一时期的重要变化之一，是报纸操作手法杂志化，杂志操作理念新闻化。在此之前多年，报纸的“杂志化倾向”曾在报界引起广泛争论，那时人们对报纸上的长文泛滥提出批评。后来，报纸引进杂志的操作手法，呈现更多栏目化、成组化、系列化、专刊化的内容处理、信息传播，使报纸的编辑模式、组版方式、信息处理方式发生变化，满足读者的信息消费需要和竞争需要。

作为工业时代的产物，报纸传入中国后的发展轨迹与国外并不一样，区别之一是中国报纸有副刊。其重要原因是现代意义上的报纸和杂志几乎同时传入中国，而报纸发展更快一些。当国内生产总值、财富积聚程度、识字人口数量、对外部世界的关注程度均达到一定水平时，伴随而来的一定是杂志市场的勃兴。2001 年，中国杂志业广告总收入首次超过广播业，就是一个信号。

书籍出现后，为什么还会出现杂志？那是因为工业革命后人们有了闲暇，生活节奏加快，人们需要定时、定向、定量、分类清楚、标签明白的知识和信息。俄罗斯有个教育学家曾经说过，智慧就是经过整合的知识。杂志所做的工作，其实就是对知识进行分类、整理、整合。所谓报纸操作手法的杂志化，像诸多深度报道栏目所做的，实际上就是把诸多信息重新加工、整理、整合，构成所谓的深度报道。深度报道的深度何在？不仅在于见识高，还在于提供给读者的是经过整合、加工的信息。运用杂志操作手法，注重对信息的分类、整理、整合，回答了人们心中的一系列问题。分类、整理、整合的结果就体现了知识的价值，再与分析、判断、见识相结合，就体现了深度报道的吸引力。

报纸深度报道的目标读者是谁？一定是读杂志的那群人，一定是文化水平比较高的那群人，一定是对世界的诸多变化比较敏感并有思考习惯的那群人。因此，杂志是媒体深度报道栏目的最大竞争对手。

2. 突破口在于知识价值

党报改革、发展的目标是要不断地提高党报影响力。从技术层面上讲，其关键是历史悠久的主流媒体今天怎样获得更大青年受众群，即怎样降低目标受众的平均年龄。一个发展中的媒体影响力在增长，但不应让读者群的平均年龄一起增长。不能影响青年就不能掌握未来。媒体能否降低读者群的平均年龄，是能否增强影响力的重要因素之一。一些媒体转型成功的主要经验和主要努力之一，是通过各种手段提供人们关注的、体现前瞻性的信息和知识；是新闻化梳理一些学科的知识，将其分类提供给读者，让读者花一点时间就可对一门学科有大致了解。实际上这些媒体就是把各方面信息精练、系统化，满足年轻读者快节奏生活的信息消费需要，从而降低读者群的平均年龄。

网络兴起后，网络媒体的信息容量无限性、信息链接无限性等特性，使网络媒体的影响力不断增强，改变了年轻一代的信息消费方式。对今天的年轻读者来说，在告诉他们新闻事实的同时，如果不告诉他们相关背景、评论、分析、链接等多方面信息，他们就会感到不满足，而对这个事实缺乏足够相信度和接受度。应当说，年轻受众依靠网络获取信息，不太接触传统媒体，更是因为传统媒体与年轻受众间的接口不对位，信息传播模式与接受习惯不对位。这是新闻工作者要研究的。传统媒体能否通过自己的努力，通过传播理念、传播方式的调整，抓住年轻受众，这是能否占据舆论传播主导地位的关键。

3. 竞争力在于纵向系统

从特定角度分析，从 20 世纪 80 年代开始的 20 年，新闻竞争大致经过三个阶段。最初是以稿件、节目为单元的竞争，是依靠个人素质取胜的阶段。那时，媒体普遍呼唤名记者、名编辑。大致从 20 世纪 90 年代开始，传媒开启了以栏目、领域为单元的竞争，进入依靠团队素质取胜的阶段。一些著名电视栏目除主持人为人们所知以外，人们并不知道谁是其中的名记者、名编辑，但这并不妨碍他们认为这个栏目是名栏目。一些在中国发行量居前的主流报纸、都市报纸，谁是名记者、名编辑，人们并不清楚。但人们知道它有一个好团队，人们不能不报以尊重，因为这样的团队是通过一定机制、背景、人才结构组织起来的，具有较强的竞争能力。21 世纪初，传媒竞争已进入以纵向系统为单元的综合竞争阶段，依靠机制、系统取胜。这里的纵向系统，既包括传媒生产全流程这样的纵向系统，又包括报纸、广播、电视的某些栏目经过一段时间累积构成的纵向系统。

实际上，人们对一个栏目的评价不仅依据其某日报道与当日报纸的有机联系等质量指标，更会对其一段时间报道累积所构成的纵向系统进行评价。记者、编辑是操作者，付出了很多辛劳，但评价者是就某个媒体、某个栏目纵向累积来评价得失、优劣的，可能会评价其题材分布、题材构成、关注方向等是否有问题。专家总是站在后面冷静地判断，而操作者是每天应付版面，考虑有所不同，就会有所缺失。

操作者该怎么办？操作者的思维方式应转向适应以纵向系统为单元的综合竞争。未来人们评价一个深度报道栏目究竟对整张报纸增强影响力有没有价值，不是看某一期，而是看这个专栏的综合水平。其中有几篇稿件可参评中国新闻奖当然可嘉，更可嘉的是发出的所有稿件都保持一定质量，整体上与所在媒体的竞争策略、读者群稳固策略相吻合，与其办报宗旨和市场判断相吻合。一个栏目不能是孤立的，而应是报纸这个系统的有机组成部分。一张报纸不是一个个小媒体的切割体，应该是一个整体。如果众多栏目的指向与报纸整体不协调，各自分割一块市场，就会影响这张报纸的整体竞争能力。对报纸来说，专栏不能是自留地，它的指向、风格、策略必须与整体竞争战略相吻合。

4. 影响力在于提供发现

深度报道栏目能很好地发挥塑造形象的功能，但更重要的是提供发现。假如人们没机会看这个深度报道栏目的所有报道，但有机会翻翻其汇辑目录，那么引起注意的肯定是一些他们自己没有发现的东西。

闻所未闻是容易的，见人所未见却是不容易的。主流媒体的影响力是什么？主流媒体之所以能对国家的政治经济运行产生影响，在于它可能发现足以影响这个国家政策走向的东西。正因如此，提供发现应是深度报道栏目特别努力的。

5. 感召力在于提供方法

如何增强主流媒体对读者的影响力和感召力？有专家提到要增加舆论监督报道的分量。深度报道栏目维持现在的质量水准、质量底线是容易的，增加一点舆论监督的力度也是能做到的。但是，能否教会读者去分析所面对世界的诸多变化是更为重要的。

比如，2007 年 3 月 29 日美国花旗银行上海分行在上海正式开业。其开业后，有两桩新闻引起人们的关注，一是小额存款要收服务费，这与中国银行业的传统做法不一样；二是一些优质客户改换门庭。浙江一位银行界人士在接受采访时说，原来以为这样的竞争要三五年以后，没想到这么快就来了。这说明什么？外资银行进入中国市场对我国商业银行的观念、管理方式产生冲击。深度报道栏目要提供一些方法，启迪人们如何从纷繁现象中找出一些有价值的东西。

人们从不同维度评价一个深度报道栏目的得失，实际上提供了从多个方面分析一个专栏成败得失的方法。评价者使用的分析方法可能不太相同，但这一系列分析思路和方法，能给栏目编辑带来一些启迪。

6. 生命力在于形成模式

形成风格对一个栏目相对是容易的，更重要的是形成内容处理模式、传播模式。比如，是否应当追求每个版都要有相关背景、相关链接、相关评论。相关链接就是别的媒体对这个问题是如何报道的。做深度报道也要善于利用已有的报道。一个人有多少知识不太重要，重要的是知道谁有知识、怎么拿来、怎么加以利用。一个媒体即使拥有一万个记者、编辑，也不可能占有和处理全部新闻信息。那能做的就只有善于利用别人的知识积累和发现，把别人的东西拿来再加以处理，就会形成可用于支撑自己报道的东西。一个深度报道栏目不可能要求所有的信息都是自己发现、收集、处理的，要想使读者获得更多，一定要加上相关链接，也一定要加上自己的分析。

更应引起注意的是，一个深度报道栏目一定要努力形成自己的分析、判断、研究问题的模式，形成自己的操作模式。拥有独具特色的判断标准、方式和方法，对办好深度报道栏目很重要。办深度报道栏目不可能完全依赖独家发现，这实在太难得。报道依赖的信息源的绝大部分可能都是大家共用的。但为什么有的报纸做得好呢？就在于其有独家分析方式、独家组合方式、独家判断方式。因而，一个深度报道栏目应当适时总结一下这个栏目的操作模式。总结到什么程度呢？要总结出几条基本东西，要让新加入者凭这几条东西就能把握这个栏目的操作模式，而不是将操作模式深藏于原有编辑团队心中。这样，才能获得更多稿源、更多资源、更多支持者。

（二）深度报道应有的视野与思维

1. 深度报道的国际视野与科技意识

深度报道栏目的编辑要学会从全国范围分析、判断问题，从世界范围观察、研究问题。就整体而言，一些深度报道的国际视野体现得不够。有很多东西是应当从世界范围分析比较的。比如，杭州的发展引人关注，萧山、余杭划归杭州后，发展空间扩大了，这样可以减少体制内摩擦，降低交易成本。关注杭州的发展，就要研究世界上诸多处在河网地带、大河入海口的城市在不同发展阶段采取什么发展战略与对策。这就像要探讨上海的发展，就必须研究鹿特丹等世界著名港口城市的发展历程一样。探讨杭州的发展也应该放在这样的背景下。

科技意识应该贯穿深度报道类栏目运行始终并刻入所有编辑脑中。科技意识，包括对自然科学、社会科学、人文科学的了解和理解，更包括现代科技分析思维和认知。许多报道显得不足，可能不是编辑有意为之，而是因为对这个东西缺乏了解。具有科技意识，对很多问题的判断会更准确、更可信、更经得起历史的检验。

2. 深度报道的分析思维

深度报道质量高下之差，操作能力高下之别，付出努力成功与否，差别主要体现在思维方式和分析方法上。要办好深度报道栏目，操作者的思维方向、思维方式和分析方法都非常重要。

（1）类型思维

深度报道栏目的编辑要有较强的类型思维和分类能力。杭州这样的城市在类型上属于江口型城市，策划报道时就应该把杭州与世界同类型的江口型城市放在一起研究。再如高新技术开发区的发展，与许多人的印象不一样，美国最初极力支持的不是硅谷，而是在麻省理工学院附近的 128 号公路沿线。这一带早期的高新企业沿袭了传统大公司的企业文化和运转模式，员工穿西装、打领带上班。而在北美大陆另一端的加利福尼亚，人们穿牛仔裤上班，崇尚冒险，追求创新，于是硅谷发展起来了。这给人们的启示，并不是有了政府的全力推动，就能把开发区办成功。

善于分类比较，对所报道的东西就会了解得更清楚。谁与浙江相似，谁值得学习，谁处在相同的阶段，谁曾经怎么样，谁值得进行比较？有这样的思维方式，对稿件的处理、把握就会清晰准确得多。

（2）结构思维

办好深度报道栏目，有一系列结构问题值得注意，比如，选题结构。除了结构上的平衡，选题上还必须处理好三个吻合，即与所面对的社会现实相吻合，与所在媒体的基本战略、基本判断相吻合，与可能拥有的操作空间相吻合。理想和现实毕竟有差距，那么怎么操作呢？简单的做法是拉一个问题单子。如果每位编辑心中都有一系列问题，那么一个集体就会有上百个问题。栏目主持者把这些读者关注的问题集中起来，作为一段时间的思考基础、关注基础，就能控制住题材构成、选题构成，重要的东西就不太会被遗漏，可能做大的东西就不会因为是急就章而影响效果。

编辑集体有比较强的结构思维、结构分析意识、结构把握能力，就能把深度报道栏目做得更好。

（3）比较思维

比较是做深度报道的基本方法。要随时随地比较，将历史和现实比较，将一个新闻事件与另一个新闻事件比较，将这个地方与另一个地方比较。通过比较能够发现很多东西。数据是比较的基础。做比较，重要的是找好比较对象与参照系。对媒体来说，贴近性应该只是方法而不是原则。如果把贴近性作为原则，就会影响视野，就会影响从比较中发现更有价值的东西。应该跳开局部，跳到全国、跳到世界来看问题。

（4）深究思维

做编辑工作就要善于切入问题的核心。这就需要具备“深究”这样的思维习惯：任何事情，当你知道结论的时候，还要再问问，还有什么是值得深究的，还能不能更深一步。

要保持一个栏目的竞争力就要努力形成一系列标准。比如，确定质量标准，也就是确定一个动态的质量底线；确定报道构成，即在某一段时间各方面题材形成的结构应保持什么状态，保持什么样的平衡。形成相对稳定、规范的系统标准和质量底线，栏目就有了特别的力量。

（三）协同联动，获得协同传播效应

保持并提升深度报道质量，要避免孤岛效应，寻求内外联动。这就要处理好深度报道栏目与其他版面的关系，不要让深度报道与其他版面无涉。比如，深度报道栏目提出话题、问题后，第二天在其他版面上应能看到回应，使所提出话题成为整个媒体的共同议题，促成媒体各部分资源联动，提升资源复用指数，让信息资源、思想资源体现更大价值。一个人的最主要资源是时间资源，一张报纸最主要的资源是版面资源。如何更好地运作版面资源？让一些引起人们注意的问题及其影响在其他版面上衍射出来，内外联动、得到呼应，就是一种基本手法。

因此，要形成协同传播效应，就要避免单篇效应，形成话题联动，尽量使深度报道栏目的重要话题成为所在媒体一段时间的“母题”，在其他版面上刊载相应、相关的“子题”稿件；就要避免局部效应，形成全局联动，把深度报道栏目作为所在媒体的有机组成部分来实施具体操作，而不是只关注这个栏目本身；就要避免平面效应，形成多媒体联动。同一题材可采用多种传媒工具、传媒手段，多种形式联动。有些其他传媒工具的未尽话题，可以再拿来利用，这也能提高资源复用指数。

第四章　智媒塑融

第一节　驱动深融：新竞争逻辑与融合运作

一、匹配需求变化：媒体融合特征与运作方法

数字科技的运用深刻改变了传播方式和公众的信息消费方式。

纵览传播方式的变化轨迹，可以将其简单地概括为几个阶段，从媒体出现之前的点对点（人际沟通），到点对群（传统媒体主导的传播方式），再到群对群（人们所说的互动式的传播体现了这一点），最终到更高层次的点对点（与个人需求匹配度更高的算法推送智能传播）。

数字技术的发展与人们生活方式的变化，正在推动传媒加速变革。传媒的运作方式说到底要与人们的信息消费方式相对应，才能真正满足人们的需求。因而，人们的信息消费方式会驱动传媒运作方式发生变化。那么，这些年人们的信息消费方式发生了哪些值得关注的变化?

（一）信息消费需求变化的五个特征

1. 信息需求变化：新消费时代

对于我们所处的时代，人们已经给予许多特征性描述和判断。但从

研究传媒运作规律的角度说，这还不够，还需要在信息消费研究成果的基础上做更深入的分析。

从信息消费的角度观察，可以说我们已经进入新消费时代。所谓新消费时代，在我看来，就是人们从以往的以消费物质产品为主，转向在保持物质消费水准不断增长的同时，更加注重以信息消费、知识获取、精神满足为核心的综合服务。所谓新消费时代，显然与注重物质产品消费的“旧”消费时代相对应，但不是全然代替关系，而主要是增加了新的消费内容和消费特征。

经济发展与社会进步，特别是现代科学技术的广泛应用，提高了人们的物质生活水平，越来越多的人们摆脱对物质产品匮乏的恐惧，进而追求更高层次的满足。在新消费时代，人们的消费重心有很大部分转向以信息消费、知识获取、精神满足为核心的综合服务。消费需求发生这样重大的变化，就给传媒业、信息业、通信业和诸多新传媒手段与提供形式的探索者们提供了新的空间。手机拥有量如此巨大，告诉人们通信消费的潜力，更告诉人们信息消费、知识获取、精神满足的需求是何等强劲。而传媒业与互联网业务的增长，更是告诉人们以信息消费、知识获取、精神满足为核心的综合服务已成为消费主流。过去，人们的问候语关乎物质，比如，您吃了吗；而今天，人们的问候语则已经悄悄变化。这是集体潜意识的微妙变化。

应当说许多更高层次精神满足的实现都与信息的提供与消费有关，或者说紧密相关。所谓以信息消费、知识获取、精神满足为核心的综合服务，是说许多服务产品的基础，首先与信息收集、提供、消费紧密相关。因此，我们研究传媒运作，就要从研究信息消费开始。

消费是人类社会生产总过程中的基本环节。这里的消费包括对精神产品的消费。随着物质生产水平的迅速提高，物质产品的增加幅度与人类对福利、满足感的增加不成比例，人们变得更注重通过对精神产品的消费，获得满足感，获得新的完善感。这是今天值得研究的重要变化。因而，即使是就经济学而言，对消费的研究也必须更多地关注精神产品消费，这样才能解释现实生活中的诸多现象，也才能回答人们心中的诸多问题。

更为真切地认识传媒运作规律，必须从信息消费开始。但回到消费，不是一般地从信息消费开始，而是回到人本身，这也是“以人为本”的体现。从信息消费开始，也不是一般地研究信息消费，而是要更深刻地把握传媒运作规律。

2. 信息需求与消费环境变化特征

（1）信息环境：从区域传播到全球流动

今天，几乎所有人都在媒体传播覆盖范围内，都暴露在网络信息环境中。但是这样的传播环境，已经不是人们习惯的区域传播环境，而是在信息全球流动背景下的多层次、多种类、多形态的传播环境。即使人们接触的只是本地传媒，其所获得的信息同样是在全球流动的信息中选择的。信息全球流动是经济全球化的前提、过程和结果。如果没有信息全球流动，经济全球化是不可能成立、不可能实现的。400 多年前的海上贸易，使人们产生对价格信息的需求，进而催生报纸。其实，海上贸易等最早催生的还不是报纸，而是通讯社。只不过，那时人们传递信息的手段是信鸽，让信鸽比船更早一些到达海港来传递信息。这是比较早的信息传输工具和信息传输模式。

值得我们注意的是，即便当时有海上通商贸易出现了今天所说的经济要素在国家间大区域流动的迹象，但人们并没有说那时是经济全球化。人们把当今时代定义为经济全球化时代，是因为实现了信息在全球高速流动。借助现代传播手段，我们和世界任何一个国家、地区的人都可能同时在同一个新闻现场，这就是电视直播、网络直播带给人们的。

因为今天的信息环境是从区域传播转向全球流动的，所以已经不存在纯粹的区域媒体，已经不存在纯粹的本地传媒市场与纯粹的本地传播需求。传统新闻学教科书上讲的接近性，已经不再是最重要的选择标准。因此，从区域传播到全球流动，将促使人们重新定义区域传媒市场。面对区域传媒市场，仅仅分析报纸的竞争度、报纸间的竞争情况，已经远远不够了。

（2）消费模式：从接受选择到选择接受

接受选择是对传统媒体时代受众与媒体关系模式的基本描述。在传统媒体时代，受众不能不接受传媒选择后提供的信息。因为一般受众除了传统媒体外，很难有其他信息渠道，处在信息稀缺状态，只能依赖传媒选择的结果。对于传媒的选择行为或者结果，受众可以选择的就是接受或者不接受。如果受众不接受，从某种意义上说就是在选择隔绝于世界，而那是不可能的。所以，即使人们有拒绝感，也只能选择接受。即使选择不接受，也已经受到影响。

值得注意的是，人们与传媒的关系相对单向、简单、松散，受众对传媒的依赖度比较低，可以不那么依赖传媒的存在而正常生活。这种关系模式，当然与旧消费时代或者物质消费时代紧密相关。

所谓选择接受，简单地说是新媒体催生的受众与媒体关系模式。我们今天所说的新媒体已经不仅包括互联网，不仅包括基于移动互联网、智能手机的完整产品链，还应该包括分类整合、实时更新的在线数据库等。新媒体给公众提供了更丰富、更便捷的信息来源，提供了更直接、更有力的传播影响力，提供了可以传播个人经历、观点与意愿的工具，提供了普通受众分享信息与观点的可能，也为公众提供了个人影响群体与社会舆论的机会。相应地，受众对信息渠道与来源就有了更多的选择，对传媒也有了更多选择。

同时，人们与传媒的关系变为双向、复杂而紧密的关系。受众可以通过传媒上传自己选择的信息，可以通过多种形式互动，一些新闻跟帖的点击量超过新闻本身就是证明。人们对传媒的依赖度更高，很多人甚至觉得如果一天没有接触智能手机就难以生活下去。现实生活中也不乏极度依赖智能手机的例子。可以说，现代人实际上已经离不开传播环境，传播环境是现代人的另外一种空气。这是媒体人的幸运，更赋予媒体人沉甸甸的责任。

（3）消费需求：从特定时空存在到全时空存在

人们在不同地点接触传播，其要求与使用方式当然会有所区别。比如，有人发现在固定地点三分钟听不到有效信息，人们就可能换一个频率，人们也总是在一定的时间消费信息。在传统纸质传媒占主要地位的时代，人们的信息需求主要集中在一天的特定时段，比如早晨或者晚上。所以，纸质传媒市场比较简单地分为早报市场和晚报市场。但是从世界范围看，下午出版的晚报一个个改成在上午出版，还坚持在下午出版的晚报一个接一个消亡，此后很多晚报退出了历史舞台。原因何在？过去晚报赖以生存的基点之一是可以与早报打时间差。但是，电子传媒一步步提升新闻更新的频率，从特定时段到整点，甚至实时更新，它促使人们的信息需求也发生变化。对比分析广播电视从稳占晚上的黄金时段到一步步抢占整点时间传递新闻信息，就可以发现晚报消亡的真正原因是，人们的信息需求已经从特定时空存在转向全时空存在。

今天，人们的信息需求表现出更为强烈的全时空存在。随着移动互联更深程度地渗入人们的生活，人们更强烈地希望在任何时间、地点都能够获得自己想要的信息。这也是今天在中国智能手机成为重要传播工具的重要原因。

全时空存在中的时间段甚至包括人们的睡眠时间。人们不希望遗漏那些在睡眠中发生的新闻。因此，早间电视节目从原来的以视觉享受为主，转向以声音作为主要传播手段，从而满足人们在早间以听电视为主的生活需求。早晨为信息需求的主要时间点，人们在早晨总是想尽快获得自己所不知道的信息。《东方时空》的改革几经反复，最后回归到以提供信息为主，就证明了这一点。因此，微信公众号兴起时最先走红的产品是“新闻早餐三分钟”之类的新闻文摘类产品。

全时空存在中的空间既包括固定空间，又包括移动空间。固定空间是人们习惯的信息消费地点。人们原来习惯在房间里坐在各类桌前读报，因而，对开报纸成为报业中的主流。直至 20 世纪 90 年代初，许多报纸还在积极地从四开报纸改成对开大报。后来，随着人们生活方式的改变，人们在移动空间中也希望能获得信息，而不只是填补空闲时间。而在移动空间中，对开报纸显然不太便于阅读。因而，窄报、小开本报纸就成为报业的新宠。西方主流报纸后来纷纷选择“紧凑型大报”同样是为了满足人们在移动空间中的阅读需要。

所谓全时空存在，更提示我们关注那些今天已经出现萌芽、但还没有完全满足的信息需求，关注哪些需求会催生什么样的新传播手段和媒体平台。

（4）消费场景：从固定场所到移动空间

人们以往是在固定场所接触传媒、消费信息，现在则转向在所有移动空间都使用媒体与新媒体，在移动空间获取信息。这促使媒体走向移动化。

媒体移动化表现在平面媒体上，首先就体现为报纸形态的改变，即瘦报化和小型化。瘦报化已流行多年。瘦报，人们原来对它的认识是它比较时尚好看，节约成本。但瘦报化实质上是报纸走向移动化，便于人们在移动空间中阅读。小型化则是报纸在走向移动化过程中更具有象征性的一步。《泰晤士报》《卫报》2004 年走出这一步时，均声称改变报型的重要原因是为了便于读者在地铁及其他交通工具上阅读。报纸最具现代意义的变革，是从以往大开本时代的“放在桌子上的报纸”变为便于携带的瘦报和小型化的报纸，变为“可以行走的报纸”，变为便于在移动空间中阅读的报纸，变为可以伴随人们生活的报纸。

其次也表现为媒体运作理念的改变。这让杂志成为“行走的杂志”。现在的杂志形态大体有两种选择，一种是做得越来越精美，越来越厚；另一种是做得越来越薄，越来越便于携带。事实证明，便于携带的杂志发行量高得多，这其实与书籍演变的历史相呼应。书籍形态演变的历史，就是由精装本主导，到平装本主导，而便于携带的口袋本也受到不同群体的欢迎，这说明书籍也越来越趋于移动化、便于携带。

广播的重新崛起更是适应了人们在移动空间获取信息的需求变化。曾经有段时间，人们认为广播声音转瞬即逝，不如报纸那样容易保存与收藏；广播的选择性小，听众听广播只能按顺序收听，比较被动，不像读报那样可以自由选择；广播由于只能闻其声，不见字形，因此同音字词容易混淆，还会产生歧义，不如报刊文字清晰明白。广播在电视崛起后几度被人们冷落，也在相当长的一段时间内没找到更好的运作方式。但是，随着 21 世纪的到来，随着人们在路上停留时间的增加，人们与广播接触的时间增加了，广播这种媒体所具有的传播信息的及时性、表达内容的传真性、收听对象的广泛性、收听节目的方便性也被人们充分认识。如今，广播重新崛起，以强势媒体的面目示人，正是得益于这几个特性能够满足人们移动收听的需要。

媒体移动化最重要的表征是互联网移动化。互联网的发展要求有几个基点：一是速度越来越快，二是越来越深地介入政治、经济、社会、文化生活，三是人们使用互联网的方式越来越方便。可以随时随地上网，这是互联网发展历程中的历史性转折点。互联网的移动化是不可阻挡的。因为人最大的需求，不是一般的信息需求、娱乐需求，而是自由。人对自由的争取，贯穿于人在自然环境中生存斗争的整个过程。这个需求是许多历史性变化的最重要驱动力。而信息的充分获取、使用、分享，是人获得真正意义的自由的条件之一。移动通信的发展令人瞩目，相较于传统固定电话通信，虽然移动通信从表面上看无非就是少了那根线，但它意味着人们释放掉了一种束缚，获得了一种自由。人可以随时随地找到任何一个人并与其联系，这就是移动通信高速发展的直接推动力。

（5）信息提供：从进入生活到渗入生活

正是因为人们的信息需求表现出更为强烈的全时空存在，传媒运作、信息提供也从以往主要追求进入人们的生活，转变为必须渗入人们的生活。

渗入生活的要求，使媒体从定位于某类人群转向定位于细分需求，其瞄准的是生活方式中的某个细节、环节、特征。因为，渗透在人们生活方式中的需求才是真正需求。人的需求是多样化的，如果把它还原到某类生活方式中，信息提供者能瞄准这类需求，就有了需求空间。互联网应用不断出现的启示之一，就是它瞄准了生活方式中的某种需求。当年谷歌公司以 16.5 亿美元收购的视频分享网站 YouTube，就是由三个创始人为分享视频而办起来的网站，其所创造的信息提供模式与生活方式中的某类需求相契合，所以该网站受到用户欢迎。它从另一个方面证明，瞄准生活方式中的某个细节、环节、特征，就可获得成功。

而媒体内容产品、服务产品也应该从进入生活转为渗入生活，媒体应努力让使用媒体产品服务成为人们生活方式的组成部分。这就要改变媒体的定位逻辑，从定位于面向某类细分人群，到定位于体现某种共同价值。例如，人们阅读某种杂志是为获取内容，也是一种身份认同、文化认同、心理认同、时尚认同，会感觉读这种杂志的人有相似的文化理念、文化元素和共同价值观。媒体要以新的眼光发现人群中潜藏的某些共同心理需求、信息需求、服务需求，通过提供内容产品、服务产品，既实现影响人的目标，又获得市场。

（二）媒体融合面对的五个变化

在理论层面，媒体融合依然是一个充满挑战的话题，吸引着诸多智者去努力探索。而在实践层面，其则是一个充满碰撞而又充满机会的必要与必然选择。人们深知必须看重并参与媒体融合，尽管并不能确定每一次尝试都能引向成功，但可以确定的是一个小小的选择就可能引发意义重大的变革。在传媒发展史上，新的传播工具、传媒形态的出现，往往是始于这些小小的选择，比如：1992 年第一条通过计算机向手机发出的短信，是短信发明的开始；而通过短信发送新闻，则是短信媒体化的开始。即时通信工具的媒体化，始于网页推送与即时通信工具的结合。伴随着数字科技的更深度应用，人们更清晰地看到技术变革与生活方式的变化在如何推动着媒体融合。

媒体融合，已经从传媒学界的讨论话题，变为传媒业界的关注焦点和努力方向；已经从观念层面的理性预测变为实践层面的本能反应和选择。今天，传媒业界不再把媒体融合仅仅视为理性前瞻。因为大家都已经看到，在这样一个新媒体时代，同类媒体之间的竞争（如报纸间的竞争）及不同类媒体之间的竞争（如平面媒体与电子媒体、新媒体间的竞争），是现实而且激烈的。但是媒体特别是不同类媒体之间的互补、借鉴乃至一定程度上的融合，是每一个竞争者都必须选择的生存方式。

媒体融合已经从先知先觉者的创新尝试，变为一些媒体在生存压力下的应急选择。人们容易看到的是，平面媒体遇到了一系列困难，但更应该看到的是，电子媒体和网络媒体同样面临更为激烈的竞争和挑战。今天，所谓的新媒体与旧媒体，并不是只因传播介质的不同而划分，而是因媒体观的新旧、传播理念的新旧，特别是对媒体融合前景的认知和应对措施的选择而有所区分。

媒体融合已经从工具共用走向模式共用。在互动与变革中，不同媒体形态的传播理念与传播模式的共同之处越来越多，互相借鉴运作理念与运作模式的情况也越来越多。

媒体融合已经从渠道共用走向内容产品的多用。内容生产方式正在变化，理念变化正在变成实际结果。

今天，探讨媒体融合，有一个问题不能回避，那就是还可能有什么新的传播工具会媒介化，会演变成新的传媒形态。谁忽视年轻人，谁就没有未来；同样，谁忽视更为年轻的传播工具与传媒形态，谁就会失去整个世界。这对政治家是如此，对普通公众同样是如此。回顾历史我们会发现，短信的媒介化、即时通信工具的媒介化，以及诸多新的传播技术演变为新的传播手段乃至新的传播形态等，最初的尝试者或者推动者往往不是传统意义上的媒体人。媒体人本该对传播需求与实现理解得更深刻，对传媒形态的衍生信号更为敏感，但为什么却没有看到新的传播技术、传播手段媒介化的可能呢？这才是传媒的研究者、主持者、从业者、新来者应当反思的。这不仅需要传媒学界的人们与技术领域、市场领域的思想者共同探讨，还需要更多的年轻人加入探索与思考的队伍，更为敏感地发现新传播方式的媒介化利用的可能。

从世界范围观察，媒体融合的表现特征可以描述为传播工具的泛媒介化、传媒形态的全媒体化、传媒业态的多媒体化、融合取向的新媒体化、运作模式的跨平台化。

1. 传播工具的泛媒介化

传播工具的泛媒介化，是指许多正在用来传输信息的工具，在被用作信息传播工具，而不仅是信息传输工具。从中国移动 10 多年前悄然把“移动通信专家”的自我定位改为“移动信息专家”并广而告之，可以看到移动通信业看到固定通信业几乎“沦为”信息渠道后对传统运行模式前景的深深担忧。以往，人们总是从技术层面议论通信网、互联网、广播电视网的融合，实际上，信息传输工具的泛媒介化，才是最集中的融合选择。总体来看，泛媒介化可以给信息渠道带来更多价值，使人们本能地选择媒介化。而这些渠道的泛媒介化，给社会带来了更为丰富的信息来源，也给传统媒体带来了更多的竞争者。

2. 传媒形态的全媒体化

传媒形态的全媒体化，是指在媒体融合进程中，一些强势传媒通过购买、创办等形式介入所有媒体工具以维持强势，或是通过进入新的领域来获取更多空间。值得注意的是，这类媒体融合不全是所谓的传统媒体向新媒体融合。

3. 传媒业态的多媒体化

传媒业态的多媒体化，是指在媒体融合进程中，媒体运营模式发生变化，更趋于同时、综合运用多种媒体形态或进而形成多媒体形态。业态，就是经营、运营模式的固化。传统媒体不再满足于仅仅依靠报纸（或仅仅依靠广播、电视）等单一业态保持市场占有率和竞争力，而是转为依靠多种媒体业态以适应传媒的变革，增强生存能力与竞争能力。今天的报社，已不再只是生产报纸的专业组织，而是越来越趋向于成为内容产品的生产者和提供者，向自己所拥有的报纸、网站等终端以及其他终端提供内容产品，成为同时拥有包括报纸、网站等媒体形态在内的专业组织。

4. 融合取向的新媒体化

融合取向的新媒体化，是指平面媒体、电子媒体纷纷以介入新媒体领域、运用新媒体工具、融入新媒体运作理念，作为媒体融合的基本取向。曾经有的电子媒体积极创办报纸杂志、进入平面媒体领域的风潮，早已归于平静。取而代之的是，纷纷以各种方式进入新媒体领域并与之融合。更值得注意的是，传媒运作理念中增加越来越多的媒体融合因素。它不仅包括互动、多媒体化等理念与方法在传媒运作中产生越来越大的影响，占有越来越重的分量，还包括传统媒体接纳所谓网上传播的草根属性；不仅包括传统媒体更愿意跟进报道、评点网上热点，还包括传统媒体愿意以多种方式使用公众制作的内容。今天，互联网已经走过单纯体现技术属性、媒介属性的前两个阶段，正处在技术属性、媒介属性、社会属性同时呈现的阶段。视频分享平台、社交网站、对等互联等新媒体工具吸引人们在网上观看视频的理由，就是分享网上普通人制作的东西，而不是只遵循专业人士制作、大众分享接受的传统模式。这促使传统媒体也随之进行相应调整。

5. 运作模式的跨平台化

运作模式的跨平台化，是指在媒体融合的推动下，传媒的运作模式更趋于跨平台运作，统筹运用平面媒体、电子媒体、网络媒体、移动媒体及新媒体生产流程与终端。在跨平台运作的推动下，传媒集团内部、新老传媒间更趋于以一定机制分享内容资源、品牌资源和渠道资源等。总体上看，这种资源分享和共享体现为提高资源利用效率和信息共享水平。

（三）五种融合形态和五个运作模式

1. 媒体融合的五种形态

信息消费全时空存在既是一种实在需求，也是一种驱动力量。在媒体融合进程中，相应出现了五种融合形态。

一是报网联动与适应移动接收的报纸。在媒体融合进程中，报纸要变成“行走的报纸”，由原来放在桌子上的报纸变成便于人们携带、适宜在移动空间阅读的报纸。报网联动不是一种权宜之计，是纸质媒体必须24小时满足受众需要的必要转变、战略手段、必然选择。

二是向信息顾问与娱乐伴侣演变的电视。电视的选择，从功能上来说，第一是成为信息顾问，如早间电视节目的转变；第二是成为娱乐伴侣，与人们的需求和生活方式更契合。

三是分类整合、实时更新的在线数据库。20年前我就提出，当前和未来最有影响力的媒体形态之一，就是在线数据库。财经数据库通过提供行情信息、财经信息及其他方面的信息等综合服务，深刻地影响世界范围内政治经济生活的运作。数据库不仅仅是软件系统，还是结构化分类处理信息的重要手段，可以帮助人们发现信息之间的关系。

四是垂直细分、分类预整理信息的搜索引擎。搜索引擎不仅是一种寻找工具，而且是信息、知识的重新收集、整理、加工者。如果说新闻媒体是组织化进行信息的收集、整理、加工，那么搜索引擎在一定意义上也是在专业化地做这个工作。搜索引擎深刻地改变了人们的信息获取方式，也使所有的信息收集者都变成了它的使用者和生产者。在互联网发展过程中，搜索引擎更注重纵向细分，更注重满足人们已经类型化的需求而提供所谓社区搜索、分类搜索，更注重渗入人们的生活。

五是作为伴随媒体的各种新媒体应用。移动互联网发展之初，人们预测和想象未来人们随身携带的信息终端可以接收视频、音频和其他要接收的东西。智能手机成为人们的伴随物、必需物，成为人们的生活伴侣、信息伴侣。重要的不是通过手机可以接收什么内容、接受何种服务，重要的是它已经深深地介入人们的生活。也因此，基于移动互联、作为伴随媒体的各种新媒体应用，就成为最体现数字变革的融合形态之一。

2. 具有竞争力的五个媒体运作模式

在媒体融合进程中，媒体运作更加自觉地向以下五种运作模式或五种角色发展。

一是门户。其实传统报纸的办报理念就是做信息门户，希望读者通过这一张报纸可以了解天下发生的所有事情，争取成为读者认识这个世界的第一选择。在新媒体时代，媒体仍然要努力成为具有多种功能、提供多种可能的门户。

二是平台。不管是报纸、杂志，还是广播、电视，媒体在发展中必将成为整合信息的平台、增值服务的平台、创新服务的平台。

三是伴侣。成为人们生活伴侣的媒体会更有影响力，其与人们关系的紧密度将会是以往各种媒体形态难以比拟的。我们要抱这样一种理念，从介入生活到渗入生活，从了解人们生活方式的某种特征，到成为人们生活方式的一部分。

四是顾问。面对海量、庞杂的信息，媒体在发展中要成为人们的信息顾问，成为人们行为与决策的依据之一，成为人们的信息源与思想源。

五是依托。成为人们的生活依托、思想依托，对媒体而言是一种境界，也是一种机会。如果人们遇到任何问题，能够想到从媒体这里寻找认知方式、解决思路、应对方法，那么媒体就成为人们的依托。

二、融合进程中媒体的新竞争逻辑

移动互联网时代的变化，不只是增加了新渠道、新平台和产品，而是人被改变了。人的需求和消费行为发生重大变化，媒体竞争逻辑也随之演变。新竞争逻辑何在？至少包括以下十点。

1.需求满足逻辑是商业逻辑的前提

数据的用途无非是判断需求，通过追寻相关性更准确地把握需求。需求满足逻辑应当是在商业逻辑之前考虑的。所谓满足逻辑，就是满足什么人的什么需求、以什么样的独特方式来满足。满足价值如何兑现是满足逻辑和商业逻辑之间的连接点。

在移动互联网时代，分析诸多移动互联网产品就会发现，通常满足很简单的需求反而能够获取更大价值。内容与服务产品开口越小，能够获得的市场空间越大。

2. 行为数据比消费量数据更有价值

什么样的数据才是最有价值的？是行为数据，而不是一般性的消费量数据。使用行为与新媒体演变互相驱动，加速新媒体传播方式、传播规律的演变。人们的消费行为，而不是类型需求，是最重要的驱动因素。精准传播的基础是对行为数据的掌握，而不是对一般消费量数据的使用。行为数据描述出了消费者的行为模式和优先选择。这也是大数据创造价值的基础。

3. 匹配度是体现竞争力的核心指标

匹配是互联网时代最重要的关键词。连接是互联网存在的前提，互动是其行为表现，而匹配才是其核心。需求和供给相匹配，才能实现更好的传播效果。因此，匹配度才是移动互联网时代内容产品最需要关注和满足的关键条件，无论是物质产品还是精神产品都是如此。

适应移动互联网的新竞争逻辑，至少包括一个关键，那就是匹配；包括两个核心要素，那就是便利性匹配和超细分匹配。便利性就意味着服务提供方式必须与人们在移动状态下的心理和行为方式相匹配，甚至数量过剩，也会影响人们继续使用的耐心，这远远不同于传统意义上的超值可能产生的吸引力。便利性决定传播有效性的规律更强烈地体现在移动需求中，同时，人们要求内容产品类别区分更清晰、表达方式更明快、叙述节奏更简洁、使用方式更简单。超细分就意味着必须更进一步地明确人们的类型需求与方式需求，才可能实现有效匹配，而不是愿望或是概念上的匹配。因此，便利性匹配与超细分匹配，是一切传统媒体和新媒体内容产品及服务产品的试金石。

4. 内容制作基于满足移动需求与心理

媒体面对的观众群已经改变。微信等社交媒体已经成为生活平台与工作平台。被移动终端改变的电视观众，即便坐在沙发上，其心理节奏、内容需求、行为方式和内心预期也与原来的电视观众有了根本性不同。因此，即使是为大屏幕制作的内容，也必须匹配观众在同时使用智能终端的行为特征和心理预期。因此，媒体必须按照移动需求规律、规则来制作内容。

在个人电脑互联网时代，下载量最大的视频长度是一分半到两分钟。2016 年前后，在海外社交媒体上，受众在观看视频 41 秒之后，人数就会下降。观察发现中国受众在观看视频 30 秒之后，观看人数就会陡然下降。因此，在视频内容制作上不仅多一即应减去的规则在起作用，而且内容呈现方式都要与移动状态下的即刻需求心理和特征相吻合。

5. 一体化运作传统媒体与社交媒体

今天人们更清晰地看到，分发环节是影响力生成的重要环节。这一点并没有否认内容为王，但内容分发环节在创造影响力，而不仅是实现内容的影响力。从世界范围来看，传统媒体不能仅仅在工具层面上使用社交媒体，也不能仅仅为了简单的品牌拓展使用社交媒体，而应该在战略层面上统筹考虑如何一体化运用社交媒体和传统媒体工具。

6. 在媒体平台提供适用性服务产品

媒体可以也应当向公众提供更多适用性强的服务产品。电视购物已经给出了提供类似服务可以促进产品销售的证明。今后，媒体可以提供更多服务产品，绝不仅仅是游戏、电影业经常做的周边产品，还可以是基于对现有服务进行便利替代的服务产品，对公众更具适用性的服务产品，或满足创新需求的服务产品。

便利替代性服务是移动互联网时代创业的主流模式，也是移动互联网产品的主流存在逻辑。人们热议的滴滴打车、90 后普遍使用的外卖以及电商，都是便利替代性服务，它们把现实生活中线下原本存在的某种服务方式转移到线上，使它更便利，从而形成强大的替代性。这种替代性在商业零售领域里已经清晰地体现。第六次零售方式革命不仅出现了新业态，而且几乎使传统大卖场陷入困难境地。

7. 关系链服务是价值创造的新引擎

传统媒体习惯于利用纵向关系，而新媒体更善于运用横向关系。在今天，传统媒体对纵向关系的利用也不如新媒体。在我看来，媒体可以通过梳理传播关系链发展服务链，进而发现服务链中蕴含的新价值链。哪个媒体在这个领域转型快，就可以发现更多新增长点。

8. 高价值内容成为竞争力新来源

观察移动互联网产品、移动互联网市场会发现专业内容正在创造超专业影响。在社交平台上，专业人士、专业机构、专业账号更容易创造影响。因此，在微信时代，诸多传统机构不仅做官方账号，而且做内容矩阵，把现有内容细分之后，以小开口博取大市场。

什么内容是高价值内容？它包括高细分的专业内容，通过高细分从而获得专业性；也包括分析、判断、预测这样的观点性内容。分析主要新闻机构的内容构成会发现，描述性、故事性内容保持一定量；而观点性、分析性、判断性、解释性、预测性内容在其提供内容中的占比越来越高。这样的高价值内容才是今天受众所需要的。

9. 以流程再造、组织再造提升效率

传统媒体和新媒体之间，实际上不仅存在技术差、工具差，更重要的是存在效率差，新旧媒体竞争的核心之一是效率。很多传统媒体在新的竞争面前遇到困境，核心是其传播效率、内容制作效率、运作效率不如新媒体。效率替代是新旧媒体在竞争中出现的核心现象。因此，传统媒体在媒体融合中就需要重构生产流程，提高反应速度和效率。

10. 体现互联网思维的管理原则

媒体应当确立体现互联网思维的管理原则，它至少包括以下三点。一是市场管理比内部管理更重要。二是需求管理比产品管理更重要。因为如果需求消失，产品做得再好也没有意义。三是预期管理比效果管理更重要。以前人们往往关注产品、频道运营和传播效果分析。在我看来，对受众预期的管理比效果管理更重要。因为如果受众没有观看预期，在那个时间不会打开这个频道，不会观看其节目，那产品做得好有什么意义呢？媒体运营更重要的是维持预期和创造预期。

第二节 协同共融：在竞争格局中占领制高点

一、区域媒体的竞争策略与发展空间

（一）对区域媒体竞争地位的判断

1. 三足鼎立格局将长期保持

总体来看，区域媒体与广区域综合类媒体、专业类媒体三足鼎立的格局将长期保持。广区域媒体，是指借助媒体融合的力量、互联网的传播机制，在较大范围有影响但又不是全国性媒体的媒体。传统上按隶属关系划分，人们常将媒体分为全国性、省级、地级媒体。随着媒体融合推进，有些区域媒体的影响力会扩展到更大范围，成为广区域媒体。能与区域媒体竞争的还包括专业类媒体，因为专业类媒体的生存逻辑之一是纵向细分，即关注垂直细分市场和某类细分需求。其势必会在不断延伸的同时，借助专业内容在新媒体传播中创造超专业影响等规律，纵向切割区域媒体原有市场空间与受众群体。因此，区域媒体的生存逻辑就要转向，既要争取借助互联网传播机理让自己的影响范围超越行政区域，又要提升自己在细分领域的竞争力。实际上，这个生存逻辑对其他媒体也同样适用。

2. 发展空间与社会知识化水平正相关

区域媒体发展空间与社会知识化水平呈正相关关系。知识化水平越高，一个区域的内容需求特征就越明显，区域报刊就能发展得更好。换句话说，随着粤港澳大湾区、长三角、京津冀等地区的发展，区域媒体传播内容的价值越高，受关注程度就越高；粤派、海派、京派的特色越强、见识越高、知识量越大，媒体发展空间就越大。

3. 对特定领域信息的处理水准是竞争利器

社会知识化水平越高，意味着对类别性、专业化、知识性内容的需求越强。区域媒体对特定领域信息的处理水准就成为基本竞争手段和依

托。新闻学是关于如何选择的科学。有的区域媒体的某些版面、栏目水准很高，其关注视野、内容来源、主要作者、影响空间等超越了所在行政区域，又有很强的本地色彩、个性风格。当然，一个媒体的竞争力绝不能只体现在局部，一张报纸的竞争能力绝不能只体现在副刊上，而必须系统体现。

4. 重新定义信息资源、处理方式、产品链条

无论是区域媒体还是其他媒体，在数字变革和媒体融合进程中，重新定义信息资源、处理方式、产品链条，重新认识、评价、编辑、处理、利用信息资源都是必然选择。传媒的信息资源是什么？仅仅是记者队伍所能搜集到的信息吗？如何看待媒体以外、这个区域以外的专业信息源？如何认识、运用可能影响人们切身利益、可能引起最大关注的信息？如何认识、利用管理部门、研究部门等的信息源？一个区域媒体，应当以什么样的价值、标准来评判本区域、区域以外、全国和国际新闻？传统和习惯上，一个区域媒体评判新闻的核心价值之一是接近性，即它是不是本地受众关心的话题。随着社会经济发展，人们越来越发现这种新闻价值评判标准过于平面、过于简单。信息处理方式也要变化，媒体搜集这么多信息，只在一种媒体形态使用就太可惜了。所以，重新定义信息资源、处理方式、产品链条是必然选择。

（二）区域媒体竞争面临的特殊因素

1. 信息来源及传播更多样化、流程化、专业化

即使是区域媒体，今天所能获得的信息源与信息资源，也远远超过以往。利用互联网和移动互联网的各种应用，区域媒体能够实现远程采访、在线利用各种数据库，可以获得多种多样的信息源和信息资源。相应就要求区域媒体必须在某个领域有更强的信息处理能力、更高的处理标准。以深圳媒体为例，探讨深圳报业的竞争策略、发展策略，不能不探讨如何更新对深圳地位的判断。在中国经济大格局中，在粤港澳大湾区发展中，在国家战略格局中，深圳的地位不断上升。一个区域经济地

位的提升，必然带动其文化地位的提升，必然影响这个区域的人们关心什么、需要什么。只有信息源和信息资源更加多样化，运作更加流程化，所传播内容更加专业化，才能适应社会经济发展水平提升、经济文化地位提升区域的受众需要。

2. 信息处理更注重用户视角、利益视角、社会视角

注重用户视角，就要在信息处理、加工、提供时更加注重提升受众选择、获取、理解、接受的便利度。这是因为数字技术条件下，信息消费的选择权已经迁移，受众选择空间越来越大。方便受众选择，媒体才可能产生影响，才能产生引导作用、履行舆论引导职能。注重利益视角就是要关注受众的利益关切点，因为读者如何选择、看待媒体所传递的信息、观点，判断所提供的内容是否符合自己的需要，利益相关性占有越来越大的权重。注重社会视角，是说信息处理还要从社会稳定、社会运行、社会建设、社会发展角度权衡，而不是单纯地从受众个体需求、好恶出发。

3. 受众评判更注重可用价值、服务水准、启悟意义

随着新媒体发展，受众对媒体内容产品、服务产品的评判，会更注重可用价值、服务水准、启悟意义。媒体提供内容，就是在为受众提供服务，要使受众在获得内容的同时，感受到在享受一种服务。实际上，媒体的内容服务本身就会对受众产生影响，会创造传播价值。可用价值是指提供信息、分析、观点等内容和服务，要更加注重可用性，即对受众的工作、生活、心理、精神有可用价值。可用价值会创造必读性，必读性决定了读者对一张报纸的阅读依赖，决定了电视观众对某个频道、栏目、节目的收视依赖。如果内容与服务产品与受众可用价值相关度不大或不相关，必读性、必看性就会受影响。启悟意义更重要，媒体所提供内容不仅要让受众有所知，还要有所启迪。我们应当重新认识报纸对读者的影响。报纸不仅是信息源，还应当是思想源；不仅提供信息，同时还要提供对信息的分析，提供如何做出这种分析的思考。只有成为思想源的报纸，才是人们的行为依据，才是人们不可或缺的东西。

4. 运作模式更追求专业分工、系统整合、信息共享

随着数字变革推进，媒体运作模式会发生重要变化，会更追求专业分工、系统整合、信息共享。专业分工，不仅是一般意义上的分工水平提升，还包括在新闻生产流程中的某些环节专业化分工水平提高以后的整体外包。专业化分工水平越来越高，是现代化过程中的伴生现象。专业分工水平提升的核心动因，不仅是质量更好，而且是效率提升，从而提升媒体的竞争力。如果不顺应专业分工提升趋势，就会影响竞争力。正是基于提升运行效率、提升竞争力的需要，专业分工水平提升会与系统整合水平提升、信息共享水平提升协同进行。媒体只有有效地提升资源利用效率和信息共享水平，才能增强整体竞争力。重新梳理、整合生产体系、协作体系，才能实现更高水平的信息共享。

（三）区域媒体的竞争策略

1. 管理需求与管理市场：以横向切分与纵向细分抬高进入门槛

从全国范围看，尽管媒体间联合、重组形成区域性传媒集团，县级融媒体中心与其他高级别媒体形成各种协作体，但区域媒体要想保持竞争力，就必须努力管理需求与管理市场，以深度横向切分与更专业的纵向细分来抬高市场进入门槛。

2. 信息加工与知识整理提供并举：以知识管理创造更强必读性

传统意义上的报纸，特别是综合性报纸，其竞争策略是主要靠新闻类版面获得竞争力，包括将新闻报道、深度报道、评论观点等内容作为竞争力支撑。如果一张报纸的竞争力来自新闻版、来自新闻处理能力和速度，为什么那些主要提供新闻类内容的报纸，其竞争力没有如其所愿？从中国报业历史看，报纸看重的也不单纯是新闻版，还有副刊。随着社会经济发展和社会知识化水平提升，单纯提供新闻类内容的媒体，并不能够满足人们的多样需求。新闻类内容以外，人们还需要什么东西？一定包括新闻化的知识性内容，包括经过整理、加工并适合通过媒体提供的专业性内容，包括以媒体眼光为受众筛选、加工的知识性、方

法性内容。这些东西不是媒体创造的，是某些书籍上就有的，是一些专家学者所述、所写的，媒体以新闻化、可视化的方式加工，让受众可以只用很少的时间和精力便利获得。

可以对比一下关于几类诺贝尔科学奖的报道，多年前就是几条消息，后来媒体开始做深度报道，再之后关于几类诺贝尔科学奖的报道越来越丰富、深化、专业，延伸范围也越来越大。人们越来越关心诺贝尔奖获得者所研究的领域到底是什么，人们对相关现象、成果、意义感兴趣的同时，对蕴藏其中的知识也很感兴趣。所谓学习型社会，是靠科学精神的传播，是靠知识普及和更新，这些知识不只从课堂上获得，而是靠终身学习，从新闻媒体、专业媒体等获得。可以对比一下，人们通过证券市场营业部大屏和移动互联网应用看到行情信息后，为什么还要读证券报？因为证券媒体还提供分析和判断，提供很多零散的、纵向或成系统的知识，投资者可从中学到很多。

3. 适应融合移动传播的信息提供方式

融合移动传播时代，运作理念、内容构成是融合的，文字、图片、视频是融为一体的，表达方式、叙述逻辑是体现互联网传播规律、能满足人们需求的，提供方式是适应移动接触、移动获取的，相关链接等延伸服务是便于人们拓展和探寻的。

4. 利用并保护好信息源和信息资源

这是媒体维持并增强竞争力最有效的方法。对于善于利用信息源和信息资源，人们有强烈共识。但是保护好信息源和信息资源，对媒体来说依然是一个课题或需要增强的能力。一个媒体的无形资产最重要的部分是什么？有人说是品牌，或者用更专业的眼光看，是其影响力。实际上，媒体的无形资产包含信息源、信息资源，还包含独特的信息处理加工模式。信息源和信息资源是媒体最重要的无形资产之一，需要研究如何加强保护。

（四）区域媒体在竞争格局中的地位

1. 跨区域媒体品牌建设的根基

未来竞争中，一个区域媒体要想保持竞争力，其必然选择之一是，使其影响力超越所在传统行政区域，这也是很多区域媒体能够在全国保持领先地位的重要原因。

跨区域媒体的发展根基何在？最重要的是要努力成为人们的思想源，如果仅仅是信息源和娱乐源，就可能成为人们擦身而过甚至可能改换、放弃的东西，那就谈不到影响力、引导力，也谈不到真正的品牌建设，谈不到在本区域或本区域以外的人们心中产生深刻影响。成为人们思想源的重要手段，就包括有效又得当地体现所依托母体、所依托城市和区域的经济辐射力和文化辐射力。而且，体现方式应是独特、专业的，又高于一般的。比如，在上海海鸥饭店的窗户可以看到充满活力的浦东，也可以看到历史风味浓厚的苏州河沿岸，还可以看到通向世界的黄浦江。那是一个特殊的观察点，是观察新旧上海、上海与世界的特殊观察点，这个观察点也联结着丰富的历史信息。能否从独特的角度对人们常见的影像做出不同解读，提供更多启示，能否把一个区域经济体、文化体的活力、实力、影响力有效又得当地反映出来，决定了区域媒体的影响力能不能超越所在区域范围。这个因素决定了很多区域媒体过去的成功，也正在影响很多区域媒体战略优化、再做选择的现在，还会影响到其可能辉煌或可能发展速度不如别人的未来。

2. 品牌建设的核心着力点

人们拥有这样的共识，品牌的作用在于识别，媒体需要品牌不仅在于识别，更为了产生、保持、强化权威性和说服力。媒体要努力让其受众对其核心价值有一定程度或更高程度的认识、认知，进而产生认同感，这是其品牌建设的核心着力点。这需要一个媒体首先明确自己的核心价值何在，包括以什么样的眼光、标准判断、处理、提供新闻信息、观点等内容，以什么样的价值观作为这个媒体的存在基础。如果媒体自己不够清楚，或者其团队成员不够清楚，就很难做到让受众清楚。如果受众不清楚，就难以实现让他们有很大程度的认识、认知和认同，那就难以找到品牌建设的核心着力点。

如果媒体的核心价值不被人们认同，就谈不上真正拥有品牌影响力。缺少品牌影响力，受众群对其品牌的核心价值缺少认知，就难以形成阅读期待或收视依赖，这个媒体就难以成为人们的思想源，难以成为人们的行为依据，难以成为人们生活方式的一部分。只有成为人们生活方式的一部分，一个媒体才是持久的。

因此，媒体品牌建设的核心，应是努力实现更大规模受众群产生对媒体核心价值的更高水准、更深程度的认识、认知、认同。

3. 区域性品牌跨区域影响的来源

区域媒体的影响首先是区域性的。如果要使媒体的品牌影响超越所在区域，跨区域影响的来源是什么？从世界范围看，报纸主要是区域性的，但是少数区域性报纸曾经有世界性影响；一些区域性报纸有全国性影响，还有一些区域性报纸有广区域影响。在我看来，跨区域品牌、跨区域影响，来源于媒体具有超越区域的眼光、格局与价值观。媒体要努力使其影响超越所在行政区域，这不是放弃区域性，而是在更高层面、以更高水准对待区域性。中国是世界的中国，媒体应该具有世界眼光、增强世界眼光，从世界范围观察中国经济，以中国立场分析世界经济现象。对正在发生的新闻事件、诸种复杂现象的判断，是否有世界眼光会对影响力、公信力、说服力产生重要影响。要拥有超越狭小区域的眼光、格局和价值观，才能够形成跨区域影响。这种胸怀、眼光、格局、价值观，才是形成跨区域影响的来源。

媒体不仅要自己培育跨区域影响力，还要通过协同合作来保持、增强跨区域影响力。

（五）一个有影响媒体的新选择

评价一个媒体的发展与成效，可以有许多观察视角和分析方法。但在我看来，一个媒体何以有影响至少包括以下几个方面。

其一，它应当是一个高效率的信息收集者，更应当是一个坚持选择标准的选择者。总体来说，新闻传播就是有组织地收集、整理、加工、传播新闻信息的活动。能不能挖掘、拥有、运用足够多的信息源，高效及时地收集新闻信息，标志着一个媒体的工作效率高低。但能不能在选择中恰当地坚持标准，则标志着一个媒体能否恰当地履行职责，履行对社会应负的责任。

其二，它能够很好地报道所在区域，成为一个公认的区域交流平台，更应当很好地体现全国视野、世界眼光，成为这个区域的人们应对世界百年未有之大变局的引导者。

其三，它应当既是人们的信息源，又是人们的思想源。一个媒体不仅应提供信息，还应提供分析和观点，让人们可以分享认识历史与现实的方法。

能够做到以上这几点，在这几方面都有引人注目的表现，其影响力就会超越所在区域。

但我们观察一个媒体，判断其影响力、竞争力能否持续存在，还要看它能否很好地适应所处的时代，看它能否很好地应对传媒格局、传媒形态、传媒技术、传媒市场正在发生的剧烈变化，能否根据自己的特质适应百年未有之大变局与新媒体时代。这是一个媒体引导人们应对未来所必需的。在当今这个时代，我们更应该往前看，应该居高望远，思考如何实现更加辉煌的未来。对过去的所有回顾都可以启发更深的思考。

一个有影响的媒体在未来发展中可能会碰到这样几个问题，值得有所思考，有所准备。

1. 如何更好地服务于行政管理

主流媒体应当更积极、主动、有效地服务于行政管理。从某种意义上说，主流媒体的活动特别是党报的活动，本身就是政治运行、社会治理的一部分，其中有很多工作需要去做，有很多任务应当也可以完成，有很大的空间可以施展。

2. 如何更好地适应所在区域的转型

今天，随着外部条件变化，不同区域也在做出不同的转型选择。比如，深圳特区由以往作为梯次推进的开放前沿，在技术、信息、市场等的引进中迅速发展，转变为更依靠科技创新、创意经济等推动发展。人们可以清晰地看到其发展思路有所变化，有许多新的特点。深圳作为一个文化体，其影响内容与影响方式也在变化。当年，年轻人常喝珠江水，那是因为其中带着改革开放的信息。今天，深圳正在努力体现作为一个文化体的新内涵。创意基地落户深圳，出现一些重要文化现象，它们组合起来构成了新图景。这就要求这个地区最主要的传媒集团，其影响要超越单纯的行政区域，既要依托区域经济体与文化体发展，又要超越区域发挥影响。这对任何一个区域媒体都是一个大课题，必须回答，而且必须回答好。

3. 如何更好地适应融合移动传播

媒体深度融合、持续数字变革、融合移动传播、从融媒体走向智媒体，是趋势，也是清晰可见的一系列事实。曾经蔓延 10 多年的报纸瘦报化和小型化浪潮有很多启迪意义，它表明媒介正在轻便化，正在努力适应人们在移动空间阅读需求的变化。人们纷纷反思厚报之弊，是意识到报纸的内容结构不能满足人们便利获取信息的需要，阅读节奏没有经过精心设计。这些都是人们基于信息消费方式、信息需求变化，从新需求出发提出的新问题。因而，报纸必须适应媒体移动化的大趋势，成为一张“行走的报纸”，便于人们在办公室、家庭之外的空间阅读，以有序的内容结构和精心设计的阅读节奏向人们提供信息。这体现了一张报纸在新媒体时代的竞争力。报纸从“桌上的报纸”变成“行走的报纸”，便于人们在任何空间打开阅读，这意味着报纸的内容结构、内容处理方式和版面结构安排都要优化设计。

4. 如何保持不断发展的内在动力

媒体如何保持不断发展的内在动力？在中国，很多事物的发展都有明显的人口经济特征。短信的迅速发展、互联网领域很多应用在中国的迅速发展，都是因为拥有庞大的使用群体。媒体的发展其实也依托于此。庞大人群、多样需求，蕴含着巨大的发展机会。

5. 如何适应数字媒体时代的诸多变化

数字媒体时代，意味着人们的生活方式、需求特点已经并正在发生巨大变化。媒体生存逻辑、竞争逻辑也已经并正在发生变化。

过去人们习惯于把媒体、报纸定位于面向某个人群，在融媒体走向智媒体时代，这是不够的。媒体应当盯准人们的某类需求，盯准人们生活方式的变化，盯准生活方式某一组成部分，才可能更好地满足公众信息需求和服务要求。毕竟获取信息，既是人实现自由的基本条件，又是人生活方式的一部分。没有足够的信息获取、交换或者传播，就不可能完全实现自由。在数字媒体时代，人们的生活发生了很大变化，信息需求也复杂多样，传媒必须努力适应，才能更有效地引导。

二、媒体的价值观体现及其影响力

（一）定位逻辑：以影响力、说服力为核心

以影响力、说服力为核心，本来就是卫视的定位逻辑，也应是媒体的定位逻辑。

历史地看，卫星与电视结合拓展了电视的影响力，也拓展了卫星的应用价值。20 世纪 70 年代，第一个上星频道 HBO 出现了。因为与卫星技术结合，HBO 有条件从地方电影频道拓展更大市场，也由此拥有更大影响力。HBO 希望把其节目通过卫星提供给更大区域，想到了当时应用方式还不多的卫星。HBO 节目上星之后，人们发现了卫星与电视频道结合之后的巨大影响力，电视频道与卫星结合后才有条件成为全球性媒体。第二个与卫星结合的电视频道是 17 频道。HBO 上星播出，促使特纳于 1980 年在 17 频道基础上创办第一个面向全球播出的 24 小时新闻频道 CNN。CNN 的运作，一是借助于卫星采集与卫星传播，二是以施加影响为核心，即使多年亏损仍坚持如此。海湾战争为 CNN 提

供了展现 24 小时新闻频道全球影响力的机会，也为其体现价值观提供了机会。

正是因为以体现影响力、说服力为核心，卫星电视开始与国家战略相结合。在这之前是广播技术与国家战略相结合。广播技术 1900 年在加拿大诞生。1920 年第一个商业广播台开始播音。二战前后，一些国家开始发展国际广播，直到二战结束，已有 30 多个国家开设对外国际广播。国际广播是其所在国国家战略的体现，是一个国家影响国际社会能力的体现。电视兴起之后，国际广播逐步让位于面向全球播出的 24 小时电视新闻频道。

更值得重视的是，卫星电视实际上是文化载体，对促进文明交流互鉴，传播国家的主流文化、价值观，塑造国家形象起着重要的作用。其核心就是通过各种各样的内容和不断播出所形成的信息流，体现、传递价值观。价值观是卫星电视内容中的核心内容，卫星电视的定位、节目形态、节目风格等则居于价值观以下，价值观决定了其定位与内容价值体现。

（二）运行追求：以竞争解释权有效体现影响力

分析卫视频道运行状况时发现，其运行追求以竞争解释权来有效体现影响力。一个卫视频道，其覆盖范围绝不仅限于所隶属的那个地域，不限于其所在省份和城市，甚至不限于其所在国家。具有如此大影响范围的卫视频道，更应该采取有效措施真正体现影响力。

1. 以传递价值观体现影响力、说服力

如何体现影响力与说服力？应当以播出新闻、文化内容为基本取向。如果认为一个卫视频道内容的核心是价值观，就应该以新闻和文化节目作为内容基本架构，支撑起节目体系。一个卫视频道如果没有足量、合理、有力的新闻与文化节目，就缺少了基本支撑结构，就像缺少骨骼支撑一样。拥有新闻、文化节目支撑的卫视，就可体现力度、速度、深度、高度；面对当今社会发生的新闻事件、社会现象，面对人们

碰到的问题、提出的疑问等，就可以迅速反应。其深度体现在既要从新闻层面跟踪，也应该从文化层面解析，给人以力量，抚平人们心中的漩涡。更重要的是应该体现高度，一个媒体如果没有足够的见识，是不可能有很强的影响力的。

2. 借助感染力和亲和力传递、弘扬价值观

卫视频道要借助感染力和亲和力来传递、弘扬媒体应有的价值观。从这个角度看，娱乐节目不仅仅是传播手段，更应当是价值观载体。电视不可能没有娱乐节目，但是电视台办娱乐节目的目的应当是弘扬价值观，以体现感染力和亲和力为手段。从这个角度定位卫视所办娱乐性节目、娱乐性栏目和娱乐活动，就能够确定其丰富形态、表层血肉背后的东西，就能够找到应当如何体现感染力、亲和力的标尺，就可以赋予其灵魂。其灵魂就是蕴含其中的价值观；其定位就是价值观的载体。

从整体来看，卫视频道的运作追求应当是时刻注意以任何形态、任何方式来体现价值观，体现一个媒体的使命所在。因此，卫视频道应该努力成为权威解释者，面对所发生的经济、科技、文化事件，面对社会现象和问题，面对人们心中的困惑，要做出分析、判断，做出评论，给予权威解释。电视不一定都从理论层面解释，但是要做出分析、判断，指出对不对、合理不合理。媒体要发言、出声，要给予判断、解释，成为权威的解释者，才能成为有影响的教化者。人们都推崇文化的力量，卫视频道要施以教化之功能，才可能实现真正的文化传承。一个媒体如果能够成为权威的解释者和教化者，才可能有权威性和影响力，才可能是一个权威的媒体，在公众遇到问题、遇到事件、有所疑惑的时候，人们才会从这个权威解释者播放的节目、所做的新媒体产品中找答案。尤其是在面对现象复杂、因素交织的状况时，更应该如此。

3. 展望未来：适应数字变革和社会发展要求

媒体必须适应社会发展的要求。中国在不断发展，目前社会上的一些现象并不代表社会发展主流。媒体目前拥有的影响，也需要重新审视。对媒体而言，不能认为收视率体现出来的就是受众需要的全部，就

是社会现实的全部。收视率所体现出来的一定只是其一部分。换一种思维，研究人们看电视的收视率，有时还不如研究一下不看电视的人们在想什么，这更能帮助我们发现问题。办好卫视、办好媒体要充分研究不看、不读的心态和需求。

在新媒体时代，在免费信息借助网络广泛传播的现实情况下，作为主流媒体的卫视频道，更应当以迅速反应、认真研究、有效体现来履行自己的责任。有一句话并不过时，应该要求卫视凸显其媒体属性。凸显媒体属性就意味着凸显其所承担的社会责任，凸显其文化传承责任，凸显媒体对历史、对国家的责任。凸显媒体责任，就有理由要求它建立好以新闻、文化节目为主的内容架构；要求主管部门建立一套适应新要求的规则体系和监管手段，以使卫视发展得更好，在中国、在中国周边地区乃至世界产生应有的影响。

第三节　变革促融：新传播格局与融媒体竞争

一、媒体传播地位影响因素与竞争中面临的问题

（一）传播视角中的五个时代特征

1. 新博弈时代

之所以称为“新博弈时代”，是因为“当前，世界之变、时代之变、历史之变正以前所未有的方式展开。一方面，和平、发展、合作、共赢的历史潮流不可阻挡，人心所向、大势所趋决定了人类前途终归光明。另一方面，恃强凌弱、巧取豪夺、零和博弈等霸权霸道霸凌行径危害深重，和平赤字、发展赤字、安全赤字、治理赤字加重，人类社会面临前所未有的挑战。世界又一次站在历史的十字路口，何去何从取决于

各国人民的抉择”[1]。

在新博弈时代，首先是规则之争特征明显，一些地缘政治博弈往往借“规则”之争出现。其次是形象之争。国家形象与一个国家的发展空间、竞争力息息相关，国家形象也从来没有像现在这样为人们所重视。再次是观点之争。无论是双边舞台还是多边舞台，各个主体在发表各种各样的观点，试图通过表达观点来影响世界事务。最后是理念之争。国际传播能力、国际传播效能的地位变得更加重要。主流媒体的传播力、影响力、引导力、公信力地位更加重要。

2. 新融合时代

在传播领域，媒体融合、视觉传播、即时共享已经成为影响媒体竞争格局的重要因素，也成为融媒体竞争的重要特点。媒体融合给现存者以挑战，给后来者以机会，后来者通过越来越多更有效的手段与新媒体融合，获得了空间和机会；视觉传播，实际是集合了图像、视频、文字等内容的屏幕传播，体现数字变革对传播介质和新媒体传播对传播格局的影响；即时共享，已成为新传播方式和评价标准。人们对时效的要求已不仅限于“昨天发生事件今天报道”，而转变为对前一秒所发生或此刻正发生事件的即刻报道，这样受众才能感受到参与、分享事件所得到的满足。更重要的是，受众还有越来越强烈的即时传播、即时分享、即时表达的需求，微博的发展与其说顺应了人们即时获得的需要，倒不如说满足了人们即时分享、即时关注、即时表达的需求。随着互联网的发展，人们观看视频也更多是分享式的，即一边看一边通过弹幕等形式评价，在各种社交平台分享。

3. 新传播时代

在新传播时代，传播模式更迅速地发生变化，并成为推动传媒形态、终端工具、传播方法、竞争格局变化的基础性力量。智能传播具有

① 习近平：《高举中国特色社会主义伟大旗帜 为全面建设社会主义现代化国家而团结奋斗——在中国共产党第二十次全国代表大会上的报告》，人民出版社，2022，第60页。

重要影响，它深刻地改变了传播格局。

4. 智媒体时代

全媒体是一个不断扩张演变的概念，简而言之，即“只要有心一切皆是媒介”。这些媒介的总和被人们称为全媒体。全媒体包括所有终端载体，如报刊、广电、网络、新媒体，同时还包括新介质。全媒体发展有两种方式：一种是扩张式，注重手段丰富和扩展，即所谓全媒体传播；另外一种是融合式，在拓展新媒体手段的同时，注重多种内容生产手段、表达手段、传播手段的有机结合。客观地看，全媒体已经过了一般性扩张式发展的阶段，正经历融合式发展、统筹运用多种媒体手段，以人工智能更深入进入媒体采集、传输、加工、传播、反馈诸环节，以生成式人工智能所生成内容进入传播等为标志，正在进入智媒体阶段。

5. 解释权竞争时代

媒体界限与传播边界在弱化，各种媒体工具、内容形态、传播方式、传播主体都努力在新格局中确立自己的位置和影响范围，竞争在多个层面激烈展开。竞争焦点之一就是解释权竞争。概括来说就是，解释世界从而影响世界，解释趋势从而影响趋势。谁能够成为解释者，谁就更有影响。在解释权竞争中，传媒格局经历一轮又一轮调整和重组。媒体之间的竞争，并不是报道权之争，而是媒体能否在第一时间做出独家分析、独家选择、独家判断的能力之争，比传统意义上的独家新闻对媒体竞争力的影响更深刻。如果一个媒体在解释权竞争中不断取得成效，久而久之，这个媒体在受众心目中就拥有特殊位置，在事件发生时受众就会首先关注这家媒体的报道。

同样，对于新闻工作者而言，不仅要有能力通过精心采访还原事件、挖掘真相、写出好文章，还要能够站在更高层面、以独特角度对这个事件的意义、价值、影响做出分析和判断，挖掘看似没有关系的事件和现象之间的内在联系。不如此，就不能揭示诸多事件背后的真正原因，也不能真正给受众以影响。

（二）影响媒体传播地位的八个因素

将历史经验与现实实践结合起来评估媒体传播地位，从而有针对性地实施变革，就需要分析、把握影响媒体传播地位的诸多因素。

1. 跨境传播使热点内外传动、焦点趋同

网络传播带来的重要影响是信息在全球流动，跨境传播不仅使热点共振、焦点趋同，而且使地方宣传部门、区域媒体也面临跨境舆论斗争的考验。在热点共振、焦点趋同的环境下，不存在纯粹的地方宣传，甚至不存在纯粹的国内新闻和国内宣传，任何一个事件都可能引起国际社会的关注，而国际社会的重大变化必然对国内产生深刻影响。国内新闻事件、社会热点都可能引发国际传媒关注，成为国际舆论场的关注点。因此，从报道角度说，影响媒体传播地位的因素之一就是互联网、社交媒体、新媒体应用的跨境传播，跨境传播使国内外舆论热点传动、焦点趋同。这就要求媒体统筹把握、得当处置、有效应用，并要打通国内报道、国际报道之间的“墙”。

新媒体传播是跨区域、跨境传播。在传统媒体领域，专业媒体比一般综合性媒体、区域媒体更早引用国际信息源，最早以统合思维观察科技领域发展趋势和动向。面对今天的世界，媒体不仅需要统合思维，更需要有意识地超越国内报道和国际报道的传统分野，有意识地统筹把握跨境传播，有意识地参与、推动国际传播。没有足够强的国际传播思维和国际传播能力，就不能很有效地影响新媒体环境下的受众，也难以保证对内传播不引发不愿意发生的跨境传播后果。

今天的中国，有越来越多的人是在跨文化环境下成长起来的。面对互联网一代、留学群体、与国际文化元素无隔膜的年轻人，怎样用他们听得懂的语言、看得懂的方式讲好中国故事，体现我们的价值观和判断，这对媒体是考验也是责任，需要媒体不断努力。

2. 网络社交使半熟社会关系成为影响重点

什么叫半熟社会？传统社会结构是熟人社会，血缘、乡邻、隶属、同年等关系，对人们的社会关系有重要影响。城市化改变了原有的社会关系，住在同一栋商品楼的人们相邻但可能不相识。社交网络和社交媒体的发展，使虚拟社会和现实社会紧密相连，基于社交平台等形成的社会关系，成为人们社会关系的重要部分。缘于社交平台上的关注，粉丝对被关注者所行所思的了解，甚至超过对邻居的了解。但粉丝与被关注者在现实中未必见过面，这样的关系被称为半熟社会关系。微博等成为弱社会关系的新节点，而微信成为现实社会关系和基于互联网平台的强社会关系承载平台。不能局限于纯粹社会学范畴认识半熟社会。半熟社会是媒体需要努力影响的层面和领域，也是媒体必须有效影响的群体。

3. 媒介泛化促使媒体创新以提升主流地位

数字变革使媒介泛化，呈现新的媒介化过程，进一步模糊了媒体的边界，促使媒体以创新举措提升主流地位。

4. 信息过剩凸显选择、分析与解释稀缺

在信息过剩的时代，对于受众而言，稀缺的是选择、分析结果，是观点和阐释。这改变了受众对媒体的需求和期待，也促使媒体调整内容，提供更多选择、分析结果，更注重观点性内容和对政策等高价值内容的分析阐释。

5. 新媒体平台使普通百姓有越来越强的话语能力

相对媒体而言，普通公众首先是接收传播的群体，是沉默的多数。而新媒体平台的发展，使普通百姓有越来越强的话语能力。这使受众与媒体的关系发生重大变化。在以报业为主的时代，报社每天都会收到许多读者来信，要设立专门的群工部，因为报社是那时的主要信息平台。而数字科技应用赋予了普通人更便利的发声条件和发声能力，也相应强化了他们发声的动力。这无论对舆论形成、媒体影响力生成，还是媒体传播地位，都产生深刻影响。

6. 网络一代创造多样表达方式和互动形式

在互联网时代，不仅接受习惯成为需求细分、受众区分、群体切分的新因素，而且网络一代创造出的多样表达方式和互动形式，也成为需求细分、受众区分、群体切分的重要因素。这改变了以往主要以身份、职业等因素区分受众群体的习惯。即使都是习惯从互联网接收信息的人群，也会因为经常登录哪个社交平台、小视频平台，是否习惯使用弹幕、直播表达，而被区分、聚集成新群体，形成新的亚文化特征。

7. 内容生产体系变革使媒体寻找新协同方式

数字科技的应用和社会生产体系变化，使内容生产体系发生明显变化。传统内容生产体系中的很多环节可能被弱化或者省去，某一些环节可能被取代。社会生产体系变革既会延伸到互联网领域、传播领域，也要求媒体寻找与社会生产体系的新协同方式，从而找到展现影响力的新位置。

8. 内容服务质量提升内容价值和传播价值

内容价值和影响力不仅由内容及其质量所决定，而且由媒体所提供的服务质量所决定，即不仅由提供什么样的内容所决定，以什么方式提供内容，提供方式与受众需求的匹配度等，对内容价值和影响力同样具有重要影响。媒体的内容服务质量会提升内容价值和传播价值。信息技术领域有三个重要定律，即摩尔定律、吉尔德定律和梅特卡夫法则，它们均是从性能提升角度揭示发展规律，同样也可以视为揭示了新媒体的发展轨迹。性能提升必然要求一系列变化，人和网络的关系变得越来越密切，网络成为人们感官甚至大脑的延伸，传播者与参与传播的受众成为组合体。在这样的格局中，以什么样的方式传播在很大程度上决定了其价值和影响力。拥有好内容但以传统表达方式、互动方式，或是受众感到并不太适合自己的方式传播，传播力、影响力就会受影响。

媒体价值取决于内容质量和服务质量。所谓服务质量，并不只是标题做得好不好，核心是便利性与停留时间。便利性是受众衡量内容价值的基础，停留时间体现了受众对内容价值的认同程度。能占用什么样的受众多少时间份额，就体现了内容价值与媒体价值。

（三）融媒体竞争须面对的五个问题

在融媒体竞争时代，不仅媒体竞争焦点在变化，更重要的是竞争逻辑也在变化。不同媒体工具、传播手段、产品形态、表达方式在以新方式融合，形成新的产品形态和产业业态，以顺应受众信息消费需求和消费方式的变化。这体现了数字变革的深化。在融媒体竞争中，媒体须面对以下五个问题。

1. 如何看待优势

先举一个例子。1997 年柯达公司市值最高达 310 亿美元，在胶片业务上投 1 美元可获得 78 美分的利润，毛利率、资本收益率非常可观。数码摄影技术是 1972 年柯达公司实验室发明的。1979 年罗切斯特大学商学院的一份报告描述了摄影市场会如何从胶片时代转入数码时代。该报告认为，转换步骤首先是胶片退出政府市场，然后是退出专业市场，最后退出公众市场，并预测 2010 年数码摄影将全面普及。这个预测与现实的误差只有几年，现实发展得更快一些。可惜的是，虽然柯达公司从实力到技术储备都具备转型能力，但其并没有及时实施战略转型。原因何在？柯达没有看到的消减其优势的力量是什么？至少包括数码摄影技术不断发展，具有取代胶片摄影的基础；分享成为新消费心理的重要组成部分，拍照的目的不仅在于记录、发现、创造，更在于要在社交平台和社交圈中分享，这促使人们选择更便于分享的数码摄影；智能手机为数码摄影提供了更多的便利。

更重要的在于如何认识自己的优势。2000 年柯达和富士都更换了掌门人，柯达认为自己的优势和专长是影像技术，而富士认为自己的优势和专长是精细化工。因而，柯达沿着影像技术方向继续研发，而富士努力把精细化工优势拓展到其他领域。柯达宣告破产重整时，富士集团胶片收入已经只占其总收入的 10% 左右。

那么媒体如何理解、认知、定位自己的优势？是定位于擅长做报纸，还是定位于擅长做内容？抑或是定位于擅长提供某一个细分类别的专业性内容？还是善于经营影响力，善于为所面向的产业做高价值分析，起信息顾问作用？随着新媒体的发展，绝大多数人的答案已不再是擅长做报纸，而是重新认识。如何认识自己的优势，关系到发展战略、发展空间、前途。把自己的优势定位于采集者、加工者，还是分析者、经营者，相应的选择与发展战略是有很大不同的。从经营角度来讲，看一个媒体的收入结构可以知道其赢利模式，看一个媒体的支出结构可以看出其发展战略。从发展与竞争角度说，看一个媒体如何定位自己，如何认知自己的优势，就可以看出其发展空间，看出其在竞争态势中的位置和所具有的竞争力。

以报业为例，在新媒体时代就要以新的眼光和思维重新认识自己的优势。当然我们要看到内容处理能力的优化，人才储备的优势，但从制定竞争战略的角度看，还要问优势何在。比如，优势是在载体，还是在内容？是善于制作原创内容，还是善于选择内容？抑或是善于创造一种机制汇集内容？能够创造一种机制汇集内容的互联网平台，虽然自己并不原创内容，但在算法推荐加持下，其已经获得巨大影响力，并体现出分发环节在影响力生成过程中所占比重大为增加。

善于制作原创内容当然是优势所在，但在用户制造内容、专业内容生产社会化、社会内容生产专业化交织的时代，仅仅善于制作原创内容够不够？是不是还需要善于选择内容？是不是还需要增强建立机制、汇集内容的能力？

善于制作原创内容当然是优势所在，但还要增强利用载体、运营载体的能力，包括利用、运营原有载体的能力，也包括利用、运营新载体的能力。在新媒体时代，不应只停留在善于利用纸质载体，还应以创造性思维和举措让纸质载体变得更有价值。以专业媒体为例，专业媒体最容易发展为高端咨询服务提供者。一个专业媒体长期报道一个行业、一个产业，还有谁比其更了解、更理解这个行业、这个产业呢？那么，能否把长期经验转化为发现并提供高价值知识的能力，转化为提供高端咨询服务的能力呢？

对于一个报社，纸质载体是不是其影响力形成不可或缺的依托？并不一定。因为其所生产的内容可以通过别的载体提供、分发、传播。如果这样转型，报纸就充当了内容供应商的角色，思路就活了，空间就拓展了。实际上纸质载体传播和受众需求吻合度已经变化，转型也势在必行。

2. 如何转型

谈到转型，在多个行业都很难听到有谁反对转型，但是会有很多人担心向哪儿转型，怎么转型，能否成功。当然，还要提一个问题，能否避免创新性衰落，即能否避免因创新而引发的衰落。

如何转型？有三种方式。第一种叫旁生创新，即新做一块，就像一些媒体应对新媒体冲击的选择是选几个人做新媒体产品，如同新增一个业务。第二种叫内生创新，就是从原有业务、局部业务中延伸、衍生、创造出新业务。20 世纪 80 年代，排版是印刷厂的一个工序，后来排版这个工序延伸、衍生出设计业务，出现了很多独立运行的设计公司。当年计算机的输入输出设备，后来独立成为热销的电子产品，如曾经流行过的 VCD（影音光碟）。第三种是内核创新，也可称为底盘转换，是在基础层面的重大调整。这对传统媒体可能是痛苦的，但又是一个必须经历的过程。因此，今天讨论转型越来越需要考虑顶层设计、考虑构建运作体系，越来越需要协调存量部分和增量部分的生产、运作。比如，让新媒体终端编辑部门使用同一媒体遍布各地的采访体系。在融媒体竞争时代，突发事件发生时，第一选择应是先通过新媒体终端发布信息，然后协调采访体系展开报道。存量部分和增量部分的运作能否有效协同，如何协调不同终端协同传播，如何协同运行，这都需要顶层设计、战略设计和得当有效的实施手段。

如何转型还有一个回避不了的问题是，越来越需要考虑商业逻辑和影响逻辑。影响逻辑即产生怎么样的影响，影响什么人，如何影响人，怎样更好地影响人。当然还包括影响价值的兑现，毕竟影响逻辑是商业逻辑的前提。在融媒体竞争中，也要考虑影响价值的兑现。

如何转型？还需要在整个内容生产体系、传播体系明确一个理念，即越来越需要把内容作为内容产品来加工、制作、提供，而不是作为内容作品来设计、写作。传统上，人们把内容生产体系生产成果当作作品。作品就会有很强的个人性，而缺少公共性；就会有很强的个人创意，而可能缺少与受众需求、市场需求的吻合。当作作品，事实上就不怎么考虑市场需求、成本收益、生产流程了。而当作产品，就要考虑内容生产流程与生产体系，要考虑市场需求与成本收益。

3. 如何融合

融合有三个境界。最高境界是底盘融合，这个当然有比较多的困难；最简单的是终端融合，即能否把多个新媒体终端一体使用；中间一层融合是流程融合，即让内容生产体系、分发体系实现融合运作。全媒体采集、共平台生产、多终端分发，实现内容生产体系、分发体系融合运作，就是流程融合运作的体现。

4. 如何互动

互动是媒体融合不能回避的问题。互动包括人与机器的互动、使用者和信息的互动，这个时代还要重新认识基于社交平台、互联网的人与人和人与信息的互动。

什么是互动？换一个角度看，互动首先是基于媒介特征与功能的互动；其次是基于传播过程的互动，它体现为一种社会变化和互动过程；再次是基于用户感知的互动，它体现为一种心理状态的变化，未来新媒体发展更多基于用户感知的互动，更注重多层面、多维度的用户体验。基于用户感知的互动只能利用新媒体平台完成。报纸、广播、电视对阅读率、收听率、收视率进行调查，是希望通过这些调查结果“感知”受众的需求和反馈。但它们往往是简单地看相关数据，而缺少多维度数据挖掘。随着数字科技应用的深化，报纸、广播、电视对用户需求和反馈的感知手段一定会更多样、更智能，感知能力一定会更强。

5. 如何协同

融媒体竞争中的协同既是一个很复杂的问题，又是一个很简单的问题。协同是一种过程选择，就是在融媒体变革中必须谋求协同、实施协同、实现协同。协同也是基本目标，即必须协同。选择的关键是协同思维。融媒体竞争中的协同，有很多文章可做。采访力量的调配、使用，报道模式的调整、优化，都可以更多体现协同思维、协同努力、协同运作，从而实现协同目标。

二、媒体竞争力权衡因素与融媒体演变路径

（一）媒体竞争力观察与新媒体格局定位

在新媒体时代，需要更有说服力的媒体竞争力评价方法，需要重新认识在融媒体竞争格局中的媒体。

以报纸为例，传统定位基点是迅速与丰富，是信息源与娱乐来源。在互联网冲击下，迅速与丰富的优势被新媒体占据了。那么，在新媒体时代，报纸是什么？从管理角度说，一般常以稀缺资源占有与利用、独特品质表达、恰当运作能力、创新能力等评价企业的竞争力。但对报纸，可以引入简易的评价方法。

1. 媒体竞争力的三个权衡因素

可以用以下三个因素权衡报纸的竞争力。

（1）接受便利

我们已经多次讨论便利性决定传播有效性的规律。接受便利的前提是接触便利，如读者能够在什么地方通过什么方式接触报纸或新媒体产品。可以做一个假定，很多人想看这个报纸，但如没有偶遇或不知如何获得，可能就没有接触。如果是在报刊零售亭与报纸相遇，那么报刊亭的分布、报纸的摆放位置、报纸的上市时间对读者的接触与购买选择都有重要影响。在报刊亭零售时，报纸摆放在什么位置最好呢？从行为科学角度分析，黄金位置是 1.6 米左右高的位置，即一般人的眼睛直视范围，这样的位置展示效果最好。

接受便利的第二个构成因素是阅读便利，报刊行距增加、图片增加、标题变大等都体现阅读便利。阅读便利的要求正在改变编辑理论和实践——要求研究视觉焦点、阅读节奏设计，要求重新考虑不同版面导读如何做、放在版面什么位置，这都会影响读者的阅读体验。

接受便利的第三个构成因素是获得便利，可以用几个指标进行衡量。一是新闻处理水平，即如何选择、如何处理、如何加工新闻素材。二是梳理水平。很多事件是相关联的，互联网思维的体现就是找关联，数据挖掘更是要发现数据间的关系。三是图表化水平，即可视化表达水平。图表化水平可以作为衡量一张报纸新闻处理水平的基本指标。图表应该被大量使用，更应当妥当使用，应注意挖掘图表的价值。

（2）阅读时间

阅读时间，即读者阅读一张报纸的平均时间，或者说报纸在读者手中的停留时间，是衡量报纸质量和竞争力的重要指标。我曾经做过判断，如果一份 24 版的都市报在读者手中的停留时间不到一分半，或者说阅读时间不到一分半，那么其离退出市场就不远了。这个判断做出半年后，北京一张报纸就转为免费报纸。总体上看，阅读时间短的报纸可能更先退出市场，增加阅读时间是增强竞争力的切入点和工具。

使用阅读时间这个指标尤其要注意可替代性。如果一张报纸跟另外一张报纸的新闻处理水平差不多，但是有很多内容重复，那么显然会影响平均阅读时间和市场竞争力。另一种可替代的观察维度是网络替代。晚报、都市报市场竞争地位的迅速变化，即所谓断崖式下跌现象的出现，主要是网络替代导致的。

什么因素决定读者的平均阅读时间？至少有三个因素，即内容适用性、有用性和有效性。内容的适用性、有用性和有效性，都是以是否“有用”标准权衡的，而不是从可读性角度权衡的。适用性，是指与读者需求和切身利益相比是否适用；有用性，是衡量对读者是否有用；而有效性，显然关乎使用成效。这三个因素都有很强的时间性和对象性，即因时间而异，因针对对象不同而有区别。但其核心是有效性。

对阅读时间标准的运用，要注意阅读时间策略和内容定位的平衡。适当延长阅读时间不应通过增加阅读障碍或者改变新闻产品基本特征来实现，即不能简单通过提高阅读门槛来增加阅读时间。当报纸提供更多知识性、方法性内容以提升有用性时，应做新闻化处理、加工，不能把报纸作为刊登学术类文章的园地。一些专业报纸上的报道写得太像学术论文了，这就偏离了新闻产品的性质特点。当然，也不能通过脱离受众需求来实现。

（3）引证频率

衡量媒体竞争力的指标，还包括引证频率，即其所提供的内容是否被其他媒体作为信息源、观点源，是否用以证明、证实、证伪某个事物、某个观点。一家媒体提供的内容被其他媒体、新媒体等传播主体转载、引述、用以佐证的数量、频次、频率，被决策层、管理层采纳的数量与频次，体现了这个媒体的权威性，也体现了其竞争力。

2. 报纸在新媒体竞争中的定位

（1）选择结果载体

报纸应该是选择结果的载体，而不是承载散碎信息的载体。

（2）观点与思想的载体

报纸要成为观点的载体，这不仅仅体现在社论、评论等内容中，还体现在更多方面，甚至体现在版面处理中。不仅如此，报纸更应是思想的载体。

（3）分享平台

报纸能否创造一种机制，使报纸及其网站、新媒体端变成分享平台，既体现公众提供内容便利，又使其参与到互动传播中，从而增强媒体在融媒体竞争中的影响力。在融媒体变革中，竞争力更应体现在适应变革、自我变革并通过变革而转型拓展上。

（4）确认标尺

一个媒体的权威性体现之一，是别的媒体把其作为确认标尺，是公众和社会把其作为确认标尺，如发生突发事件、出现复杂现象时，公众会来看这个权威媒体的报道、分析以做出判断并将其作为行为依据；在这个权威媒体帮助下减轻、消除心中的不确定性。

（二）融媒体演变路径及其对传播方法的影响

1. 两个重要变化

一是对新闻时效的追逐，已经到了无以复加的地步，即与正在演进中的新闻事件同步，手机直播成为普通人的传播手段和表达习惯。这不仅是因为现代科技提供了条件，更是因为受众提出了这样的要求。在直播时代，报纸的号外已经失去了曾经有过的影响力，人们可能通过手机、互联网，特别是通过手机直播，已经完全获知了信息。追逐新闻时效的极致就是与新闻事件同步。在那种状态下，记者和观众似乎处在同一个时空中，同是一个历史事件的见证者。从某种意义上说，观众与新闻记者分享了作为历史见证人的特殊魅力。

二是对便利性的追逐，正在创造许多新传播空间。便利性决定传播的有效性，因而，传媒竞争的焦点之一就在于怎么让受众和潜在受众更便利地获得信息。

2. 三条演变路径

从传媒发展轨迹看，媒介形态的增加与演变，融媒体发展大体上沿着三条路径。

其一，不断提高传播效率，满足内容获取量需求。书籍传播显然比口头传播在时间、空间上都更有效率，报纸传播比书籍传播在分类、选择等方面更有效率。新媒体传播则具有更高效率。

其二，不断提高内容与表现方式的丰富度，满足内容多样性需求。广播不仅在时间、空间上比报纸更有效率，而且声音具有更丰富、更直接的表现力，与阅读相比有不同的色彩。电视可以综合图像、文字和声音，形成多媒体传播，不仅比广播在传播内容上更有效率，而且更有表现力。融媒体结合多种内容形态、传播手段的优势，体现了更高的丰富度。

其三，不断提高传播便利度，满足获取便利性需求。广播提供了比报纸更高的便利度，受众使用耳朵获取信息，可以解放眼和手。广播在21世纪重新崛起，就是这种特性在起核心作用。电视向手机电视、移动视频的转移，也提高了便利度，更方便人们在移动中收看电视、观看视频。实际上，便利性要求在促使所有媒体终端的外在形态发生变化，几乎所有媒体终端的演变取向之一都是便于携带，因为谁能够成为随身媒介，谁就有第一影响力。智能手机使用度不断提升，对人们日常生活、精神生活的介入程度越来越深，这更体现了 便利性规律。

3. 传播方法变化

在这三条路径的约束下，现代传播方法变化表现出明显特征。

一是越来越有力地拓展人们可以体验、掌控的时间与空间范围，延伸人的感知器官，甚至成为人的感知工具，改变了人与信息的关系，改变了人们获取、加工、传播信息的习惯和能力。

二是越来越融入现代人的生活链、生活圈。传媒终端可能存在于人们所能到达的每一个地点，成为人们生活环境的组成元素。特别是电子媒体、网络媒体的出现，推送模式的广泛使用，使得人们无时无刻不处在移动传播的辐射影响下，改变了人与传媒的关系，“人找媒体”（如人购买报纸）更多地演变为“媒体找人”。

三是越来越密集地填补人们的每一点空隙时间，去吸引人们的注意力。人们的私人空间在缩小，私人空间越来越多地与社会空间融合在一起，个人生活越来越多地受公共生活的影响。这改变了人与社会的关系。

第四节　智能交融：以深刻变革应对智能变革

生成式人工智能的迅速发展，特别是其以超出很多人想象的速度进入应用，催生了新一轮深刻影响社会生产体系的智能变革。无论是已经感受到人工智能冲击的新闻传播行业，还是社会生产体系中的其他领域、行业，都需要以新的思维和行动应对新一轮智能变革的到来。这不仅要以新的眼光审视数字变革中已经走过的路、已经实施的举措和成效，还要按照“把握人工智能等新科技革命浪潮”“推进产业智能化、绿色化、融合化”[1]等要求，优化融合发展路径选择和举措。

前瞻而现实地看，我们已经进入这样的历史关口：从深度融合走向智能融合，从融媒体向智媒体加速演变。重塑融合，不仅成为数字变革、智能变革的题中应有之义，而且是智能融合与智媒体构建的必经之路。在这样的历史关口，要以重塑融合推动智能变革。

一、把握多约束条件，适应多维度竞争

（一）多约束条件：智能内容生成发展与应用

伴随生成式人工智能引发的认知震荡、巨大影响，不仅有更多主体投入资源加入生成式人工智能竞争，而且规则制定、协同监管等的速度、力度显著大于以往一些新技术出现之时。同时，也出现了一些值得深思的案例。

最新案例之一是专利开放。2023 年 8 月 11 日，阿里达摩院宣布向社会免费开放 100 件 AI 专利许可，这些专利覆盖了图像技术、视频技术、3D 视觉等诸多 AI 技术领域，包括“交通信号灯感知”“疑似侵权图片检测”“时序数据预测”“点云数据处理”“智能字幕生成”等具有广阔应用场景的专利。这是中国人工智能规模最大的一次专利开放行动。

互联网历史上不乏以免费、开放策略构筑生态，从而增强竞争力的先例。移动操作系统竞争中，安卓系统早期就是以免费授权方式切入与苹果公司 iOS 系统竞争的。安卓操作系统最初由安迪·鲁宾开发，主要支持手机。2005 年 8 月，谷歌公司将其收购。2007 年 11 月，谷歌与 84 家硬件制造商、软件开发商及电信运营商组建开放手机联盟共同研发改良安卓系统。随后谷歌以 Apache（阿帕奇）开源许可证的授权方式，发

① 《习近平主持召开二十届中央财经委员会第一次会议强调 加快建设以实体经济为支撑的现代化产业体系 以人口高质量发展支撑中国式现代化》，《人民日报》2023 年 5 月 6 日，第 1 版。

布了安卓的源代码。2008 年 10 月，第一部安卓智能手机发布，后安卓逐渐扩展到平板电脑、电视、数码相机、游戏机、智能手表等。2011 年第一季度，安卓在全球的市场份额首次超过诺基亚手机使用的塞班系统，跃居全球第一。2013 年第四季度，安卓手机的全球市场份额已达 78.1%。2018 年 10 月 29 日，安卓正式向欧盟区域收取授权费。

客观上，安卓系统凭借开放引来了大量开发者，让其生态越来越完善。2023 年以来，诸多大模型开发者开放应用程序编程接口（Application Programming Interface，API），以吸引其他开发者围绕大模型开发各种应用。阿里达摩院免费开放 100 件 AI 专利许可，客观上既给大模型的发展与竞争引入了新因素和新条件，又给新闻传播出版领域智能内容生成技术的应用提供了新机会，这个行业的技术提供商可以利用各种开放专利和接口开发行业应用。

另一个案例是，2023 年 6 月 28 日两名作家在美国加州北区法院对美国开放人工智能研究中心（OpenAI）发起版权集体诉讼，指控 OpenAI 未经授权利用原告享有版权的图书训练 ChatGPT，谋取商业利益。该案例被称为“第一起具有代表性的 ChatGPT 版权侵权之诉”。起诉状指出，原告没有授权 OpenAI 使用自己享有版权的图书进行模型训练，但 ChatGPT 却能够根据提示词生成较为准确的摘要（虽然也存在少量的错误内容）。原告根据既有事实和信息推断，ChatGPT 之所以可以准确生成特定图书的摘要，唯一可解释的原因便是 OpenAI 获取、复制了涉案图书，并用于旗下大语言模型（GPT3.5 或 GPT4）的训练[①]。

这个案例有几点值得大模型研究者、行业使用者和监管者特别关注。

一是此案原告发现大模型侵权的方法，可能在国内被后来者借鉴。

此案原告通过让 ChatGPT 输出自己享有版权图书的摘要，来证明

① 凯森：《ChatGPT 版权第一案：OpenAI 面临六项指控，因输出图书摘要被“抓包”》，原载“腾讯科技”公众号，“华尔街俱乐部”公众号转载，https://mp.weixin.qq.com/s/ttiZ-KYoS20W5TnunaRmPg，访问日期：2023 年 10 月 10 日。

被告不经授权使用了原告享有版权的图书进行 ChatGPT 背后大模型的训练。“虽然很多内容都被用来训练大语言模型，但图书一直是训练数据集中核心的语料素材，因为其提供了高质量长篇写作的最佳范例。”[①]“在 2018 年 6 月发表的企业论文《通过生成式预训练提升语言理解力》中，OpenAI 披露 GPT-1 的训练依赖于‘BookCorpus’的数据集。‘BookCorpus’包含 7 000 本涉及探险、奇幻、浪漫等不同领域的图书。”[②]客观地看，目前图书是大模型训练所使用数据集的重要部分。据统计，截至 2023 年 6 月底，国内相继发布了 90 多个大模型。这些大模型训练所使用的数据集是否包含了未经授权的图书？是否存在潜在法律风险？如何看待、应对大模型发展的这些约束条件？

二是此案原告引用企业论文证明其侵权，将抑制披露大模型技术细节。

从此案相关报道看，原告起诉书引用了相关企业论文来证明被告侵权，如上文提到的《通过生成式预训练提升语言理解力》。“通过公开检索 OpenAI 主动披露信息（企业论文）的方式，原告希望论证 GPT 系列模型的训练建立在未经授权侵权利用海量图书内容的基础之上。”[③]比如，“在 2020 年 7 月发表的企业论文《语言模型是小样本学习者》中，OpenAI 披露 GPT-3 训练数据集中 15% 的内容，来源于两个名为‘Books1’‘Books2’的电子图书语料库”[④]。“根据 OpenAI 的披露，‘Books1’的规模是‘BookCorpus’的 9 倍（约 6.3 万本书），‘Books2’是 42 倍（约 29.4 万本书）。”[⑤]根据此线索，原告推断“‘Books1’大概率来源于‘古登堡项目’或‘古登堡语料库标准化项目’”，“‘Books2’极大可能来

① 凯森：《ChatGPT 版权第一案：OpenAI 面临六项指控，因输出图书摘要被“抓包”》，原载“腾讯科技”公众号，“华尔街俱乐部”公众号转载，https://mp.weixin.qq.com/s/ttiZ-KYoS20W5TnunaRmPg，访问日期：2023 年 10 月 10 日。

② 同①。

③ 同①。

④ 同①。

⑤ 同①。

源于网络上的‘影子图书馆’”[①]。实际上，2023 年 3 月 OpenAI 发布 GPT-4 企业论文时就表示，“出于行业竞争形势和产品应用安全角度考量，不再对训练数据集的结构和内容进行相关披露”[②]。

三是此案原告让大模型“自证原理”的方法为我们提供启示和借鉴。

此案原告证明 OpenAI 侵权时，同 ChatGPT 对话，让其“进行自我介绍”以作为佐证。其内容包括提供服务的方式和价格，如网络页面方式每月 20 美元，应用程序开发者通过 API 与 ChatGPT 交换数据则按量计费。这既让人们看到一种大模型的使用方法，也提示大模型开发者、行业应用开发者和服务提供者要更加重视大模型所生成的“自我介绍”内容，要在训练时就从多个维度提示其生成自我介绍内容，并评估其准确度和衍生风险。

四是大模型通过互联网提供服务须研究国际人工智能监管规则。

2023 年 6 月 14 日，欧洲议会以 499 票赞成、28 票反对、93 票弃权的压倒性优势通过了《人工智能法案》草案。这意味着该法案即将进入欧洲议会、欧盟成员国和欧盟委员会确定最终条款的“三方谈判”阶段。2021 年，欧盟委员会已经提出首部监管人工智能的法律草案，欧洲议会和欧盟理事会就草案进行多轮修订和讨论。基于大模型的生成式人工智能上线后，这部法律草案增加了相应的条款。值得注意的，一是该

① “古登堡项目”（Project Gutenberg）是一个汇集“超过版权保护期限”图书的在线电子书库，常被用于人工智能模型训练。2020 年 9 月，古登堡项目宣布已经收录超过 6 万本书。2018 年，一个人工智能研究团队在其基础上，创建“古登堡语料库标准化项目”（Standardized Project Gutenberg Corpus）。“影子图书馆”一词由美国社会科学研究理事会 2011 年发表的《新兴经济体中的媒体盗版问题》创造，指代侵权收录大量书籍并向公众免费开放的网站。凯森：《ChatGPT 版权第一案：OpenAI 面临六项指控，因输出图书摘要被“抓包”》，原载“腾讯科技”公众号，“华尔街俱乐部”公众号转载，https://mp.weixin.qq.com/s/ttiZ-KYoS20W5TnunaRmPg，访问日期：2023 年 10 月 10 日。

② 凯森：《ChatGPT 版权第一案：OpenAI 面临六项指控，因输出图书摘要被“抓包”》，原载“腾讯科技”公众号，“华尔街俱乐部”公众号转载，https://mp.weixin.qq.com/s/ttiZ-KYoS20W5TnunaRmPg，访问日期：2023 年 10 月 10 日。

草案第二条就该法律适用范围做出明确规定，该法律适用于在欧盟境内将人工智能系统投放市场或投入使用的实体（无论该实体是在欧盟境内还是在第三国）、在欧盟境内使用人工智能系统的实体和在第三国使用人工智能系统但系统输出结果用于欧盟境内或对欧盟境内人员产生影响的实体。这实际上明确了该法律的域外管辖原则。二是该草案将人工智能风险分为不可接受的风险、高风险、有限的风险和极小的风险四级，不同的等级对应不同的监管要求；提出严格禁止对人类安全造成不可接受风险的人工智能系统，包括部署潜意识或有目的的操纵技术、利用人们的弱点或用于社会评分的系统。三是法案要求每个欧盟成员国都设立一个监督机构[①]。四是这部法案因 ChatGPT 的上线而增加了新的条款，提升了大模型透明度和风险评估要求，要求披露是否使用受版权保护的材料来训练大模型[②]。这部法律是值得各国大模型及其行业应用研究者、服务提供者注意和研究的。毕竟，域外用户也可能使用国内开发的多模态大模型。

这两个案例，体现了生成式人工智能进入多约束条件的发展环境，即将或已经进入多维度竞争阶段。如何适应人工智能领域的敏捷监管、协同监管，如何敏锐地发现、防范可能存在的版权、侵权风险，是智能内容生成技术服务提供者和使用者必须面对的重大问题。

（二）多维度竞争：智能传播新阶段的基本特征

冷静观察发现，多维度竞争是智能传播新阶段的基本特征。

一是从内容影响力形成角度观察，多模态传播中的多模态内容在竞争，多模态的几类内容，文本、图片、图表、视频、语音、表情包等融为一体的融合性内容和各种直播，是深度融合转型中媒体的着力点，其

① 王卫：《抢占全球人工智能监管先机 欧盟〈人工智能法案〉进入最终谈判阶段》，《法治日报》2023 年 7 月 3 日，第 6 版。

② 方晓：《欧洲议会批准〈人工智能法案〉，要求披露生成式 AI 训练数据版权》，https://www.thepaper.cn/newsDetail_forward_23490174，访问日期：2023 年 10 月 10 日。

数量不断增长、质量不断提升、品种不断丰富；但同时数据可视化内容、数据产品、新形态内容、交互性内容影响力越来越大。

二是人工智能直接生成的内容，在与人类制作的内容竞争。生成式人工智能（Artificial Intelligence Generated Content，AIGC）直接生成内容的针对性、知识性、体验感和在 ChatGPT 上线后激发的各种效应，就体现了这一点。

三是人工智能生成的多模态内容间的竞争。初期，人们关注的是 AI 能否作诗、写方案、改代码等，之后，能否根据提示生成多种风格的图片、视频成为人们关注的重点。这些图片、视频既具有可用性，又对现有工作岗位输出的成果有直接替代可能，还具有奇特性，会产生出人意料的成果。

四是智能内容生成服务正在展开的竞争，不仅包括以各种行业定向开发吸引使用者，也包括以开放 API 等构筑生态。

五是智能内容生成多样使用方式所形成的竞争。在 ChatGPT、文心一言等上线初期，人们关注的是其根据用户提示所生成的内容是否准确、是否专业、针对性是否强。之后，更有想象力的使用者看重的是大模型生成内容的不确定性，他们努力用各种提示词组合，探索、放大智能内容生成的不确定性，从而利用其激发创意、拓展应用价值。

因而，在智能传播新阶段，对多模态内容的认知水平，对智能内容生成利用方式的想象力和不拘一格的利用能力，在某种意义上决定了智能竞争力。

（三）智能化融合：运用智能科技的强大赋能

数字科技被应用于新闻活动全领域、全流程、各方面，产生数字新闻活动的同时也深刻改变了新闻活动的科技属性，从而有了产生、发展数字新闻学的必要。人工智能被运用于新闻采集、传输、加工、传播、反馈诸环节，生成式人工智能发展和其生成内容进入传播领域直接影响人，并正在赋予数字新闻活动、传播活动更强的智能属性，智媒体在此意义上会在加速演变中成形。

从数字科技运用视角观察，数字内容应当包括所有基于数字科技工具和载体、以数字形式形成并存在的内容。它至少包括四大类。其一，包括但不限于文字、图像、影像、声音、图表等传统内容形态经数字化处理后形成的数字内容。这种数字化处理手段最初被人们用于传统内容资料数字化，以便实现更方便、更高效的检索。随着数字处理技术的发展，更多数字化处理形成的数字内容进入传播领域，如把当年用胶片拍摄的视频数字化，甚至用 4 K 技术等修复处理。其二，为基于数字科技的新内容载体、传播载体所制作的数字内容。这类内容包括为基于互联网和移动互联网的各种新媒体制作的不同规格与表达逻辑的文字、图片、视频、音频等，如用于网站、微博、微信公众号的文字内容。其与传统内容的区别不仅在于篇幅长短，也在于具有不同叙述方式、表达逻辑。例如竖屏视频与同样在新媒体平台传播的横屏视频，叙述方式就有很大不同。这类数字内容还包括一些数字媒体才具有的内容形态，比如，弹窗内容。其三，是数字技术运用后发展起来、以数据为主要体现形式的数字内容。这类数字内容基于数字科技实现数据积存、汇聚、处理、制作，既包括数据挖掘、数据可视化等主要在价值发现与表现形式方面体现特色的数字内容，也包括各类数据库内容产品、数据流内容产品等传统手段难以储存、处理、传播的数字内容。其四，是基于数字科技手段实现、主要用于交互传播的数字内容。这类数字内容包括界面（User Interface，UI）设计所形成的内容。交互界面并不仅仅是人和计算机进行信息交换的通道，交互界面设计本身就在传递着信息，就在与使用者进行交互传播；而交互界面设计所承载、形成的内容，也具有实质性意义。UI 设计就包括人机交互、操作逻辑、界面美观的整体设计。

概括而言，四类数字内容体现了从传统内容走向数字内容所经历的从格式转换到延展创造的过程。从第一类内容只是对传统内容进行数字化处理实现格式转换，到一步步延展创造出借数字科技赋能才出现的新型数字内容。客观地看，第二类为基于数字科技形成的新内容载体、传播载体所制作的数字内容，还可以看作传统内容在数字平台规则下的延展，主要是内容形态、表达方式、文体形式的变化。而第三类以数据为主要体现形式的数字内容，则已经是基于数字科技特性和赋能的内容形态创造，是传统媒体平台所难以承载的。尽管传统内容中有数据挖掘或数据可视化等形成的内容，但其表现形态一定程度上还是依赖传统表达手段。而以数据为主要体现形式的数字内容，则已是数据集、数据流等纯数据形态，已是通过数据库平台或其他数字科技工具传播，其内容存在机理、传播规律已经有明显不同。第四类主要用于交互传播的数字内容，则更与传统内容相距甚远，人们最初甚至可能都不太视其为内容，更谈不上对其在交互传播中的功用有深入研究。

同样，从智能科技运用视角预测，智能融合必然加速发展，必然呈现新规律、新特征，因而，什么是智媒体，如何界定、如何认识、如何推进、如何运作，自然是在探索中不断丰富。

因此，必须更积极主动地加速智能融合，加速向智媒体发展。

二、必然选择：适应智能变革重塑融合

历史地看，数字转型、媒体融合、深度融合是一个既相互接续又多环节交叉的过程。在接续演进中，数字科技既不断赋能媒体、其他传播主体和公众，也不断改变新闻业生存与发展的底层逻辑，改变大传播格局，在破与立交织中催生诸多新现象，提出诸多新问题。

总体上看，媒体融合呈现两个重要特征。

（一）赋能催生变革

数字科技赋能逐渐深入媒体发展、传播运行各层面，并不断催生变革。

其一，优化传播工具。在扩增传播渠道、改变传播方式的同时，赋能媒体和其他传播主体提升表达效果、增强吸引力。

其二，创新产品形态。通过传统内容数字化、助力制作新媒体内容、助力生产交互内容和数据内容等新形态内容，既实现对内容的数字技术赋能，也产生新形态数字内容，进而出现生成式人工智能直接生成的内容进入传播，从而出现多模态内容和多模态传播。

其三，拓展传播形态。互联网天然的交互特性，社交平台等互联网平台提供的工具便利、聚合便利和分发便利，不仅使公众能够借助数字科技赋能实现人人可以随时发声，而且使传播力实现从基本靠传播进行，转为要依靠受众和其他传播主体转发、点赞、评论、再制作、再创作等行为而形成的多维、多向、多轮、多次、多模态再传播；使传播者不仅要善于制作内容、发动传播，还要善于以内容、传播策略等手段驱动再传播；使最有影响力的人不仅要善于传播，更要善于再传播，从而深刻改变传播运行方式。

其四，优化传播机理。以基于数据分析的个性化推荐技术实现与受众个性需求的高匹配度，使主要从事算法推荐的分发平台获得巨大影响力和用户聚集能力，进而改变了分发环节在影响力生成中的占比，从而改变了影响力生成逻辑。

其五，构建体系能力。以构建融合技术平台和与之协同运行的融合运作体系，实现媒体内容生产、分发体系的高效协同，实现媒体与其他传播主体的高效协同。

其六，提升综合效率。通过更全面深入运用数字科技改变媒体组织、媒体运行体系本身，全面提升传播效率、资源利用效率、反馈效率等，有效降本增效，从而缩小新旧媒体效率差，提升媒体综合竞争力。

（二）走向数字媒体

客观地看，在数字技术平台上制作数字内容产品，向所拥有的新旧传播渠道和其他互联网平台上的新媒体账号分发内容，就已经呈现数字媒体发展的雏形。但构建数字媒体或向数字媒体转型，必须努力实现至少以下三个指标：

一是基于数据库的、可支撑受众需求的获知、采集、传输、制作、传播、反馈全链条的融合技术平台；

二是基于融合技术平台构建内容生产体系和融合运作体系；

三是以算法推荐技术等支撑个性化精准传播、驱动再传播。

前两者，是融媒体所应具有的基本特征和能力，实现借助算法推荐分发就等于实现了一定水平的智能传播，这已经呈现向智媒体演化的特征。

生成式人工智能的加速演进和其生成内容进入传播，使智能变革进入人与人工智能共生的新阶段，使智能传播呈现新形态。智能变革的冲击目前仅仅只是开始，人们对智能变革可能引发变化的分析、预测、推演，未必能够发现全部端倪。即使如此，依据已有的智能认知，媒体融合也不可能机械地按照已有方案、想象推进，而必须适应智能变革重塑融合，这是这个历史关口的必然选择。

重塑融合，需要深化对融合目标路径、制约条件、策略选择等的认识；重塑融合的重要命题是必须更积极主动地加速智能融合，加速向智媒体发展；通过智能融合赋能，适应多维度竞争。

三、重塑融合：在深刻变革中推动智能变革

在人与人工智能共生的时代，生存、竞争与发展之道的核心内容之一，就是以变革来适应智能变革。推动、实现变革的战略选择与重要途径，就是重塑融合。

重塑融合，既包括要重新审视、调整、优化对媒体融合的认知和推进方法、重点任务、目标取向等，更包括要通过智能融合来把媒体塑造成适应智能变革的传播主体、竞争主体，塑造成在智能变革中具有强大传播力、引导力、影响力、公信力的智媒体。

因而，重塑融合包括多重含义，面临多重任务。

（一）目标重置：以智能融合构建智媒体

智能变革中的媒体融合，显然应当基于适应、运用人工智能技术和应用重新认知融合目标，显然应当更强力落实“探索将人工智能运用在新闻采集、生产、分发、接收、反馈中，用主流价值导向驾驭‘算法’，全面提高舆论引导能力”[①] 的要求，显然应当进一步推进并实现智能融合。否则即使实现了一定程度或较高水平的融合，即使能够生产多种新媒体内容产品和服务产品，运营多种新媒体终端、账号，也依然落后于正在迅速演进的智能技术，依然会与智能变革时代有隔膜，从而也就难以达到增强传播力、引导力、影响力、公信力的目的。

智能变革的应有之义，是推进传统媒体、正在发展的融媒体向智媒体演进。这不仅要响亮喊出构建智媒体的口号，还要积极、主动、体现专业需求、大开脑洞地试用、应用甚至创造性运用包括生成式人工智能、推荐算法、深度合成算法在内的人工智能新技术、新应用。对于新闻媒体、党政机构等传播主体而言，适应智能变革的最初阶段，是积极主动地试用、运用。能否专业化应用、创造性运用，决定了对智能变革的适应度，决定了能否真正通过运用人工智能实现赋能、重塑。

（二）内核重塑：构建 AI 驱动的数字媒体

2004 年 1 月，我在《数字媒体观与传媒运行模式变革》一文中提出：“科技革命正在改变媒体及其支撑环境，数字技术正在成为支撑所有传媒的存在基础、技术标准与发展取向，正在改变不同形态传媒的边界，造就新意义上的数字媒体。因此，为真正把握传媒业发展方向与产业发展规律，把握不同传媒形态聚集规律与资源共享规律，必须超越传统的传媒认识方式，建立数字媒体观。”同时对数字媒体和数字媒体观做了界定：“所谓数字媒体观，就是把一切基于电子技术的传媒形态都视为具有共同技术内核、运作规则、分享基础的统一

① 习近平：《加快推动媒体融合发展 构建全媒体传播格局》，《求是》2019 年第 6 期。

体；不同形态的传媒，如广播、电视、互联网、短信、数据库，都是基于数字技术内核及其运作规则、分享基础的不同传播方式、不同传播手段。”[①]20年之后，再来审视对数字媒体与数字媒体观的认知，就要鲜明地提出，智能变革时代“新意义上的数字媒体”，不仅应当是具有共同技术内核、运作规则、分享基础的数字媒体，而且应当是AI驱动的智媒体。即不仅要向数字媒体推进，而且应当重塑其内核，构建以AI驱动的智媒体。

（三）体系重构：塑造适应AI的运作体系

任何变革不仅会体现为理念变革、产品形态变革、生产方式变革、运作方式变革，最后还会体现为组织变革。组织变革是理念变革的组织化体现，是产品变革的物质基础，是生产方式变革的组织依托，是运作方式变革的实现途径。在人与人工智能共生的时代，不仅要在智能变革中推进组织变革，还要塑造适应AI的运作体系。这当然包括一些岗位的调整，一些岗位的诞生与消失。比如，显然要从设置多种与运用人工智能相关的岗位走向更多员工自然而然地运用人工智能，就像今天人们习惯使用计算机、手机而不用专门设置岗位。但单纯的组织变革是不够的，智能变革中的战略性选择是塑造适应AI的运作体系。这样的运作体系体现了智能变革时代人机关系的变化，体现了高水平的AI运用能力，能够基于人与人工智能共生而实现多维度协同运行。塑造适应AI的运作体系，可以实现媒体竞争力重塑，从而演进出更高水平的智媒体。

① 陆小华：《数字媒体观与传媒运行模式变革》，《新闻记者》2004年第1期。

结语

总体上看，重塑融合既是一种历史必然，又是一种历史进程。这不仅因为迅速迭代的 AI 正在改变以往媒体融合的技术条件、传播条件，还因为在融合实践中人们的认识会不断深化。因此，人们不仅要推动组织变革，还要塑造适应 AI 的运作体系；不仅要打造融媒体，还要适应人机关系变化、提升 AI 运用能力，推动演进出更高水平的智媒体。这样的历史进程，必然伴随着媒体的重塑融合。在这一过程中，更有效地识势、应势、蓄势、取势，才能“顺势得生”。